21世纪全国高职高专市场营销类规划教材

消费心理应用

主　编　贾　妍　陈国胜
副主编　邱桂贤　王文博
　　　　陈方丽　芦丽琼
主　审　李海琼

内 容 简 介

本书是一部体现"任务驱动、工作导向"的高职高专消费心理应用示范性教材。以培养应用型人才为目标,把心理学、市场营销理论与操作相结合,从心理学角度研究消费者购买行为及其规律。在编写过程中,在理论"管用、够用、适用"的前提下,按照技能训练为主线确定具有典型性的技能训练项目,较好地处理了理论教学与技能训练的关系。力求做到:教学内容任务化,教学过程案例化、实战化,教学活动学生主体化。

全书分为 11 个任务:认识消费心理应用、消费者心理活动过程、消费者个性化心理、消费者群体与消费心理、社会文化与消费心理、商品品牌与消费心理、商品价格与消费心理、营销服务与消费心理、营销环境与消费心理、广告与消费心理、绿色消费与消费心理。

本书结合高职高专学生的特点,借鉴其他教材的优点,吸收消费心理学研究的最新成果,尝试编写成为教师讲授、学生操作的复合型教材。既可以作为市场营销等专业学生的学习教材,也可以作为企业营销人员阅读参考的学习资料。

图书在版编目(CIP)数据

消费心理应用/贾妍,陈国胜主编. —北京:北京大学出版社,2010.2
(21 世纪全国高职高专市场营销类规划教材)
ISBN 978-7-301-16085-5

Ⅰ. 消… Ⅱ.①贾…②陈… Ⅲ. 消费心理学—高等学校:技术学校—教材 Ⅳ. F713.55

中国版本图书馆 CIP 数据核字(2009)第 197572 号

书　　　名:	消费心理应用
著作责任者:	贾　妍　陈国胜　主编
责 任 编 辑:	吴坤娟
标 准 书 号:	ISBN 978-7-301-16085-5/F·2326
出 版 者:	北京大学出版社
地　　　址:	北京市海淀区成府路 205 号　100871
网　　　址:	http://www.pup.cn
电　　　话:	邮购部 62752015　发行部 62750672　编辑部 62756923　出版部 62754962
电 子 信 箱:	xxjs@pup.pku.edu.cn
印 刷 者:	三河市博文印刷有限公司
发 行 者:	北京大学出版社
经 销 者:	新华书店
	787 毫米×980 毫米　16 开本　17.5 印张　379 千字
	2010 年 2 月第 1 版　2015 年 5 月第 4 次印刷
定　　　价:	38.00 元

未经许可,不得以任何方式复制或抄袭本书之部分或全部内容。
版权所有,侵权必究
举报电话:010-62752024;电子信箱:fd@pup.pku.edu.cn

前　言

　　进入 21 世纪，高职高专教育出现强劲发展态势，学生规模已占我国高等教育的半壁江山。为了顺应我国高职高专教育发展的形势，并配合高职高专全国示范性院校优质核心课程建设的需要，我们教材组编写了体现工学结合、教学相长的任务驱动型的消费心理应用实用教材，适合高职高专院校管理类学生使用。

　　随着我国市场经济的快速发展，人们收入的不断提高，消费者的需要复杂多变，市场的主宰已经转移到消费者手中，争夺消费者成为企业竞争的焦点。本书通过对消费者购买行为的分析，研究和探讨消费心理的特征和规律，为企业更好地制定和调整自己的营销策略提供依据。

　　消费心理应用是一门理论与实际操作紧密结合、知识与技能并重的课程。本教材的编写，打破了传统的学科体系，在理论"管用、够用、适用"的前提下，按照技能训练为主线确定具有典型性的技能训练项目，较好地处理了理论教学与技能训练的关系。力求做到：教学内容任务化，教学过程案例化、实战化，教学活动学生主体化。具体有以下几个特点。

　　第一，《消费心理应用》共设置 11 个任务，每个大的任务下面，又有若干子任务。让学生通过对任务的分析和完成，掌握和了解消费心理在营销过程的具体应用。

　　第二，每个任务前面细分出"职业能力目标"，明确了通过本任务的学习，学生能够具备的操作能力。

　　第三，全书采用"案例导入"方式编写，每个案例都配有分析提示，使学生带着相关问题及思考开始每个任务的学习。每个任务的结尾有"本任务小结"，概要地总结本任务的主要知识和基本概念，帮助学生理解和把握本任务的知识要点。本教材有始有终，体系完整，结构合理。

　　第四，本教材每个任务都配有知识链接、案例、实训操作、课后练习等栏目，使本教材更具综合性、针对性、科学性和操作性。

　　第五，每个任务设置有"实训操作"（包括实训项目、实训目标、实训组织、实训环境、实训成果五个方面），要求学生通过社会调查和社会实践，运用所学的知识，完成市场调查与分析、消费行为与动机分析等，以培养学生团队合作能力、文案写作能力、专题研讨能力、营销方案策划和执行能力。

　　第六，教材编写组成员全部来自高职院校的消费心理学专职老师，有丰富的专业知识和教学经验。

　　全书由贾妍教授、陈国胜副教授担任主编，并负责拟定编写提纲、统稿和定稿；李海

琼副教授担任主审；邱桂贤、王文博、陈方丽、芦丽琼担任副主编。具体分工是：贾妍（任务1、任务3、任务7、任务10），陈国胜（任务8），邱桂贤（任务4、任务5），王文博（任务2、任务6），陈方丽（任务9），芦丽琼（任务11）。

  本教材在编写过程中，参阅了大量中外有关消费心理学方面的教材和文献资料，在此谨向这些教材和文献资料的著者、译者、编者表示衷心的感谢。本教材的编写是与温州职业技术学院、温州科技职业学院、硅湖职业技术学院和甘肃农业职业技术学院的消费心理学专职教师的辛勤劳动分不开的，在此表示衷心感谢。

  由于编者水平有限，书中疏漏之处在所难免，恳请同行专家批评指正！

  为方便教师教学，本书还配有电子教案和课件。

编 者
2009年10月8日

目 录

任务 1　认识消费心理应用 1

　子任务 1.1　消费心理应用的基本概念 3
　　1.1.1　消费与消费者 3
　　1.1.2　心理的实质 4
　　1.1.3　消费心理 5
　子任务 1.2　消费心理学的发展进程 7
　　1.2.1　消费心理学的产生与发展 7
　　1.2.2　消费心理学的研究意义 8
　子任务 1.3　消费心理应用的研究对象、
　　　　　　　内容和方法 9
　　1.3.1　消费心理应用的研究对象 9
　　1.3.2　消费心理应用的研究内容 10
　　1.3.3　消费心理应用的研究方法 10
　任务 1　小结 13

任务 2　消费者的心理活动过程 17

　子任务 2.1　消费者的认识过程 18
　　2.1.1　消费者感觉 18
　　2.1.2　消费者知觉 21
　　2.1.3　消费者的注意 24
　　2.1.4　消费者的记忆 25
　　2.1.5　消费者的思维 28
　　2.1.6　消费者想象 29
　子任务 2.2　消费者的情感过程 31
　　2.2.1　情绪与情感的概念 31
　　2.2.2　情绪与情感的分类 32
　　2.2.3　影响消费者情绪与情感的
　　　　　　主要因素 33
　　2.2.4　情绪与情感在商品经营
　　　　　　活动中的作用 34
　子任务 2.3　消费者的意志过程 35
　　2.3.1　意志的含义和特征 35
　　2.3.2　消费的意志品质 36
　　2.3.3　意志过程在经营活动中的
　　　　　　作用 37
　　2.3.4　意志过程与认识过程、情感
　　　　　　过程的关系 38
　任务 2　小结 38

任务 3　消费者个性化心理 44

　子任务 3.1　消费者的气质 45
　　3.1.1　气质的概念 45
　　3.1.2　气质学说的类型 46
　　3.1.3　消费者的气质在购买行为
　　　　　　中的表现 48
　子任务 3.2　消费者的性格 49
　　3.2.1　性格的概念 49
　　3.2.2　性格与气质的联系与区别 50
　　3.2.3　性格的特征 50
　　3.2.4　消费者性格在购买中的表现 50
　　3.2.5　消费者的性格与营销策略 52
　子任务 3.3　消费者的能力 54
　　3.3.1　能力的含义 54
　　3.3.2　能力的分类 54
　　3.3.3　消费者能力上的差异 55
　　3.3.4　消费者能力的构成 56

消费心理应用

3.3.5 消费者的能力与营销策略...... 56	4.4.2 中等收入群体的消费心理......92
子任务 3.4 消费者的需要...................... 57	4.4.3 高等收入群体的消费心理......93
3.4.1 需要的产生.............................. 58	任务 4 小结..94
3.4.2 需要的基本特征...................... 58	
3.4.3 需要的分类.............................. 59	任务 5 社会文化与消费心理...........................100
子任务 3.5 消费者的购买动机.............. 63	子任务 5.1 社会文化概述......................101
3.5.1 消费动机的含义...................... 64	5.1.1 文化的概念..............................101
3.5.2 消费动机的特点...................... 64	5.1.2 文化对消费心理的影响......103
3.5.3 消费者购买动机的类型.......... 65	5.1.3 亚文化与消费者行为...........106
子任务 3.6 消费者的购买行为.............. 69	子任务 5.2 社会阶层与消费者
3.6.1 购买行为的概念...................... 69	行为差异..............................109
3.6.2 消费者购买行为的类型.......... 69	5.2.1 社会阶层的含义与特征......109
3.6.3 消费者购买行为过程.............. 71	5.2.2 社会阶层的划分..................110
任务 3 小结..72	5.2.3 社会阶层对消费者心理与
	行为的影响......................110
任务 4 消费者群体与消费心理......................78	子任务 5.3 家庭因素对消费行为的
子任务 4.1 消费者群体概述.................. 79	影响......................................114
4.1.1 消费者群体的概念与形成...... 79	5.3.1 家庭构成类型与家庭
4.1.2 消费者群体对消费心理的	生命周期..........................114
影响.................................... 80	5.3.2 家庭购买的角色分工与
子任务 4.2 不同年龄消费者的	决策方式..........................115
消费心理.............................. 82	5.3.3 夫妻角色与家庭购买决策......116
4.2.1 少年儿童消费心理.................. 82	5.3.4 子女对家庭购买决策的
4.2.2 青年人消费心理...................... 84	影响..................................117
4.2.3 中年人消费心理...................... 85	子任务 5.4 消费习俗与消费流行......119
4.2.4 老年人消费心理...................... 86	5.4.1 消费习俗..................................119
子任务 4.3 不同性别消费者的	5.4.2 消费流行..................................121
消费心理.............................. 88	任务 5 小结..123
4.3.1 女性消费心理.......................... 88	
4.3.2 男性消费心理.......................... 89	任务 6 商品品牌与消费心理.........................127
子任务 4.4 不同收入消费者的	子任务 6.1 品牌的内涵与构成............129
消费心理.............................. 91	6.1.1 品牌的起源..............................129
4.4.1 低收入群体的消费心理.......... 91	6.1.2 品牌的定义..............................129

6.1.3 品牌的构成 129
  6.1.4 品牌的功能 131
  6.1.5 品牌资产 131
 子任务6.2 品牌的心理基础和消费者
     品牌心理层次 133
  6.2.1 品牌的心理作用基础 133
  6.2.2 消费者品牌心理层次 134
 子任务6.3 商品品牌与消费心理 136
  6.3.1 品牌对消费者的作用 136
  6.3.2 消费者的品牌心理与
     相应策略 137
 任务6 小结 140

任务7 商品价格与消费心理 145

 子任务7.1 商品价格的心理功能 146
  7.1.1 商品价值认识功能 146
  7.1.2 自我意识比拟功能 147
  7.1.3 调节消费需求功能 147
 子任务7.2 消费者的价格心理 149
  7.2.1 消费者的价格心理特征 ...149
  7.2.2 影响消费者心理价格的
     社会因素 150
  7.2.3 消费者的价格判断 151
 子任务7.3 商品定价的心理策略 152
  7.3.1 新产品定价心理策略 152
  7.3.2 商品销售过程中的定价
     心理策略 153
  7.3.3 商品调价的心理策略 156
 任务7 小结 160

任务8 营销服务与消费心理 164

 子任务8.1 营销服务心理特征 165
  8.1.1 营销服务的特点 165

  8.1.2 营销服务的心理效应 168
 子任务8.2 售前、售中、售后服务
     心理 172
  8.2.1 售前服务心理 172
  8.2.2 售中服务心理 176
  8.2.3 售后服务心理 179
 子任务8.3 消费者抱怨与投诉心理
     特征及解决方法和技巧 ...183
  8.3.1 消费者抱怨与投诉心理
     特征 183
  8.3.2 解决消费者抱怨与投诉的
     方法和技巧 185
 任务8 小结 189

任务9 营销环境与消费心理 200

 子任务9.1 营销外部环境与消费心理 201
  9.1.1 商店选址与消费心理 201
  9.1.2 商店招牌与消费心理 209
  9.1.3 橱窗设计与消费心理 211
 子任务9.2 营销内部环境与消费心理 214
  9.2.1 商品陈列与消费心理 214
  9.2.2 音响与消费心理 217
  9.2.3 照明与消费心理 218
  9.2.4 色彩与消费心理 219
 任务9 小结 220

任务10 广告与消费心理 225

 子任务10.1 广告及心理效应模式 226
  10.1.1 广告的概念及构成要素 ...226
  10.1.2 广告的心理效应模式 227
  10.1.3 广告心理过程的重要环节 ...229
  10.1.4 广告的心理功能 231
 子任务10.2 广告诉求与消费心理 232

消费心理应用

　　　10.2.1 广告创意与消费心理..........232
　　　10.2.2 广告诉求与消费心理..........233
　子任务 10.3　广告媒体与实施心理..........236
　　　10.3.1 报纸媒体..........236
　　　10.3.2 杂志媒体..........237
　　　10.3.3 广播媒体..........238
　　　10.3.4 电视媒体..........239
　　　10.3.5 网络媒体..........239
　　　10.3.6 其他媒体..........241
　任务 10　小结..........245

任务 11　绿色消费与消费心理..........250
　子任务 11.1　绿色消费的兴起与发展..........252

　　　11.1.1 绿色消费的内涵..........252
　　　11.1.2 绿色消费的兴起与发展..........252
　子任务 11.2　绿色消费心理分析..........255
　　　11.2.1 绿色消费的心理过程分析...256
　　　11.2.2 影响绿色消费心理与
　　　　　　 行为的因素..........258
　子任务 11.3　促进绿色消费的策略..........260
　　　11.3.1 政府的宏观管理..........260
　　　11.3.2 企业的绿色营销管理..........261
　任务 11　小结..........263

参考文献..........269

任务 1　认识消费心理应用

 **能力目标**

通过完成本任务的教学，使学生具备以下基本能力：
1. 能够阐述消费心理应用的内涵；
2. 能够掌握消费心理应用的研究对象和内容；
3. 运用消费心理应用的方法分析消费者心理和行为。

 知识目标

1. 了解消费心理应用的相关概念；
2. 了解消费心理应用发展历程；
3. 掌握消费心理应用研究对象、内容和方法。

 任务分解

子任务 1.1 消费心理应用的基本概念
子任务 1.2 消费心理学的发展进程
子任务 1.3 消费心理应用的研究对象、内容和方法

消费心理应用

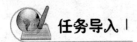

"古色古香,我喜欢"

有时候,消费者即使知道自己的需要和爱好,也不见得会据实相告,他们在不经意的瞬间,可能会作出与自己意愿完全相反的答案。在一次演讲盛会中,与会妇女有两间休息室可供选择。其中一间是舒适方便的现代化套房,色调柔和,给人静谧、休闲的感觉。另一间是古朴典雅的装饰,陈列着古色古香的家具,东方色彩的地毯和昂贵的壁纸。几乎所有的与会妇女,都不由自主地往现代化设备的房间走去,直到座无虚席之后,后来的人只好到另一间去等候。"两个房间之中,你喜欢哪间?"主持人问与会妇女。大家经过端详、比较之后,有84%的人表示喜欢那间古色古香的房间。

果真如此吗?其实当她们走进那间现代化套房时,她们的喜好已经一目了然。但为什么又如此回答呢?这是因为,人们在接受调查时,为了让对方留下一个良好的印象,往往隐瞒真正的喜好,而以合理的、有条理、有组织的方式回答,与会妇女的回答正是如此。你若信以为真,那就真的上当了。

美国广告研究中心进行过一项调查,了解一般人最常看的是哪些杂志。大多数人的回答都是高水准读物,实在令人振奋,可是如果这些答案当真的话,《大西洋月刊》应当是美国最受欢迎的刊物,销售量应该是目前的20倍。事实上,消费者所提到的杂志,大多是比较冷门的刊物,包括《大西洋月刊》。如果说这是一个不大不小的玩笑,下面的例子或许会让你啼笑皆非。美国麦肯艾利克森广告公司曾经以若干人作抽样调查,想了解他们为什么不买一家代理公司的产品——熏鲱鱼。一般人的答复都是不喜欢熏鲱鱼的味道。然而,事实又是怎样呢?经过进一步的调查,发现回答不喜欢熏鲱鱼味道的人当中,有40%的人根本没尝过熏鲱鱼真正的滋味!只是人云亦云而已。任性的"上帝"们给市场专家们开了一个又一个玩笑,引起了专家们对那些调查结果的怀疑。"吃一堑,长一智。"一家精明的企业顾问公司郑重其事地告诫同行们:单从"上帝"们的片面之词就下定论,是争取顾客手段中最不可靠的一种。

(资料来源:阿里巴巴 > 商人论坛 > 市场营销论坛,2005.)

【问题】1. 什么是消费和消费心理?

2. 分析心理现象在人们日常消费行为中的作用。

任务1　认识消费心理应用

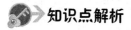

子任务1.1　消费心理应用的基本概念

1.1.1　消费与消费者

1. 消费

消费（Consume）是一种行为，是消费主体出于延续和发展自身的目的，有意识地消耗物质资料和非物质资料的能动行为。消费有着广义和狭义之分。广义的消费是指人们消耗物质资料与精神资料以满足生产与生活需要的过程。狭义的消费，即生活消费，也叫个人消费、最终消费，人们消耗物质资料与精神资料以满足物质和文化生活需要的过程，包括与物质生产过程无关的一切消费活动。消费心理学的研究范畴是消费者的个人消费。

2. 消费者

消费者（Consumer）是指在不同的时空范围内参与消费活动的个人或集体，即从事消费活动的主体，泛指现实生活中的人。

某中学生张明的老师建议张明买一部MP4以提高英语水平，张明的姐姐表示赞同；张明的妈妈决定购买；张明的爸爸带着钱去商店购买；买回，张明使用。

【问题】在这些人中，到底谁是"消费者"呢？

根据对消费过程的消费情况，可将消费者分为各种消费品的需求者、购买者和使用者。作为一个动态运行中的消费过程，购买者本身不一定是需求者或使用者，如为他人代买商品；而使用者也不一定是购买者，如未成年子女使用父母为他们购买的商品；当然需求者也不一定必须亲自购买。如果把消费过程作为需求、购买、使用三个过程的统一体，那么处于这三个过程中某一或全过程中的人都可称为消费者。消费者不仅仅是直接消费产品的人或者说是产品的直接使用者，而是指参与消费品购买过程和使用过程的所有的人。

根据对某种商品的消费情况，可将消费者分为现实消费者、潜在消费者和永不消费者。现实消费者是指通过现实的市场交换行为，获得商品并从中获益的人；潜在消费者是指当

3

消费心理应用

时尚未购买或使用某种商品，但在将来的某一时间有可能转变为现实消费者的人；永不消费者是指现在、将来都不可能需要、购买和使用某种商品的人，如生活在热带地区的人就是羽绒衣这类御寒商品的永不消费者。

根据对消费单位的消费情况，可将消费者分为个体消费者、家庭消费者和集团消费者。个体或家庭消费者是指为满足个体或家庭对某种消费品的需要而进行购买和使用的人，它与消费者个人的需要、愿望和货币支付能力密切相关；集团消费者是指满足社会团体对某种消费品的需要而进行购买和使用的集团。

1.1.2 心理的实质

心理的实质是什么？早在公元前30世纪前的埃及人，就猜想智慧和脑的关系。公元前5世纪，希腊哲学家认为，大脑是"灵魂和意识的底座"。我国古代，认为心理发生的器官在心脏。汉字凡是反映和表现心理现象、思维活动的都有"心"旁。如思、想、意、愿、清等。

1. 心理

心理（Psychology）是人脑的机能，是在实践活动中人脑对客观现象的主观反映。

（1）心理是人脑的机能。很早以前，人们把心理现象和灵魂现象联系起来，把心理视为灵魂。而心理现象发生的物质基础，也往往被认为是与心脏有关的。随着科学技术的发展，尤其是医学和解剖学的发展，人们认识到，人的大脑皮层不仅具有与动物共有的第一信号系统，而且具有人类所独有的第二信号系统。人的心理活动是由这两种信号的协调活动构成的。人的心理和人脑的活动不可分割，人的大脑如果受到损害，心理活动必然受到破坏。因此，心理是人脑的机能，人脑是心理的器官。

（2）心理是客观现实的主观反映。虽然说人脑是心理的器官，但并不意味着人脑本身能自然地产生心理。它只是人的心理产生的物质基础，它只提供了心理产生的可能性。也就是说，人脑只有在客观现实的作用下，才能产生心理。大量事实证明，人的心理活动，无论从简单形式的感觉、知觉，还是复杂的思维、情感等，都可以从客观现实中找到源泉。一个人如果不接触客观现实，他的心理活动便成为无源之水，无本之木。因此，客观现实在人脑中的反映就产生了人的心理活动。社会实践对人的心理有巨大的制约作用。

 知识链接

1920年，印度人辛格在狼窝里发现两个女孩。小的约两岁，很快就死了，大的约八岁，取名卡玛拉。由于她从小脱离人的社会生活，没有语言交际，没有家庭，与狼生活。虽然八岁,却只有六个月婴儿的心理。她四肢爬行,用舌头舔食流质,只吃扔在地上的肉,从不吃人手里的东西。她害怕强光,不洗澡,不穿衣服,夜里嚎叫。经过辛格的教育,2年学会站立,4年学会6个单词,6年学会行走,7年学会45个单词,并学会用手吃饭,用杯子喝水。17岁去世时只有4岁儿童心理发展水平。

所以说,人的心理的实质是人脑对客观现实的主观反映,人脑是心理的器官,而客观现实则是源泉。

2．心理现象

人的心理现象是极其复杂的,为了研究方便起见,一般把心理现象分为两个方面:心理过程和个性心理。心理过程包括认识过程(感觉、知觉、记忆、思维、想象)、情感过程(喜、怒、哀、乐、爱、憎、惧、恶)和意志过程(目的、决心、意向等)。个性心理过程包括个性心理特征(能力、气质、性格)和个性倾向性(需要、动机、行为、兴趣、信念等)。

1.1.3 消费心理

消费心理(Consuming Psychology)是指消费者在购买、使用和消费商品过程中的一系列心理活动。这里要说明的是:消费者个人消费活动包括的是,消费者寻找、选择、购买、使用、评估、处置商品和服务的一切活动。

一般来说,支配人的消费行为往往出于两种心理:一种是本能性消费心理,本能性消费心理是指主要由人的生理因素所决定的,属于自然状态下的心理反应。

一种是社会性消费心理,即消费心理的社会性,是指人们所处的社会环境因素决定的心理需要,它是随着社会经济的发展而不断发展、变化的,它使人类的消费活动有简单的满足生活需要,变为具有特定含义的社会行为,并且在内容和质量上不断提高。

本能性消费心理表现为基础的、初级的心理活动,它是人类心理活动的自然流露与反映,社会性心理是在本能性心理的基础上发展的高级心理需求,它是以社会政治、经济、文化的进步为前提的。

课堂讨论

1. 社会性消费的重要性?
2. 社会性消费为什么成为影响和支配人们的消费行为的主要因素?

消费心理应用

提前消费面面观

一项抽样调查显示：当代中国青年已经成为最活跃的消费群体。虽然中国城市居民年人均可支配收入还不到9000元，但受调查的青年人均年消费额已经达到15288元，超出人均可支配收入70%以上。专家提示：盲目"提前消费"影响幸福感，社会应注意引导青年"科学消费"、"理性消费"。

花明天的钱享受今天的生活。

26岁的张洁在上海一家基金管理公司工作。她虽然在银行里只有5万元的存款，但却毫不犹豫地决定买下上海浦东新区一套价值92万元的公寓。张洁乐观地说："这套房子的首付款要18.4万元，我自己的存款自然不够，但父母会给我提供'财政援助'。剩下的，我会申请房屋按揭贷款。如果按照25年还本付息计算，每月还款大约在4500元。我现在每个月可以挣1万元，以后还会越来越好，所以还款不会出现问题。"张洁只是中国众多大胆"超前消费"年轻人中的一个。随着中国经济以接近10个百分点的持续快速增长，中国青年消费预期普遍提前，越来越多的年轻人敢于"花明天的钱享受今天的生活"。

最活跃的消费群体。

不久前，在北京出版的《父母必读》杂志与北京新生代市场监测机构联合，对国内部分城市青年消费情况进行了一次抽样调查。调查发现：当代中国青年已经成为最活跃的消费群体。虽然中国城市居民年人均可支配收入还不到9000元，但受调查的青年人均年消费额已经达到15288元，超出人均可支配收入70%以上。"青年人敢于'提前消费'，首先是因为中国经济持续攀高，社会提供给青年人的就业机会和高薪岗位越来越多，使他们对未来和前途充满信心。"

调查数据显示，"享受生活"是当前青年消费的明显特点。在中国，房和车是标志性的大件耐用消费品。在接受调查的青年中，有22%的人表示近期有购房计划，其中50%将在3年内购置；32.1%的青年家庭打算购买家用轿车，其中计划3年内购置的达到70.1%。

"提前消费"影响幸福感。

"'发展'需求也是青年消费中的'重头戏'。"中国青少年研究中心黄志坚教授介绍说，"调查表明，青年人的学历期望值普遍提高，92.5%的受调查青年希望至少拥有大学专科以上学历。许多青年都将教育消费当作终身消费项目。"

任务 1　认识消费心理应用

中国共青团中央与智联招聘网联合进行的一个青年消费调查验证了黄志坚教授的分析。这项调查表明：中国城市青年每年用于"充电"学习的花费人均超过 1000 元，其中主要用来培训计算机知识和学习英语。超过 60%的受访青年表示："必须加强学习，不断'充电'，才能跟上时代的步伐，不断提高自己在人才市场上的竞争力。"

青年消费预期提前，有力地刺激了中国经济发展，增强了经济发展后劲，但同时也带来了一些弊端。江苏省消费者协会秘书长居苏说："一些青年人在消费时，片面追求'高档'，不顾自身经济承受能力，盲目'提前消费'，使自己和家庭都背上了沉重的包袱，影响了幸福感。所以，在看到青年消费积极作用的同时，社会也应注意引导青年'科学消费'、'理性消费'。"

（资料来源：人民日报海外版，第二版．2005.）

【问题】1．如何正确引导消费者的消费行为？
　　　　2．消费心理应用研究的意义？

知识点解析

子任务 1.2　消费心理学的发展进程

1.2.1　消费心理学的产生与发展

普通心理学是研究人的心理现象的一般规律，揭示人的心理活动的发生、发展的规律性的一门科学。消费心理学作为一个独立的学科是在近代发展起来的，它是普通心理学的一个分支。消费心理学研究人们的消费心理问题，是心理学原理的一个重要应用领域。它的产生和发展经过了三个阶段。

1．萌芽阶段

19 世纪末到 20 世纪 30 年代。有关研究消费心理与行为的理论开始出现，并且得到初步发展。美国社会学家韦伯伦在 1899 年出版《有闲阶级论》，提出广义消费概念。1901 年，美国著名社会学家斯科特首次提出，要用心理学原理指导广告宣传。美国明尼苏达大学心理学家盖尔出版《广告心理学》一书。

2．应用阶段

20 世纪 30 年代到 20 世纪 60 年代，消费者行为研究被广泛应用于市场营销活动中，并得到迅速发展。1951 年，美国心理学家马斯洛提出需求层次理论。1953 年，美国心理学家

布朗开始研究消费者对商标的倾向性。1957年,美国社会学家鲍恩开始研究参照群体对消费者购买行为的影响。1960年,美国心理学会正式成立"消费心理学会分会",这一事件是消费心理学作为一门独立学科诞生的标志。在这一时期,消费心理学的研究人员明显增多,水平也大为提高。消费心理学进入发展和应用时期,它对市场营销活动的参与、影响和服务的作用日益显著。

3. 变革阶段

20世纪70年代到现在,是消费心理学的变革时期。国外有关消费心理与行为的研究除了学术团体外,许多大企业也设立研究机构,专门进行消费心理学研究,消费心理学的理论与知识的传播更加广泛,并受到社会各界的高度重视。近年来,消费心理学研究出现了新趋势,除了传统的定性研究外,还运用统计分析技术、信息技术及动态分析等现代科学的研究成果,建立了精确的消费心理和行为模型,对消费心理现象进行定量分析。消费心理学已成为现代经济科学中较为重要的学科之一,研究内容更加全面,学科更加完善。

4. 消费心理学在中国

20世纪80年代中期,我国开始系统地大量从国外引进有关消费心理与行为的研究成果。高等院校的相关专业开设这门课程。1986年,我国部分省、市成立消费者协会;1987年中国消费者协会成立;1993年《中华人民共和国消费者权益保护法》颁布。

1.2.2 消费心理学的研究意义

1. 对理论工作者来说,完善了学科体系,保障、推动了市场营销、广告学发展。

2. 对一般消费者来说,把握自己需求,合理控制自己的消费行为,避免过激的消费决策,防止陷入误区,从而在一定的消费支出范围内获得最大的消费效用,保障自己消费权益。

3. 对企业来说,有助于提高企业经营管理水平;有助于提高商业企业服务质量和服务水平;有助于引导消费者进行科学决策,科学消费;有助于企业开拓国际市场,增强企业和产品的国际竞争力。

第一代独生子女"月光族"的消费

"月光族"顾名思义——月月赚的钱月月花光,而我国目前"月光族"的主要构成是第一代独生子女。目前,第一代独生子女已经历了学龄前与学龄期阶段,进入消费期。与其父辈勤俭节约的消费观念完全不同,他们自我、超前的消费意识使得"月光族"应运而生,也引起了社会有关方面的忧虑。

26岁的刘小姐，她每月收入1000元左右，每月花费至少3000元。小刘现在和父母住在一起，从来不向父母交纳伙食费。而她每月工资的大部分是花在买衣服和化妆品上，而且是什么贵买什么，工资经常到月中就花光了。她说："能够这样消费，还因为我是一个女孩，不必惦记着买房买车的事。再说，我觉得这些都是往自己身上投资，年轻的时候应该好好享受，也是为更好的未来做准备。"

针对这种现象，哈尔滨市心理学家曲伟杰对"月光族"进行了心理上分析。他指出，"月光族"的非理性消费主要有以下原因。

第一，缺少生活训练。"月光族"中大部分人是在溺爱中长大的一代，从没体会过生活的艰难，也不知道赚钱的辛苦。他们无从体会"身无分文"是一种什么样的感受。而且，这群人之所以可以大把花钱，是因为没有后顾之忧，自己的花没了，还有父母给，还有祖父母和其他亲戚给。

第二，缺少经济训练。经济训练也就是一种理财的观念，对于理财很多人存在误解，以为这只是经济金融等相关专业才需要学习的。其实不然，这种理财的观念家长应该从小就灌输给孩子，小的时候能管理好几分钱，以后才有可能管理好几亿元。

第三，缺少交际训练。"月光族"有一些人是因为人际关系不好，常常感到孤立无援，所以只好通过花钱来堵住这个情感的"窟窿"。这群人热衷于各种朋友聚会，在朋友面前一掷千金往往能给他们带来巨大的满足。

第四，报复型消费心理。"月光族"中还有一部分群体是因为以前父母在零花钱上管制过严，一旦自己掌握了经济大权，他们怀着一种报复的心理拼命花钱，因为他们知道，钱花得越多，他们的父母就越心疼。

（资料来源：解放日报，2006-01-13）

【问题】1. 应该研究消费者心理的哪些内容？
　　　　2. 运用哪些方法进行消费心理的研究？

知识点解析

子任务1.3　消费心理应用的研究对象、内容和方法

1.3.1　消费心理应用的研究对象

消费心理应用以消费者在其消费活动中的心理行为现象作为分析研究的对象。消费心

消费心理应用

理应用是一门研究消费者心理与行为的学科。揭示消费者的心理活动和消费活动的规律，或者说，研究消费者需求、动机、购买、使用商品或劳务过程中，其消费心理产生、发展的一般规律的科学。

1.3.2 消费心理应用的研究内容

对消费者心理进行研究，是以消费者在消费活动中的心理和行为现象作为分析对象的。消费者心理与行为作为一种客观存在的社会现象和经济现象，如同其他事物一样，有其特有的活动方式和内在运行规律。对这一现象进行专门研究，目的在于发现和掌握消费者在消费活动中的心理与行为特点以及规律性，以便适应、引导、改善和优化消费者消费行为。具体来说，消费心理应用研究内容包括以下方面。

1．对消费者心理过程、个性心理特征和个性倾向的研究。把心理学的一般原理运用到营销领域。消费者对商品和劳务的认识过程、情感过程和意志过程，以及三个过程的统一，分析消费者心理活动的共性心理。研究消费者在气质、性格和能力上的差异以及在购买活动中表现出的不同心理活动特点，采取针对性营销措施。研究消费者的个性倾向，比如消费者存在追求物美价廉、求名争胜、求奇立异等心理倾向。

2．对影响消费者心理的社会因素、经济因素及市场环境的研究。比如：社会群体、社会风俗、商品品牌、商品价格、商品广告、购销环境等因素对消费者心理和行为的影响。比如风俗习惯和社会流行对消费者观念和行为的影响，新颖时尚的商品如何引起消费者的兴趣，引人入胜的广告如何激发消费者的购买欲望等。

3．对消费者的需求动态和人们消费心理变化趋势的研究。随着消费水平的提高，使人们的需求层次发生明显变化，除满足物质需求外，更追求精神需求。

1.3.3 消费心理应用的研究方法

由于消费心理应用与许多学科有着密切的联系，它既具有社会科学性质，又具有自然科学的性质，因此研究方法也是多种多样的。

1．观察法

观察法是指在调查者在自然条件下有目的、有计划地观察消费者的语言、行为、表情等，分析其内在的原因，进而发现消费者心理现象的规律的研究方法。观察法是科学研究中最一般、最简单和最常用的研究方法。这种方法的手段有摄影、录音、录像等。其优点是简便易行，且不易被观察对象觉察，活动较为自然；缺点是观察法较被动，花费时间较多，观察得到的材料难以量化。观察法有自然观察法、实验观察法。

任务1 认识消费心理应用

2. 实验法

实验法是有目的地严格控制或创设一定条件引起某种心理现象进行研究的方法。实验法有自然实验法、实验室实验法。自然实验法是指在研究活动中，适当地控制和创造某些条件，给消费者的心理活动一定的刺激和诱导，或针对某一心理问题，选择一定的实验对象进行活动，从而观察和记录其心理活动的各种表现。在新产品开发、全新广告创意的推广效果研究等方面，都需要使用实验法。实验室实验法是指在专门的实验室内，借助各种仪器和设备进行心理测定分析的方法。实验室实验法要求研究程序严格，研究条件有较大的限定性。

3. 访谈法

访谈法是研究者通过与研究对象直接交谈，在口头信息沟通过程中研究消费者心理状态的方法。访谈法有个人访谈、专家访谈、集体访谈等。访谈法是消费者心理研究中最常见和最广泛采用的方法，获得的信息最为可靠。

4. 问卷法

问卷法是通过研究者事先设计的调查问卷，向被问者提出问题，并由其予以回答，并从中了解被问者心理的方法。问卷法有寄售问卷法、入户问卷法、拦截问卷法、集体问卷法。问卷法可以同时调查多人，简单易行，收效显著。

5. 投射法

投射法是利用消费者对模糊刺激的自由反应来探寻个体内心深层心理活动的研究方法。我们不可能通过观察法、访谈法或问卷法了解消费者的所有动机、情绪情感和真实感受。在很多情况下，消费者会自觉不自觉地把自己内心的真实想法掩盖起来，使研究者无法了解其真实动机和态度。在这种情况下，投射法就是一种比较有效的方法。常见的投射法有：语言联想法、造句测试法、主题统觉测试和角色扮演法。著名的角色扮演法测试是美国关于速溶咖啡的购买动机研究。

案例1-2

美国关于速溶咖啡的市场调查

20世纪40年代，当速溶咖啡这个新产品刚刚投放市场时，厂家自信它会很快取代传统的豆制咖啡而获得成功。因为它的味道和营养成分与豆制咖啡相同而饮用方便，不必再花

消费心理应用

长时间去煮,也不要再为刷洗煮咖啡的器具而费很大的力气。厂家为了推销速溶咖啡,就在广告上着力宣传它的这些优点。出乎意料的是,购买者寥寥无几。心理学家们对消费者进行了问卷调查,请被试者回答不喜欢速溶咖啡的原因和理由。很多人一致回答是因为不喜欢它的味道,这显然不是真正的原因。为了深入了解消费者拒绝使用速溶咖啡的潜在动机,心理学家们改用了间接的方法对消费者真实的动机进行了调查和研究。他们编制了两种购物单(见表1-1),这两种购物单上的项目,除一张上写的是速溶咖啡,另一张上写的是新鲜咖啡这一项不同之外,其它各项均相同。把两种购物单分别发给两组妇女,请她们描写按购物单买东西的家庭主妇是什么样的妇女。结果表明,两组妇女所描写的想象中的两个家庭主妇的形象是截然不同的。看速溶咖啡购货单的那组妇女几乎有一半人说,按这张购货单购物的家庭主妇是个懒惰的、邋遢的、生活没有计划的女人;有12%的人把她说成是个挥霍浪费的女人;还有10%的人说她不是一位好妻子。另一组妇女则把按新鲜咖啡购货的妇女,描写成勤俭的、讲究生活的、有经验和喜欢烹调的主妇。这说明,当时的美国妇女有一种带有偏见的自我意识:作为家庭主妇,担负繁重的家务劳动乃是一种天职,而逃避这种劳动则是偷懒的、值得谴责的行为。速溶咖啡的广告强调的正是速溶咖啡省时、省力的特点,因而并没有给人以好的印象,反而被理解为它帮助了懒人。由此可见,速溶咖啡开始时被人们拒绝,并不是由于它的本身,而是由于人们的动机,即都希望做一名勤劳的、称职的家庭主妇,而不愿做被人和自己所谴责的懒惰、失职的主妇。这就是当时人们的一种潜在的购买动机,这也正是速溶咖啡被拒绝的真正原因。谜底揭开之后,厂家对产品的包装作了相应的修改,除去了使人产生消极心理的因素。广告不再宣传又快又方便的特点,而是宣传它具有新鲜咖啡所具有的美味、芳香和质地醇厚等特点;在包装上,使产品密封十分牢固,开启时十分费力,这就在一定程度上打消顾客因用新产品省力而造成的心理压力。结果,速溶咖啡的销路大增,很快成了西方世界最受欢迎的咖啡。

表1-1 两组购物单

购物单1	购物单2
1听发酵粉	1听发酵粉
2块面包	2块面包
1串胡萝卜	1串胡萝卜
1磅速溶咖啡	1磅新鲜咖啡
1磅碎牛肉	1磅碎牛肉
2听桃子罐头	2听桃子罐头
5磅土豆	5磅土豆

注:徐联沧. 消费者心理学[M]. 北京消费者心理服务中心编.

投射法一般具有转移被测试者注意力和解除其心理防卫的优点,在消费心理学的研究中常被用做探寻消费者深层动机的有效手段。

任务1 小结

消费是消费主体出于延续和发展自身的目的,有意识地消耗物资资料和非物资资料的能动行为。消费者是指在不同的时空范围内参与消费活动的个人或集体。消费心理是指消费者在购买、使用、消费商品过程中的一系列心理活动。消费心理应用以消费者在其消费活动中的心理行为现象作为分析研究的对象。消费心理与行为作为一种客观存在的社会经济现象,有其特定的活动方式和内在规律,对消费心理的专门研究,目的就是为了发现和掌握消费心理现象产生、发展及变化的一般规律,更有针对性地开展营销活动,以取得事半功倍的效果。消费心理应用的研究方法有:观察法、试验法、访谈法、问卷法和投射法等。

根据消费心理分析的程序,该任务是消费心理应用的起点。通过掌握消费心理应用的研究对象、研究内容和研究方法,为下面各项任务的完成奠定基础。

心理测试

心理测试1—1 大学生消费问卷调查

您好:请原谅打扰了您的学习和休息时间!大学生作为一个特殊的消费群体,越来越受到社会的关注,为了了解我校大学生在校的消费状况,最终引导健康的消费,我们开展了这项调查,请您在紧张的学习之余给我们提供宝贵的信息与意见!感谢您的合作!

1. 您的月消费是多少(　　)。
   A. 500以下　　B. 500~800　　C. 800~1200　　D. 1200以上
2. 您每月消费的主要项目是什么?(可多选)
   A. 伙食　　　　　　　　　　　B. 交通、通讯(电话、上网)
   C. 购物(服装、饰品)　　　　D. 学习费用(书籍)
   E. 娱乐　　　　F. 交际　　　G. 其他(　　)
3. 您每月的日常饮食开支为(　　)。
   A. 100以下　　B. 100~200　　C. 200~400　　D. 400以上
4. 您平均每月购买日常用品的花费为多少(　　)。
   A. 30元以下　　B. 30~50元　　C. 50以上

消费心理应用

5. 您用的手机每月消费（　　）。
   A. 50元以下　　B. 50～100元　　C. 100～200元
   D. 200元以上　E. 没有手机
6. 您每月与恋爱相关的开支约为（　　）。
   A. 50元以下　　B. 50-100元　　C. 100-200元
   D. 200元以上　E. 没有恋爱
7. 每月用于上网的平均消费金额（　　）。
   A. 10元以下　　B. 10～30　　C. 30～50元　　D. 50元以上
8. 平时在美发、护理等方面的花费金额（　　）。
   A. 50以下　　B. 50～100　　C. 100以上　　D. 从没想过
9. 您通常更爱把钱花在哪类书籍上（　　）。
   A. 文学书籍　　B. 学习资料　　C. 娱乐杂志　　D. 游戏类书籍
10. 如果你获奖学金会怎样花（　　）。
    A. 请客送礼　　　　　　　　B. 给父母
    C. 存起来，备用　　　　　　D. 其他
11. 当你手中有足够的钱，请写出三种你最可能的处理方式（　　）。
    A. 吃喝　　B. 上网吧　　C. 穿着打扮　　D. 储蓄
    E. 买书　　F. 旅游　　　G. 其他
12. 你的消费方式是（　　）。
    A. 事先做好消费计划再花钱　　B. 能省则省
    C. 毫不在乎肆意挥霍　　　　　D. 其他
13. 您对现在每月的消费情况满意吗（　　）。
    A. 非常满意　　B. 满意　　C. 基本满意
    D. 不满意　　　E. 非常不满
14. 您每月的生活费（　　）。
    A. 有余　　B. 正好花完　　C. 不够花
15. 您月底有余额会怎么办（　　）。
    A. 存入银行以后备用　　　　B. 转入下月生活费
    C. 用于投资　　　　　　　　D. 马上花光
    E. 没有余额
16. 你在消费当中，各种消费内容所占的比例：
    学习方面：＿＿＿％　吃喝方面：＿＿＿％
    娱乐方面：＿＿＿％　其他：＿＿＿％

(资料来源：百度贴吧-北京吉利大学吧)

任务 1　认识消费心理应用

【实训操作一】

实训名称	大学生计算机消费问卷调查
实训目的	1. 运用消费心理应用的研究方法，了解当代大学生电脑消费需求情况，以及该产品的市场发展前景。 2. 培养学生市场需求调查和分析能力。 3. 培养学生团队合作能力。
实训组织	1. 教师介绍本次实训目的及需要提交的成果。 2. 学生分为 6～8 人一组，选出组长。 3. 设计调查问卷。 4. 调查 100 位同学。不同院校、不同年级、男女各占一定比例。 5. 利用业余时间或周末进行，两周内完成。
实训环境	大学城各院校
实训成果	1. 写出调查分析报告。 2. 课堂汇报。 3. 教师评比考核。（1）能够按时完成；（2）资料来源真实；（3）发挥团队作用。

【本任务过程考试】

一、名词解释

1. 心理
2. 消费心理

二、不定项选择

1. 心理是人脑的机能，是实践活动中人脑对客观现实的（　　）反映。

　　A．客观　　　　B．主观　　　　C．直观　　　　D．反观

2. 消费心理学所研究的消费专指（　　）。

　　A．物质消费　　B．精神消费　　C．生产消费　　D．生活消费

3. 消费心理可以分为本能性消费心理和（　　）。

　　A．生产性消费心理　　　　　B．社会性消费心理

　　C．经营性消费心理　　　　　D．消费性消费心理

4. 通过对消费者在购买活动中的语言、表情、动作等进行分析，从而了解支配其购买行为的心理，这种研究方法是（　　）。

　　A．观察法　　B．访谈法　　C．测量法　　D．统计法

消费心理应用

三、判断题

1. 消费心理学研究的"消费"是指广义的消费概念。（　）
2. 研究消费心理对个人消费没有什么直接影响。（　）
3. 1950年，美国心理学会正式成立"消费心理学会分会"，这一事件是消费心理学作为一门独立学科诞生的标志。（　）
4. 通过口头信息传递途径了解消费心理的方法是问卷法。（　）

四、思考题

1. 消费心理学研究的对象和内容是什么？
2. 如果采用访谈法不能测知消费者心理或有可能得到虚假结果，那么你有没有其他方法较为准确地测试消费者心理？
3. 结合实际，谈谈对学习消费心理应用课程的认识？

五、案例分析

互联网时代

美国互联网调查机构"皮尤网络与美国生活项目"（Pew Internet and American Life Project，Pew）调查显示，6000万美国人依靠互联网作重大的决定，互联网在美国人的日常生活中扮演重要角色。在最近的一次调查中，有45%的被调查者承认，过去的两年中，他们做出重大决定或面临人生挫折时曾到互联网上寻求帮助。2002年在类似的调查中，这个比例是40%。按照45%比例计算，全美国大约有6000万在做出重大人生决定时会到互联网上寻求帮助；1700万依托互联网为家庭成员选择学校或医院；1600万购买汽车或投资使用互联网；1000万人以上通过互联网寻找新的居住地。Pew表示："随着宽带的普及，互联网在人们的生活中所起的作用越来越大，另一方面人们的需求对互联网内容和广告服务运营商提供了更多的商机。"

【问题】
1. 美国互联网调查机构为什么要作该项调查？互联网给美国人的消费心理和行为带来怎样的影响？
2. 您认为该如何调查中国消费者是否受互联网影响？有哪些影响？

任务 2 消费者的心理活动过程

能力目标

通过完成本任务的教学，使学生具备以下基本能力：
1. 能够把握消费者对商品的认识过程、情感过程和意志过程；
2. 能够掌握消费者对商品的感觉和知觉心理特征；
3. 运用感觉、知觉规律指导商品的销售活动，善于通过表情观察消费者的情绪变化。

知识目标

1. 弄清消费者的认识过程；
2. 弄清消费者的情感过程；
3. 掌握消费者的意志过程。

任务分解

子任务 2.1 消费者的认识过程
子任务 2.2 消费者的情感过程
子任务 2.3 消费者的意志过程

消费心理应用

感觉的刺激性

美国人亨利的餐馆设在闹市区,服务热情周到且价格便宜,可是前来用餐的顾客却很少,生意一直冷清。一天亨利去请教心理学家,心理学家来参观视察一番后,建议亨利将室内墙壁的红色改为绿色,而将白色的餐桌改为红色。果然生意兴隆起来。惊喜的亨利向心理学家请教,心理学家解释道:"红色使人激动、烦躁,顾客进来之后心神不宁,哪有心思吃饭?而绿色使人感到安宁、心静。"亨利忙问:"那么餐桌为什么不用绿色?"心理学家答到:"那样,顾客进来就不愿意离开了,占有餐桌,会影响别人用餐的。"

【问题】1. 感觉对消费者购物的影响作用?
2. 请谈谈色彩对消费者行为的影响。

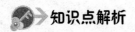

子任务 2.1　消费者的认识过程

认识过程是消费者心理活动的初始过程。它是指通过消费者的感觉、知觉、记忆、思维和想象等心理活动对商品的品质、属性以及各方面联系的综合反映过程。通过认识过程,消费者可以由表及里地了解各种商品,从而产生情感活动,并会进一步引发消费行为。

2.1.1　消费者感觉

1. 感觉的含义

感觉是人脑对当前直接作用于感受器官的客观事物的个别属性的反映。如在商场里消费者看见各种颜色的服饰,听见播放的音乐,闻到化妆品的香味等反映,都属于感觉。

消费者对商品认识的最初来源就是感觉,任何消费者购买商品都是通过其感官——眼、耳、鼻、舌、皮肤等获得初步信息的。但消费者通过感觉获得的只是对商品属性片面、孤立的认识,若仅仅依靠感觉对商品做出全面的评价和判断,显然是不完全可靠的。尽管如此,感觉仍是认识过程乃至整个心理活动过程的基础和起点,只是通过感觉,消费者才能获取进一步认识商品的必要材料,形成知觉、记忆、思维、想象等复杂的心理活动,从而获得对商品属性全面、正确的认识。

2. 感觉的产生

感觉是人的感觉器官在受到客观事物的刺激时产生的。不同性质的客体刺激会使人产生不同的感觉,但并不是所有的刺激都能引起人的感觉,只是在一定强度和范围内,是人的感觉敏感而产生反应的适宜刺激,才能引起感觉。人对适宜刺激的感受能力叫感受性。适宜刺激的刺激量叫感觉阈限,感觉阈限的大小可以用来表示感受性的高低,但感觉阈限与感受性是成反比关系的。由于人的机体状态和知识层次的差异,感觉阈限会因人而异,因此商家在营销过程中要注意到不同消费者对各种强度促销手段的不同敏感程度。

 知识链接

人对几种主要气体的感觉阈限

气味	感觉阈限(每公升空气中含毫克量)
甜味	4.533
汗味	0.009
汽油味	0.0088
樟脑味	0.005
果味	0.0036
烧焦味	0.00074
臭味	0.00018
鲜草味	0.00002
柠檬味	0.000003
烂菜味	0.00000066
麝香味	0.000000075

3. 感觉的分类

根据刺激物的来源不同和产生感觉的分析器不同,不同感觉分为外部感觉和内部感觉。外部感觉是指由人体外部客观事物的刺激所引起的感觉,它的感受器都位于身体表面或接近身体表面的地方。外部感觉包括视觉、听觉、嗅觉、味觉和皮肤觉。其中皮肤觉是一种综合性的感觉,它又包括温度觉、触觉和痛觉。内部感觉是指人的感受器对自己的机体内部各种刺激引起的相应反应。这些感受器位于体内组织里或内脏器官的表壁上。内部感觉主要包括内脏觉、平衡觉、运动觉等。

4. 感觉的一般规律

（1）感觉适应

感觉适应是同一感受器的感受性随着刺激物的持续作用而发生变化的现象。在外部感觉中，除了痛觉之外，其他感觉基本都很容易发生适应现象，而大多数适应现象表现为感受性的降低。如"入鲍鱼之肆久而不闻其臭，入芝兰之室久而不闻其香"；连续吃几块糖果后，就会觉得不太甜了；夏季刚进入由空调的商场时觉得非常凉爽，几分钟之后这种感觉就不会那么强烈了。感觉适应是人们为了在各种条件下生存而产生的必然现象，但它对市场的营销活动却有着不利的一面，如消费者对长期播放的广告视而不见；对常见的商品不感兴趣；对新装修开业的商场的气味的适应，可能造成消费者头痛等。这就要求商家在广告与产品上不断地推陈出新，迎合消费者的心理，并注意避免商场不良适应现象的产生。

（2）感觉对比

感觉对比是指同一感受器接受不同的刺激而使感受性发生变化的现象。对比现象分为同时对比和先后对比两种。同时对比现象在视觉中表现得最为常见，如绿叶衬托的红花显得格外的鲜艳，黑色背景下的白色服装格外显眼。先后对比现象在味觉中表现得最为明显，如吃过糖后再吃苹果，就会对酸味的感受性提高，觉得苹果并不太甜。对比现象主要提示商家在广告设计和卖场设计上注意利用色彩的对比效果突出商品的形象；酒店在给顾客上菜时要先咸后甜，先酸后甜等。

（3）联觉

联觉就是一种感觉兼有另一种感觉的现象。最容易产生联觉现象的是对颜色的感觉。如红、橙、黄等颜色往往能产生温暖的感觉，故称之为暖色；青、蓝、紫等颜色往往能使人产生寒冷的感觉，故称之为冷色。暖色往往使人产生接近感，故称之为近色；冷色往往使人产生深远感，故称之为远色。色调还会引起轻重的感觉，深色调的事物显得很沉重，浅色调的事物则显得比较轻快。联觉在商场店面设计、室内装潢、服装设计等方面，具有现实的指导意义。

5. 感觉在消费者购物过程中的作用

（1）感觉是消费者获得对商品的第一印象。感觉是一切复杂心理的基础。消费者只有在感觉的基础上，才能获得对商品的全面认识。

（2）对消费者发出的刺激信号强度要适应人的感觉阈限。商业企业在广告设计过程中，特别是调整价格和介绍商品时，向消费者发出的刺激信号强度，要适应他们的感觉阈限。

（3）感觉是引起消费者某种情绪的通道。客观环境给予消费者感觉上的差别，会引起他们不同的情绪。

因此，在市场营销过程中，通常对营销人员的感觉灵敏度的要求比较高。

2.1.2 消费者知觉

1. 知觉的含义

知觉是人脑对直接作用于感官的客观事物的整体的反映。它是人们在综合多种感觉的基础上形成对事物的整体印象的认知。一般来说,在消费者了解商品信息的过程中,消费者能亲自感觉到的商品属性越丰富、越充分,对商品的知觉也就会越完整、越正确。但是知觉不是感觉在数量上的简单相加,而是对感觉到的事物的个别属性进行有机联系后的综合反映。此外,知觉的产生还需要依赖知识经验的参与,因此说知觉是比感觉更复杂、更高级的心理活动。

2. 知觉的分类

根据产生知觉时起主导作用的感官的特性,知觉可分为视知觉、听知觉和触知觉等;根据知觉所反映的事物内容,知觉可分为时间知觉、空间知觉和运动知觉等;根据知觉的结果是否与客观事物相符,知觉可分为正确的知觉和错觉。错觉是在特定条件下对事物产生的不正确的知觉。错觉现象有图形错觉、大小错觉、空间错觉、时间错觉、方向错觉等,其中最为常见是视觉方面的错觉。错觉在造型艺术上有特殊意义,因此在市场营销活动中,被广泛应用于广告设计、橱窗设计、商品摆放、包装设计等方面。

3. 知觉的特性

知觉是消费者对商品及其相关信息的主动反映心理,由于受到消费对象的特点和消费主观因素的影响,使得知觉表现出独有的活动特征,具体表现在选择性、整体性、理解性、恒常性四个方面。

知识链接

消费者对广告充斥生活越来越厌烦。广告专业人士也感到传统媒体及非传统场合,如电影院及医务室的电视监视器中的广告激增,正在威胁着他们的工作质量。他们担心消费者被如此多的竞争刺激所淹没,以至于他们的信息播出时,消费者并没处在易于接受刺激的状态中。

罗珀组织(Roper Organization)和一家商业报纸《广告时代》(Advertising Age)对广告专业人士所做的一项调查表明,30%的消费者对于在电影放映之前插播广告的行为非常厌烦,而对此有类似反应的广告专业人士的人数竟高达65%。同样,认为在高校教室使用电视监视器或将信息插在租借的视盘上会招致恼怒的专业人士人数,也是普通消费者人数的两倍。

（1）知觉的选择性

当消费者面对琳琅满目的商品时，不能同时对所有的商品刺激都进行反应，而总是有选择的对其中的一部分刺激物进行清晰的反应，其余的事物则变成了背景，即知觉的选择性。影响知觉选择性的因素：一是对象与背景的差别，差别越大，对象越容易被人选择；二是对象的运动性；在固定不定的背景上运动着的刺激物容易被人选择；三是刺激与人的关联性，主体需要的、感兴趣的、熟悉的刺激物容易被选择。一般情况下，知觉中的对象和背景是相对的，可以变换的。

知觉的选择有助于消费者在有限的时间内尽快确定购买目标。商家在营销活动中要注意将商品摆放在醒目的位置，或者让商品处于运动状态，以吸引消费者的注意力，促进其对商品的感知。

（2）知觉的整体性。知觉对象是由许多部分或许多属性组合而成的，各组成部分也具有各自的特征，但人们不会把知觉的对象感知为支离破碎的孤立部分，而总是将它们作为一个整体，即知觉的整体性。

知觉的整体性表明，具有整体形象的事物比局部的、支离破碎的事物更具有吸引力。因此对商品的广告宣传应该把重点放在能突出商品整体形象的相关属性上。

（3）知觉的理解性。人在感知观对象时，总是要根据以前获得的相关知识经验去解释对象，即知觉的理解性。消费者在知觉过程中，只有借助积累的商品知识和消费经验，才能对感觉到的商品信息加以分析和解释，并最终形成概念以确定理解的商品。

例如，一个老年消费者在感知 MP3 产品时，他可能将其理解为自己家里的老式录音机的现代版，这样就便于他掌握该电子产品的内在属性和功能，从而形成并记住 MP3 的概念。

对事物的知觉理解除了受人们自己的知识经验影响外，还受外部信息宣传的影响，如营业员对产品的介绍和企业的广告宣传等都可以帮助消费者更快、更深刻地理解产品性质，更准确地形成产品概念。

（4）知觉的恒常性。由于知识经验的参与和整体知觉的作用，即使知觉的条件发生变化，人们已经形成的知觉映象也能保持相对不变，即知觉的恒常性。知觉的恒常在一定的条件下会被破坏。

例如，远在 1000 米以上，形状知觉的恒常性会被破坏；在色光的强光下，颜色知觉的恒常性也会被破坏。影响知觉恒常性的因素主要是理解的作用，即经验的作用。由于人能够不受观察条件、距离等因素的影响，而始终根据经验按事实的本来面貌来反映事物，从而可以有效地适应环境，经验越丰富，越有助于感知知觉对象的恒常性。

知觉的恒常性有助于人们全面、真实、稳定地反映客观世界，使人们能够更好地适应环境。这一特性使消费者能够避免外部因素的干扰，在复杂多变的市场环境中保持对商品的一贯性经验认识，有助于企业培养消费者的品牌认知和品牌忠诚心理。但知觉的恒常性也会阻碍消费者对新产品的认知，不利于企业对新产品的推广。

4. 影响消费者知觉的因素

（1）刺激物的因素

大小：大的刺激物比小的刺激物容易引起注意；

强度：如声音比较大，气氛比较强烈的刺激物容易引起注意；

色彩：色彩比较鲜艳的刺激物比较容易引起注意；

位置：处于比较突出的位置，或符合人们视觉习惯的刺激物容易引起人们的注意；

运动：运动的刺激物比静止的刺激物更容易引起人们的注意；

对比：具有强烈的对比性的刺激物更能引起人们的注意。

（2）消费者个人的因素

动机结构：消费者个体的动机结构不一样，会对不同的刺激物产生不同的反应；

期望：消费者比较容易接受符合其期望的信息；

过去的经验：消费者会接受与自己过去的经验相一致的信息；

价值观：消费者会根据自己的价值观对刺激物所提供的信息进行选择和判断；

态度：消费者会接受迎合自己态度的信息；

瞬间的情感：消费者瞬间的情感也会影响消费者对刺激物的反应。

5. 知觉对消费者的作用

（1）知觉的选择性帮助消费者确定购买目标。消费者带着既定的购买目的到商店，能积极主动地在琳琅满目的商品中选择所要购买的商品。这是由于购买目标成为符合他们知觉目标的对象，从而感知得很清楚。

（2）错觉在造型艺术上具有特殊作用。错觉的产生，可能由于知觉对象被背景或参照物所干扰，也可能由于人过去经验的影响。

（3）知觉的整体性在广告中的应用。知觉的整体性特征告诉人们，具有整体形象的事物比局部的、支离破碎的事物更具有吸引力和艺术性。

知觉在营销工作中具有重要作用。它可以拓展接待服务面。优秀的营销人员，能够同时接待、照顾几位顾客，有较宽的接待服务面。同时，营销人员应掌握向消费者推荐商品的艺术。营销人员在向消费者推荐商品时，应学会运用人们知觉中产生错觉的心理状态，合理、科学地推荐商品，提高服务艺术。

消费心理应用

 课堂讨论

1. 感觉和知觉在消费者购买行为中的作用。
2. 错觉在营销中的运用。

2.1.3 消费者的注意

1. 注意的含义

注意是心理活动对一定对象的指向和集中。其基本特征包括以下两点。

（1）指向性：表现为人的心理活动具有选择性。

（2）集中性：指人的心理活动可以离开一切与活动对象无关的东西，还可以对与之干扰的刺激进行抑制，以保证注意的对象能得到比较鲜明和清晰的反映。

例如，消费者在选购商品时，其心理活动总是集中在购买目标上，并且能离开其他商品，对场内噪音、喧哗、音乐等干扰进行抑制，获得对所购商品的清晰、准确的反映，以便决定是否购买。

2. 注意的分类

（1）无意注意：事先没有预定目的，不由自主地指向某一对象的注意。例如，消费者本想购买某种商品，无意中看到了另一种商品，觉得不错，引起对另一种商品的注意就属于无意注意。

（2）有意注意：事先有预定目的，自觉地指向某一对象的注意。例如，消费者在嘈杂的环境里专心选择欲购买的商品，就属于有意注意。

有意注意和无意注意在实践活动中相互联系，往往不能截然分开。只有有意注意，人就容易疲劳，效率不能维持；只有无意注意，人就容易"分心"，心理活动不能持久地指向某一事物，事情也难以做好。有意注意与无意注意在一定条件下可以相互转换。例如，消费者在有意购买某种商品的寻找过程中，突然被另一件同类商品的新颖款式所吸引，把注意力转向这一商品上，这就是由有意注意转换为无意注意。

顾客对商品的有意注意是积极主动的注意，它产生于购物的目的、动机。

3. 注意在销售活动中的作用

顾客到商店购物，往往是在有意注意之中进行的，但有时无意注意也会引发他们更多的需要。

（1）售货员可通过正确运用和发挥注意的转换，从而诱发顾客新的购物行为产生。

任务 2 消费者的心理活动过程

销售人员可以通过推出新颖商品、广告宣传、别出心裁的经营方式等引起顾客的无意注意，并使其转为有意注意，从而扩大销售。例如，贵州茅台酒在 1905 年巴拿马世界博览会上获金奖，就是发挥了注意这一心理功能的结果。

（2）为了延长顾客在商店内的逗留时间，以增加销售机会，必须要用多方位的经营来调节顾客的注意转换。

现代商店多以集购物、娱乐、休息、餐饮为一体，来满足顾客多方位的需要，使顾客时而有意注意，时而无意注意；时而忙于采购，时而消遣休闲。

（3）为了更好地为顾客服务，售货员也应引起顾客的注意。

2.1.4 消费者的记忆

1. 记忆的含义

记忆是人脑对过去经历的反映，是人类积累和保存经验的心理过程。人们对感知的事物、做过的事情、体验过的情感都会在脑海中留下印象，形成经验，这就是记忆机理。

记忆在消费者的心理和行为活动中具有重要作用。消费者通过对感知从外界获得各种商品信息，形成商品概念，并保留在脑海中成为知识和经验，以备用于消费决策时的推理和判断。如果消费者对感知的商品广告、商品形象、消费场所、消费经历等不能进行记忆，那么在消费决策过程中就不能提取有用的客观依据，也就无法做出正确的判断和选择。

2. 记忆的过程

记忆是一种复杂的心理活动过程，包括识记、保持、回忆或再认三个基本环节。

（1）识记

识记是一种有意识的反复感知，从而使客观事物的印记在头脑中保留下来，成为印象的心理过程。整个记忆过程是从识记开始的，所以它是记忆过程的第一步，是记忆的基础。消费者要想形成对商品的记忆，就要运用各种感官去接触商品，在大脑皮层上建立商品各种属性的联系，留下商品整体印象的痕迹，从而识记商品。

（2）保持

保持就是保存和巩固已经识记的事物印象的心理过程，它可以使记忆的信息长久地保留在头脑中。保持不仅是巩固识记所必需的，而且也是实现再认或回忆的重要保证。消费者在购买商品前的货比三家，就是要记住所对比商品的各自特点；购买商品后的使用效果，也会保留在头脑中而成为消费经验，影响其以后的消费决策。

但是保持并不是一成不变的，有时人们会随着时间的推移而对有些已经记忆和保持的信息发生遗忘现象。而遗忘的主要原因在于记忆后缺乏复习和巩固。心理学家艾宾浩斯发

消费心理应用

现了遗忘的规律：遗忘进程不是均衡的，在识记的最初阶段遗忘的速度很快，后来逐渐减慢，经过相当长的一段时间后，几乎就不再遗忘了。遗忘规律提示工商企业要想使消费者保持对商品或品牌的记忆，就必须通过广告等手段适时、连续地给消费者施以刺激，使其不断地"复习"接触过的商品信息，从而长久保留其对商品的深刻印象。

 知识链接

广告信息的遗忘

美国的一项调查显示：进入20世纪90年代以来，只有65%的消费者能注意到广告中的品牌名称，更令商家沮丧的是只有7%的电视观众能回忆起他们最近看到的电视广告中的产品，这个数字比60年代下降了一倍。究其原因，是现在的广告信息量大，过多的识记材料增加了遗忘的数量和速率。

（3）回忆或再认

回忆又叫重现，是人们对不在眼前的过去经历的事物在头脑中重新显现出来的心理过程，或在不同情况下，恢复过去经验的过程。如一个消费者告诉他的同学自己的手机是去年到大连旅游时在国美电器购买的，这就是回忆。

再认又叫认知，是人们对再度出现的过去经历的事物在头脑中识别出来的心理活动过程。如一个消费者在大连的好多超市认出了曾经在黑龙江吃过的某品牌乳腐，这就是认知。

回忆和再认并没有本质的差别，只是在保持印象的程度上有些差异。一般来说，再认比回忆简单、容易，能重现的事物通常都能认知；能回忆起来的事物，通常也能认知出来，而能认知出来的却不一定能回忆起来。

3. 记忆的分类

根据记忆的内容不同，记忆可分为以下几种。

（1）形象记忆

形象记忆是以感知过去的事物形象内容的记忆。形象记忆是消费者大量采用的一种记忆形式，其中又以视觉形象记忆和听觉形象记忆为主。

（2）逻辑记忆

记忆逻辑是以概念、判断、推理为内容的记忆。逻辑记忆是通过语言的作用和思维活动来实现的，对消费者的逻辑思维能力要求较高。企业在宣传高科技新产品时，要尽量通俗化、形象化，以便于消费者理解和记忆。

(3) 情绪记忆

情绪记忆是以体验过的某种情绪或感情为内容的记忆。情绪记忆比其他记忆更为深刻和持久。商家的优质服务、良好的品牌效应和质优价廉的产品，都会令消费者获得美好的情绪记忆。

(4) 运动记忆

运动记忆是以做过的运动或动作为内容的记忆。如消费者对超市中拥挤着抢购特价商品、长时间地排队交款等行为的记忆。

4. 影响消费者记忆效果的因素

(1) 记忆的目的性

如果消费者是在消费需求和购买动机的支配下主动收集商品信息，那么对这些信息的记忆效果一定好于对无目的、被动的状态下接触的商品信息的记忆。

(2) 记忆的理解性

如果企业的产品说明书、商场营业员的产品介绍能够被消费者真正理解的话，那么消费者对所获得的商品信息的记忆效果就会更好。

(3) 记忆的活动性

如果消费者能够亲自参与商品的组装、制作过程，或亲身体验商品的性能，那么对所掌握的商品信息的记忆就会更加深刻。

5. 发挥记忆在广告中的心理效力

对于广告信息的记忆是消费者思考问题所必要的条件。

(1) 利用直观的、形象的信息传递，增强消费者对事物整体映像的记忆。

一般来说，直观的整体形象的东西比抽象、局部的东西容易记住。在广告宣传中，有意识地采用实物直观和模拟直观，以及语言直观进行信息的直观表达，不仅可以强烈地吸引消费者的注意，还可以使人一目了然，增强知觉度，提高记忆效果。

(2) 利用简短易懂的词语高度概括广告内容，提高信息接收和贮存的效率。

① 消费者储存在记忆里的所有信息，在一定条件下，是可以借助表象和词语恢复起来的。

表象：人脑对当前没有直接作用于感觉器官的，以前感知过的事物形象的反映。

词语：可以表示观点态度和思维过程，也可以概括事物形象和活动情景，是最简便、最经济的记忆工具。

② 广告词语便于记忆的要素就是简短和易懂。在广告宣传中，我们应尽力采用简洁有力、易写易读、富于形象概括的词句，设计有节奏近似重复的律韵化语言，使用易于领悟

消费心理应用

的习用词语或成语,鲜明生动地把广告有关信息,包括商品形象、商品品质、经营特色和劳务特点等内容,概括地显露给消费者,唤起其记忆中所保留的有关事物的形象或使用的情景与经验,并使之易于输入和贮存新的经济信息。

(3)利用信息的适度重复与变化重复,加强与巩固神经联系痕迹。

在广告宣传中,有意识地采用重复的方法,反复刺激消费者的视觉听觉,加深有关信息的印象,延长信息的贮存时间,是惯用的心理策略。

重复必须是适度的和有所变化的。在对某种信息的多次重复广告时不仅在空间上或时间上有一定的距离。还应采取多种广告媒体或表现方式,以及增添新的信息,从新的角度使旧的内容重现,诉诸新的刺激,才能为消费者所乐意接受,加深理解和记忆。

2.1.5 消费者的思维

1. 思维的含义

(1)思维的概念

思维是人脑以已有的知识为中介,对客观事物间接概括的反映。

在日常生活中,我们常说做事要"三思而行"、要"集思广益",以及解决问题要想办法、多讨论等,都是指思维的心理活动。

(2)基本特征

① 概括性

思维的概括性是指思维能从大量个别的现象中概括出一般的东西;从众多的非本质的特征中概括出本质的特征;从许多外部联系中概括出内部的规律性联系。简而言之,思维概括的是事物的内部特征与规律性联系。

例如,市场上商品成千上万,很难一一认知。但经过思维,可以把它们概括为日用品类、服装类、家用电器类、食品类等,每类商品都有区分于其他类商品的共同特征。

② 间接性

思维的间接性是指思维是以过去的知识经验为中介的对事物的间接反映。

例如,随着私家汽车市场销售的日益增长,可以预测和推断,凡是与汽车有关的售后服务、驾车培训、汽车装饰、汽配零售以及汽车广告、购车信贷等将成为新的消费热点。

2. 思维的过程

思维是一个复杂的心理过程,具体表现为以下几个方面。

(1)分析

分析就是把整体分为部分,把复杂的问题分解为简单的要素,分别找出它们的本质属性和彼此之间的关系。

(2) 比较

比较就是把各种事物加以对比,来确定它们之间的异同和联系。没有比较就没有鉴别,而比较就是在分析的基础上进行的。

(3) 抽象

抽象就是把各种现象或对象的共同属性、本质特征同其他属性、次要特征分离开来。

(4) 综合

综合就是在分析比较的基础上,把事物的个别部分和属性联合为一个整体。

(5) 概括

概括就是把抽象出来的对象的本质特征、相互联系及其规律加以总结,形成概念。

(6) 系统化

系统化就是通过分析、综合把整体的各个部分归入一定的类别系统中。

(7) 具体化

具体化就是把经过概括得到的知识和原理运用到具体问题的解决过程中。

由思维的过程可以看出,消费者对各种商品由表及里的认识过程,也就是实际购买中的决策过程。

3. 思维在销售活动中的作用

顾客在选购商品时,常常是借助有关商品信息,对商品进行比较、判断,通过思维来决定是否购买。

售货员在推销商品时,尤其是大件贵重商品,必须要让顾客充分了解该商品,要多种类展示,全面介绍,使顾客在充分了解(感性认识)以后,进行认真的考虑,以确定购买哪种商品(理性认识)。

2.1.6 消费者想象

1. 想象的含义

(1) 想象的定义

想象是指用过去感知过的材料来创造新形象的心理活动。想象是思维的创造性发展,它使思维变得更高级,更复杂,没有想象就没有创造。消费者在选购商品时,常常会借助想象来评价商品的效用,并决定是否购买。所以企业的广告画面和营销人员的语言描绘,都能够启发消费者的想象,加深其对商品的认识,通常心理学上把客观事物作用于人脑后,人脑所产生的这一事物的形象叫做表象。

(2) 想象要具备的三个条件

想象必须建立在有过去已经感知过的经验的基础上,也可以是前人、他人已有的经验。

想象必须依赖于人脑的创造性，需要对表象进行加工，而不是表象本身。

想象是新的形象，是主体没有直接感知过的事物。

2. 想象与思维的联系和区别

（1）想象与思维的关系

想象离不开思维，人们在探索和解决新事物时，必须有思维活动的参加。两者都是比较高级的认识活动。

（2）想象与思维的区别

想象活动的结果是以具体的表象形式表现出来的，思维的结果是以概念的形式表现出来的。

3. 想象的分类

（1）无意想象

无意想象是指没有特殊目的、不自觉的想象。也叫随意想象，是最简单、最初级的想象形式。商品广告所引发的想象多数都是无意想象。

（2）有意想象

有意想象是指根据一定目的，自觉进行的想象。有意想象又可分为再创性想象和创造性想象。消费者在选购商品时的想象基本都是有意想象。

4. 想象在市场营销中的作用

（1）消费者在评价商品时常伴随着想象活动

想象对消费行为产生一定影响。如，消费者评价一套高级组合家具，经常伴随着对生活环境一种美好效果的想象；购置高档耐用消费品，往往具有显示经济实力或社会地位，即延伸人格的想象。

（2）想象在商业广告中的心理效力

在商业广告中，有意识地增加广告激发想象的效果，是不可缺少的心理方法。在商业广告中运用想象提高广告效果的方法很多，可以用消费者熟知的形象，来比喻广告的形象和特点。如某牛仔裤的广告——"犹如第二层皮肤"，某洗衣机的广告——"贤妻良母"。

（3）营销人员的工作需要一定的想象力

成交率的高低在很大程度上，取决于营销人员的再创性想象有无差错。优秀的营销员应该能够想象出，哪种商品适合客户的需要。同时，在诱导顾客的过程中，以自己的想象力去丰富顾客的想象力。

任务 2 消费者的心理活动过程

购物能生快感

心理学家通过调查得出结论,对某些人来说,购物能产生强烈的快感。英国女性杂志《伴侣》在一项针对 1000 名读者的调查中,发现受访者对购物的兴趣比升官、谈恋爱、获得假期和减肥 6 公斤都高。83%的受访者说,他们购物是为了获得心理的快感,他们中的四分之一经常购物。心理学家德瑞尔分析:购物能够产生幸福的感觉,寂寞或是被人拒绝的人觉得店员的殷勤态度难以抗拒。再有就是方便的信用卡消费和日益强大的消费文化强化了人们的购物乐趣。但是物极必反,这些因素也是造成强制购物狂的罪魁祸首。

【问题】1. 消费者购物是否无动于衷?
2. 购物给消费者带来什么情感体验?

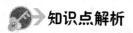

子任务 2.2　消费者的情感过程

通过认识过程,消费者对各种商品属性进行由表及里的全面了解,在知道了商品用途后,消费者往往会衡量该商品是否能满足自己的需要。这时认识过程就会过渡到情感过程。

2.2.1　情绪与情感的概念

1. 情绪与情感的定义

情绪与情感是人对客观事物是否符合自己的需要、愿望而产生的态度体验。人们在认识和改造客观世界的过程中,客观事物会对人有某种意义,因而人们对这些事物就会产生某种态度,这种对客观事物的态度总是以带有某些特殊色彩的体验形式表现出来。情绪与情感反映的不是客观事物本身的属性,而是反映客观事物属性与人的需要之间的关系,因此可以说它是人类对客观世界的一种特殊的反映形式。如消费者买到优惠价商品会十分高兴,没买到优惠价商品的顾客会比较失落,而买到质量有问题商品的顾客则会非常生气。

通常消费者的情绪与情感直接表现为消费者的主观心理感觉,即消费者对消费者需求被满足与否,以及满足的程度、方式的主观心理感受。消费活动是一种满足需要的活动,它是通过商品的实际购买、使用来实现的。消费者在选购过程中,对于符合心意、满足实际需要的产品和服务会产生积极的情绪与情感,它能增强消费者的购买欲望,促进购买行为的发生。

2. 情绪与情感的层次

情绪与情感寓于人的认识活动中,它在认识活动中产生,并且影响着活动的进行。通常可以将情绪与情感分为两个层次:一是由满足生理需要而产生的情绪与情感,称为原始情绪与情感,也称低级情绪与情感;二是由满足社会需要而产生的情绪与情感,称为高级情绪与情感。

3. 情绪与情感的联系与区别

(1)情绪与情感的联系

在西方心理学著作中,常常把情绪与情感称为感情。情绪与情感是从不同的角度来表达感情这种复杂心理现象的。在实际生活中,情绪与情感往往交织在一起,难以截然分开,情绪是情感的外在表现,情感是情绪的本质内容,在使用过程中两者并没有严格的区别。

(2)情绪与情感的区别

一般来说,情绪是较低级的心理现象,属表层心理,常常用于感情的表达方式,一般与心理是否得到满足相联系,由特定的条件所引起,并随条件的变化而变化,表达形式比较短暂,具有较大的情景性和冲动性。而情感是较高级、深层次的心理现象,与情绪相比较,它带有较大的稳定性和深刻性。

2.2.2 情绪与情感的分类

1. 根据情绪的性质分类

(1)快乐。快乐指个体的目标得到实现、需要得到满足时的态度体验。快乐又可分为满意、愉快、欢乐、狂喜等不同程度的状态。企业的营销活动应当全方位地让消费者在消费过程中体验到快乐,这有助于培养消费者的忠诚消费行为。

(2)愤怒。愤怒指个体的行为目标受到干扰、破坏、打击,而无法实现目标的态度体验。愤怒可分为不满意、生气、愤怒、暴怒等不同程度的状态。

(3)恐惧。恐惧指个体由于缺乏心理准备,不能应付、处理或摆脱突然出现的某种可怕的或危险的情景所产生的态度体验。恐惧可分为紧张、焦虑、害怕、惊恐等不同程度的状态。

(4)悲哀。悲哀指个体失去所钟爱的对象或追求的目标而产生的态度体验。悲哀可分为遗憾、失望、难过、悲伤、哀痛等不同程度的状态。

2. 根据情感的内容分类

（1）道德感。道德感是个体根据社会行为标准评价自己或他人的言行时所产生的态度体验。道德感是一种最高级形式的社会情感。在消费过程中，营销人员良好的职业道德和热情的服务态度对于激励消费者的购买行为起着重要的影响作用。

（2）理智感。理智感是个体的求知欲望是否得到满足而产生的态度体验。理智感是在认识过程中产生和发展起来的，它会推动认识过程的深入进行。如消费者对时尚新潮的产品会产生好奇，好奇心会促使消费者进一步去了解这些产品，接触和了解这些产品又会引发消费者其他的情绪与情感。所以理智感对对消费者在购买过程中的情绪变化起着重要的推动作用。

（3）美感。美感是人的审美需要是否得到满足而产生的态度体验。由于消费者的社会地位、经济条件、文化修养、社会实践等方面的差异，他们的审美标准也各不相同。但一般来说，同一社会群体成员有着近似的美感。企业在产品定位后，一定要把握消费者的审美标准，做到商品的外在美与内在美相统一，以赢得更多消费者的青睐。

消费者在产生情感反应后，就很容易支配其消费行为。积极的情绪与感情会促进消费者行为的发生和进一步的发展；反之，消极的情绪与情感则会抑制消费行为的发生和发展。因此，商家必须杜绝容易对消费者的情绪和情感产生负面影响的营销做法，真正做到让消费者乘兴而来，满意而归。

课堂讨论

你在购买商品时，商品精美的包装是否会影响你的购买决策？

2.2.3 影响消费者情绪与情感的主要因素

1. 商品因素

在消费者对商品进行感知的过程中，会格外关注商品的品牌、包装、款式、性能、质量、价格等因素，他们的情绪与情感也会经常受到这些因素的直接影响，并进而左右其消费者行为的发生与否。因此，生产企业应该重视利用商品本身的各种因素赢得消费者的好感。

2. 环境因素

购物环境的硬件条件以及所营造出来的购物氛围，对于调动消费者情绪起着首要的刺激作用。尤其在人们将逛购物场所变成了休闲生活的今天，商家也比以往任何时候都更加注重对购物环境的精心布置和装饰，以吸引消费者前来消费。

3. 人员因素

人员因素主要指购物场所的营业人员的服务态度以及营业员与消费者的交往状态，这些都会对消费者的情绪与感情产生一定的影响。商家应该对营业员的仪表、服务语言、服务态度等提出规范化的要求，同时，营业员应该不断总结和提高与消费者交往的服务技巧，以充分发挥人员因素对消费者的积极影响。

4. 心态因素

消费者的心态直接影响和激发情绪与情感，这种情绪与情感反过来又影响消费者的心理状态，两者相互影响，共同推动消费者购买行为的发生。一般来说，消费者的兴趣越浓，需求水平越高，心情越好，购买动机越强，购买目标越明确。相反，心情越不好，购买动机越弱，目标也会越不明确。

2.2.4 情绪与情感在商品经营活动中的作用

顾客购买商品时的情感过程大体可分为喜欢、激情、评估、选定等四个阶段（如图2-1所示）。

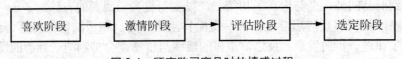

图2-1 顾客购买商品时的情感过程

1. 喜欢阶段

喜欢阶段是指顾客在认识基础上形成的对商品的初步印象，最初会表现出满意或不满意、喜欢或不喜欢的态度。

能满足或符合消费者需要的商品会使人产生肯定的情感，表示满意或喜爱；反之，则使人产生否定的情感。

2. 激情阶段

激情阶段是指顾客对商品由于喜欢而引起的一时的强烈购物欲望和热情。

消费者在认识商品后，会产生一些联想：如果买了这件商品，自己或所属群体的成员会感到多么高兴和喜欢，因而会表现出较大的购买激情。在这个阶段后期，有的消费者会在激情冲动下，不假思索地付款取货；而大多数消费者会逐渐平静下来，以理智的姿态进入下一阶段。

3. 评估阶段

评估阶段是指顾客在购物欲望推动下，对商品进行经济的、社会的、道德的、审美的价值评估，使自己的感情与理智趋于统一。

如欲购商品是否符合本人身份，与自己所处的环境是否协调和谐，价格是否合理，以及商品的外观、品质、耐用性、流行性等是否符合标准和规范。消费者通过自己的理智权衡与思考，或征求亲朋好友和营销人员的意见，最终决定是否购买。

4. 选定阶段

选定阶段是指顾客经过对商品的价值评估，产生了对某种商品的信任和偏好，并对它采取行动，形成购物行为。

（1）顾客积极的情绪可以促进购物行为，而消极情绪则可能中止购物行为。任何时候只要将顾客的情绪和情感激发起来，顾客就可能会打破原有的购物习惯而购买某种商品。

（2）在经营活动中，售货员必须要按照顾客情绪的特点，使经营的商品、服务项目、商店设施、店堂秩序、环境卫生、服务态度等都有利于诱发顾客的积极情绪，化解顾客的消极情绪。

任务导入3

辛苦的球迷

2006年德国世界杯足球比赛的地点有12个，赛程从北京时间2006年6月10日至2006年7月9日，历时一个月。世界各地的球迷蜂拥而至，为了观看比赛，许多铁杆球迷放弃工作，忍受语言不通和生活习惯的差异，甚至买高价票。而且，各参赛球队的球迷还要追随球队在比赛城市间辗转，更有甚者，到现场观看的巴西球迷为了省钱，从德国到波兰去住。这些球迷为了世界杯已经到了疯狂的地步，他们的坚强意志令人信服。

【问题】1. 消费者意志的特征？

2. 消费者意志的过程包括哪些内容？

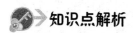知识点解析

子任务2.3 消费者的意志过程

2.3.1 意志的含义和特征

1. 意志的含义

意志是人们自觉地确定目的，并支配调节其行动，克服困难，以实现预定目的的心理

消费心理应用

过程。意志是人脑所特有的产物，是人的意识的能动作用的表现。人们在进行某种活动之前，活动的结果已经作为意志行动的目的而观念性地存在于头脑之中。要把观念转变为现实，必须以预定的目的来指导，激励自己的行动，排除干扰，克服困难，从而达到行动的目的。因此，意志过程是人的内部意识向外部动作转化的过程。

消费者在复杂的购买活动中，不仅要通过感知、记忆、思维等活动来认识商品，伴随着认识产生一定的情绪体验，而且依赖于意志过程来确定购买目标，并排除各种主客观因素的影响，采取行动，以实现消费目的。

2. 意志的特征

（1）目的性

人类活动是有意识、有目的、有计划的活动。在消费行为中，正是意志的目的性使消费者在行动之前确定明确的购买目的，并有计划地根据购买目的支配和调节自己的购买行为，以期获得购买目标，实现既定目标。

（2）能动性

为了实现既定目的，人们会自觉主动采取行动来改变环境，以满足自己的需要。因此，意志集中体现出人的心理能动性。

（3）调节性

意志对行为的调节表现为发动和制止两个方面。发动是推动人去从事能达到目的所必需的行动，而制止是阻止不符合预定目的的行动。意志对心理的调节性表现为可以调节认识活动和情绪活动。

2.3.2 消费的意志品质

意志在影响人们行为的过程中，会体现出截然不同的性质，这就是意志的品质。归纳起来，良好的意志主要有自觉性、果断性、坚韧性；与此相对应，不良的意志品质是盲从性、犹豫性、脆弱性。意志的这些品质也是消费者性格特征的一部分，他们使消费者的行为具有独特的个人色彩。

1. 意志的自觉性

自觉性是指消费者对自己的消费需求有着清醒的认识，在自身消费需求的支配下，主动指定购物计划，并按计划寻找合适的消费目标。如果遇到干扰因素，也会自觉调整购物计划，独立调控自身的行为，使消费活动始终在理性思维的指导下进行。与自觉性品质相对立的是盲从性，表现为消费者缺乏主见，易受他人和营销手段的影响，易发生冲动的购买行为。

2. 意志的果断性

果断性使具有丰富的消费知识和消费经验的消费者在消费决策过程中能够快速思考，正确做出方案抉择。即使是面对购物计划外的商品，也总是全面的思考，准确判断商品效能和性价比，及时把握购物的好时机。与果断性品质相对应的是犹豫性，表现为消费者缺乏决断力，在消费决策时不是优柔寡断，就是草率武断。

3. 意志的坚韧性

坚韧性是指消费者在购物活动过程中表现出持久的耐力和顽强的毅力，在消费信念和决心的指引下，保持较高的购物热情，能够克服各种困难，直到实现消费目的。与坚韧性品质相对立的是脆弱性，表现为消费者缺乏足够的耐力和品牌的忠诚，在遇到困难时，容易改变或中止自身的购买行为。

2.3.3 意志过程在经营活动中的作用

顾客购买商品的意志过程分为三个阶段，即作出购物决定阶段、执行购物决定阶段和购后感受阶段。

1. 作出购物决定阶段

作出购物决定阶段是顾客购买商品的意志过程的初始阶段。它表现在购物动机的冲突、取舍及购物目的的确定上。

2. 执行购物决定阶段

执行购物决定阶段是顾客购买商品时的实际行动阶段。它表现在根据既定的购物目标采取行动，把顾客的主观意识转化为实现购物目的的实际行动。

执行购买决定是真正表现意志的中心环节，不仅要求消费者克服自身的困难，还要排除外界的障碍，为实现既定的购买目的，付出一定的意志努力。

3. 购后感受阶段

购后感受阶段是顾客购买商品的反省检验阶段。

它表现在通过对购来的商品的使用及旁人的评价来反省检验自己的购物行为是否明智，所购商品是否理想，并因此而考虑重复购物或扩大购物，是鼓动别人购物还是劝阻别人购物。

在商品销售中，不仅要把握每位顾客的购物动机，弄清顾客的购物目的，了解顾客购物的方式，积极推动顾客执行购物决定，还应重视顾客的购后感受，随时调整自己的销售政策，做好售后服务工作，使顾客满意并产生信任感，从而扩大销售。

消费心理应用

2.3.4 意志过程与认识过程、情感过程的关系

认识过程、情感过程和意志过程是消费者购买心理活动过程中统一的密切联系的三个方面。

1. 意志过程与认识过程的关系

意志过程有赖于认识过程，又能促进认识过程的发展变化，能给认识过程以巨大的推动力。若对商品没有一定的认识，消费者就不能做出购买决策，而意志过程的两个阶段，又必然影响到认识过程中的各种活动，是消费者获得对商品新的认识。例如在购买活动中有些消费者由于购买行为没有目的性，或者对商品缺乏充分的认识而在购买过程中表现为犹豫不决，而有些消费者通过意志的努力，克服购买过程中的困难，往往能对商品产生新的认识，从而实现购买行为。

2. 意志过程与情感过程的关系

意志过程既有赖于情感过程，又能导致情感过程的发展和变化，若没有积极的情感推动，消费者就难以做出和实行购买决定，而意志过程又可以控制和调节情绪，并因消费者内心和外部障碍的解决而促使情绪向好的方向转化，例如，消费者在愉快心境的影响下，实现购买目的的决心会比较大，这可能鼓舞意志行为的实现，反之，则会阻碍意志行为的实现。

但通过意志过程，有些消费者的情绪可能会受到一定的抑制，而随着意志行动的实现，他们的情绪也可能向积极的方向发展。总之，这三个方面彼此渗透，互相作用，共同影响消费者的购买活动。

任务 2 小结

消费者的心理活动过程是指人的心理形成和发展的活动过程，是人的心理活动的一般的、共有的过程，是人的心理活动的基本形式。该任务介绍了消费者共有的三个心理活动过程：认识过程、情感过程、意志过程，以及三个心理过程紧密的关系，共同在消费者的消费过程中发挥的影响和制约作用。

心理测试 2-1 你的思维方式属哪一种？

思想是无形的行为，然而我们却能察觉到自己正在思想，我们也能通过别人解决问题

任务2　消费者的心理活动过程

的方法和所作的决定了解他们的想法。我们的头脑运转方式彼此不同；比如两人都要买汽车，其中一人会先广泛征求意见并作经济上的考虑，而另一个则想到做到。

下面这个测验，将有助于你了解在5种基本方式——综合型、理想型、实用型、分析型、现实型中，你的思维方式是接近哪一种。

请在下列每个问题后写得分（1～5分）；从5分到1分表示由最适合你的情况向最不适合你过渡。

A. 一般而论，我吸收新观念的方法是：
1. 把它们同其它观念相比较。
2. 了解新旧观念的相似程度。
3. 把它们与目前或未来的活动联系起来。
4. 静心思索，周密分析。
5. 将它们放在实践中应用。

B. 每逢读到自助性的文章，我最关心的是：
5. 文章中所提建议能否办到。
4. 研究结果是否具有真实性。
3. 其结论与自己的经验是否相同。
2. 作者对必须做到之事是否了解。
1. 是否根据资料得出观点。

C. 听别人辩论时，我赞成的一方是：
1. 能认清事实并揭示出矛盾所在。
2. 最能体现社会规范。
3. 最能反映我个人的意见和经验。
4. 态度合乎逻辑并始终如一。
5. 最能简明扼要表达论点。

D. 接受测验和考试时，我喜欢：
5. 回答一套客观而直接的问题。
4. 写一篇有背景、理论和方法的报告。
3. 写篇表述自己如何学以致用的非正式报告。
2. 将自己所知作一个口头汇报。
1. 和其他受测验者进行辩论。

E. 有人提出一项建议时，我希望他或她：
1. 考虑到利弊得失两个方面。

2. 说明建议如何符合整体目标。
  3. 说清楚究竟有何益处。
  4. 用统计资料和计划来支持其建议。
  5. 对如何实施建议作出说明。
 F. 处理一个问题时，我多半会：
  5. 想象别人会怎样处理。
  4. 设法找到最佳的解决步骤。
  3. 寻求能尽快解决问题的方法。
  2. 试着将它与更大的问题、理论联系起来。
  1. 想出一些相反的方法来解决问题。

  把所有问题 1 的得分相加，表明综合性，把所有问题 2 的得分相加，表明理想型，问题 3 表明实用型，问题 4 表明分析型，问题 5 表明现实型。你在哪类问题的总分最高，就表示你爱用哪种方式思维。通常只有 15% 的人较平均地使用五种思维方式，而偏重一种方式的达 50%，三类问题格总分均高的占 35%，这些人可算作双管或三管齐下的思想者。

  综合主义者富有创造性和进取心，但常使别人因他们而不安。对思辨哲学的热爱导致他们有些脱离现实。对任何真理都多方位探讨，结果成为一个热衷于辩论的人。一般人逻辑思维程序单一，从一个念头想到另一个念头，可他们却在许多念头间跳跃，令人感到难以理解。

  假如你的配偶或好友是综合型而你却不是，那就得时常提醒自己，综合型以辩论为乐趣，是无法说服的。他的言谈即使离题万里，也由他去好了。说不定此时一个创造性的想法正在孕育中，因而你务必既坚持实事求是的立场，又不乱泼冷水。

  理想主义者往往将注意力集中在相同之处，以谋求和谐。能耐心倾听别人意见，关心自己的目标、价值及造福他人；尊重道德传统和人格。常因未能达到自己所定的过高目标而自责追悔，对唯利是图和蔑视道德之人深感失望。理想主义者比别人更关心未来，可能会热心过度，对那些不需要或不愿意接受帮助之人给予帮助。因此，也许有人会说他"多管闲事"。

  和理想主义者在一起生活须牢记，他（她）可能对人对己都抱有不切实际的希望，要多问他对自己有何期望并要乐意和他（她）谈论远大的设想。让他放心地发表批评意见，即使批评过火，也可能是他（她）长期受委屈所致。

  实用主义者有积极向上的人生观，遇到困难也临危不乱，他们的信念是今天只需做今天之事，并深知明天还有尝试的机会。他们不大周密规划，只将注意力放在现有条件可完成的事情上。实用型主意多，富有创造力，凡事都以优选的方法去做、毫不气馁。他们也

任务2 消费者的心理活动过程

是折中主义者，适应性强、易于满足；在做似乎不可为之事时也会很有兴趣。他们比大多数人的高明之处在于有对付难题的手腕和高超圆滑的谈判技巧。

和一位实用主义者朝夕相处时，切勿期望过高，因为太多的目标可能使他难以负担。

分析主义者们认为，做任何事情都只有一个最佳方案。为了这个最佳，他们会理性地判断问题，耐心搜集资料并精心求证。一旦有了最佳的方案，主意就此打定无悔。他们是务实的人，认为情感、愿望和幻想以及恭维赞美等一概无关紧要。由于只求事事完美无缺，得到赞扬时也总感不满意，因此很可能被视为令人难以忍受的吹毛求疵者。

如果在你的家庭成员中有分析型的人，也许他会无休止地坚持认为一定能找到一个更好的办法。切勿将他们的缺乏热情理解为反对，因为分析主义者有凡事皆思索的嗜好。

现实主义者认为耳闻目睹或亲身体验感知的事情为真实存在，其余的只是幻想和理论，没有丝毫价值。只喜欢摆在面前的事实，相信亲眼所见的世界才是真实的。不信奉折中、综合和理想主义，有自己的目标，而且对别人不能与自己看法一致感到惊讶。

面对一个现实主义者时，你要坚持自己的见解，因为现实主义者鄙视唯唯诺诺的人。如果你已同意做一件事，就一定要去做好，违背诺言尤为现实主义者所不齿。

无论您的思维方式属于哪一类型，都须谨记：与众不同并非缺点。在家庭或团体中你如果显得很古怪，比如当别人主张随机应变时你仍坚持事先制订计划，你还是坚持己见吧。

（资料来源：赖文龙，文生编译．美国《读者文摘》，载《青年参考》，1988．）

【实训操作二】

实训名称	观察消费者购买行为
实训目的	1. 观察消费者购买行为和表现。 2. 培养学生市场调查和分析能力。
实训组织	1. 教师介绍本次实训目的及需要提交的成果。 2. 学生独立完成。 3. 观察消费者（20位）购买洗发水、化妆品、秋装、手机、家电（任选一种商品）等商品的举止神态和表现以及营销人员的服务特点。 4. 观察消费者时，把消费者的有关信息记录下来（年龄、性别、单个或者家人一起，购买商品的品牌、价格、数量）。本人观察多少时间、地点、日期。 5. 利用假期完成。
实训环境	大型超市或商场。
实训成果	1. 书面作业，写出观察分析报告或心得体会。 2. 教师点评。

消费心理应用

【本任务过程考核】

一、名词解释

1. 感觉
2. 情感
3. 意志

二、不定项选择

1. 消费者对作用于感观的客观事物整体、全面的直接反映是（　　）。
   A．感觉　　　　B．知觉　　　　C．想象　　　　D．思维
2. 知觉的特性具体表现在（　　）。
   A．选择性　　　B．整体性　　　C．理解性　　　D．恒常性
3. 根据记忆的内容不同，记忆可分为（　　）。
   A．形象记忆　　B．逻辑记忆　　C．情绪记忆　　D．运动记忆
4. 影响消费者情绪与情感的主要因素（　　）。
   A．商品因素　　B．环境因素　　C．人员因素　　D．心态因素
5. 在营销活动中，刺激物的强度、新异性、对比度、活动性等客观因素易于引起消费者的（　　）。
   A．无意注意　　B．有意注意　　C．外部注意　　D．内部注意

三、判断题

1. 不同性质的客体刺激会使人产生不同的感觉，且所有的刺激都能引起人的感觉。（　　）
2. 具有整体形象的事物比局部的、支离破碎的事物更具有吸引力。（　　）
3. 人类的活动是有意识、有目的、有计划的活动。（　　）

四、思考题

1. 根据消费者的实际情况，说明认识的几个阶段？
2. 试举出自己在实际生活中的例子，说明知觉的特性？
3. 什么是情绪与情感？在购买活动中，哪些因素会影响消费者的情绪？
4. 什么是意志？它具有哪些品质？

任务 2 消费者的心理活动过程

五、案例分析

个人香水

对于许多消费者而言，须后水、古龙香水、花露水等形式的个人香水是很有必要的。有些人简直就无法想象若不洒上他们喜欢的香水该如何出门。

几个月以来，加里一直期望与詹妮约会一次，今晚，他将如愿以偿，为了这一重大时刻，加里决定购买一瓶新的古龙香水，他可不想侥幸！

加里将他的好朋友丹尼斯也拖到商场，两个人在芬芳四溢的香水柜台前细细辨别鉴定每一种香水。香水及花露水应有尽有，从有着 Cacharel Pour Homme 般千奇百怪的法国名字的女用香水的派生品，到朴实无华但却具男性魅力的品牌如 Brut，可谓品种齐全。有着这么多的香水可供选择，但哪种香水才能传达准确的信息呢？闻过几种品种之后，加里意识到事情并不像他想象的那样容易。有的香水有一种浓浓的甜腻的香味，让他不禁想起他的老姑妈，有的香水则清新如橘。正当他准备放弃之时，丹尼斯让他注意一种名叫 Drakker Noir 的香水，这种香水装在一个纯黑色的小瓶子里，看上去颇具神秘意味。啊哈！这正是他要为詹妮而塑造的形象——珍奇且具有一点神秘气息，加里抓起一瓶，兴冲冲踏上回家的路。

【问题】
1. 请分析加里最终确定买下 Drakker Noir 香水的心理活动过程？
2. 香水能帮助塑造一个人的形象吗？你会为詹妮挑选什么样的香水来与其做最好的匹配？

任务 3 消费者个性化心理

 **能力目标**

通过完成本任务的教学,使学生具备以下基本能力:
1. 区分消费者的气质、能力、性格方面的差异;
2. 掌握消费者的需要、动机、行为及其规律;
3. 分析消费者之间的个性心理差异,针对性地提出营销策略。

 知识目标

1. 区分消费者气质类型;
2. 弄清消费者性格特征;
3. 把握消费者能力;
4. 了解消费者需要;
5. 掌握消费者动机;
6. 分析消费者的行为模式。

 任务分解

子任务 3.1 消费者气质
子任务 3.2 消费者性格
子任务 3.3 消费者能力
子任务 3.4 消费者需要
子任务 3.5 消费者动机
子任务 3.6 消费者行为

任务 3　消费者个性化心理

重视消费者个性，开拓广阔市场

在 20 世纪 70 年代，一位彬彬有礼的日本人没有选择旅店居住，却以学英语为名，跑到一个美国家庭里居住。奇怪的是，这位日本人除了学习以外，每天都在做笔记，美国人居家生活的各种细节，包括吃什么食物、看什么电视节目等，全在记录之列。3 个月后，日本人走了。此后不久，丰田公司就推出了针对美国家庭需求而设计的物美价廉的旅行车——可乐娜。该车的设计在每个细节上都考虑美国人的需要。如，美国男士喜爱和玻璃瓶装的饮料，日本设计师就在车内设计能冷藏并能放置玻璃瓶的柜子。可见消费者个性心理特征反映着人的个性倾向，研究消费者个性心理的形成和发展，可以预见和引导消费者的购买行为。

【问题】1．消费者个性心理特征有哪些？
　　　　2．消费者个性差异以及在购物中的表现？

知识点解析

在消费实践中，消费者无一例外地经历着感知、记忆、注意、思维、情感、意志等心理机能的活动过程。这一过程体现着消费心理活动的一般规律。正是这一基本规律的作用下，消费者的行为表现出某些共性。另一方面，消费者之间的行为又存在着明显的差异。即个性心理因素。

个性，也称人格，是指个人在先天素质的基础上，在社会条件影响下，由于个人的活动而形成稳定心理特征的总和。个性结构由两方面构成：个性心理特征和个性倾向性。个性心理特征主要包括气质、性格、能力；个性倾向性主要包括需要、动机、行为等。消费者的个性心理，体现了每个消费者的独特的风格、独特的心理活动以及独特的行为表现。

子任务 3.1　消费者的气质

3.1.1　气质的概念

气质是指人的典型的、稳定的心理特征；是影响人的心理活动和行为的一个动力特征。

消费心理应用

它主要是心理活动和外部动作中速度、强度、稳定性和灵活性的心理特征的综合体现。

气质作为个体典型的心理动力特征,是在先天生理素质的基础上,通过社会实践,在后天条件影响下形成的。由于先天遗传因素不同及后天社会环境的差异,不同个体之间在气质类型上存在各种各样的差异,这种差异直接影响个体的心理和行为,从而使每个人的行为表现出独特的风格和特点。气质作为稳定的个性心理特征,一经形成便会长期保持下去,并对人的心理行为产生持久的影响。此外,作为一种个性心理动力特征,气质可以影响个体活动的效率和效果。

3.1.2 气质学说的类型

1. 体液说

希波克拉底(公元前 460—公元前 377 年,被西方尊为"医学之父"的古希腊著名医生,西方医学奠基人)提出了气质的体液学说,认为人体的状态是由体液的类型和数量决定的。他认为人体内有四种体液:血液、黏液、黄胆汁和黑胆汁。人的气质取决于四种体液均衡的破坏,并根据哪一种体液在人体内占优势把气质分为四种基本类型(如表 3-1 所示)。

表 3-1 气质的基本类型

气质类型	体内占优势的体液
多血质	血液
黏液质	黏液
胆汁质	黄胆汁
抑郁质	黑胆汁

古代学者用以解释气质类型的学说虽缺乏科学依据,但他们通过日常观察所概括出的四种气质类型及其特征都有一定的典型性。人们在日常生活中确实能找到这四种气质类型的典型代表,有它的实践意义,因此沿用到今。

胆汁质的人:精力充沛,情绪发生快而强,言语动作急速而难以自制,热情、直爽、大胆、易怒、急躁等。购物行动迅速,购后又后悔,易与售货人员发生冲突。

多血质的人:活泼好动、情绪发生快而多变、注意和兴趣容易转移、思维敏捷、善于交际、亲切、有生气,但往往表现出轻率、不深刻等。与售货人员交流较好,气氛活跃。

黏液质的人:安静、沉稳、情绪发生慢而弱,言语动作和思维比较迟缓、注意稳定、庄重、坚韧,但也往往表现出淡漠。购物时,行动缓慢,不愿与人交流,气氛沉闷。

抑郁质的人:柔弱、易倦、情绪发生慢,言行迟缓无力、胆小、扭捏、善于觉察到别人不易觉察到的细小事物,容易变得孤僻。购物时,犹豫不决。不相信自己,也不相信自己的判断。

2. 血液说

1927 年，日本学者古川竹二提出了"血型性格学"。认为血型和气质之间明显存在联系。古川竹二对 1245 人进行了调查，在《心理学研究》发表了《血型与性格的研究》。他认为：A 型性格温和、老实顺从、多疑虑、喜欢依靠别人、怕羞、易冲动；B 型感觉敏感、擅长社交、多言善语、爱管闲事；AB 型外表像 A 型血的人，内心像 B 型；O 型坚强、好胜、霸道、支配欲强、有进取心。

3. 体形说

德国精神病学家瑞奇米尔根据临床观察研究，认为人的气质与体形有关。属于细长体形的人具有分裂气质，表现为不善于交际、孤僻、神经质、多思虑；属于肥体形的人具有狂躁气质，表现为善于交际、表情活泼、热情；属于筋骨体形的人具有黏液气质，表现为迷恋、一丝不苟、情绪具有爆发性。

4. 高级神经活动类型说

巴甫洛夫（巴甫洛夫·伊凡·彼德罗维奇（1849—1936），俄国生理学家、心理学家、高级神经活动学说的创始人。1875 年毕业于彼德堡大学，1883 年获医学博士）通过对高级动物的解剖实验，发现大脑两半球皮层和皮层下部位的高级神经活动在心理机制中占有重要地位。大脑皮层的细胞活动有两个基本过程，即兴奋与抑制。兴奋过程引起和增强大脑皮层细胞及相应器官的活动，抑制过程则阻止大脑皮层的兴奋和器官的活动。这两种神经过程具有三大基本特征，即强度、平衡性和灵活性。所谓强度，是指大脑皮层细胞经受强烈刺激或持久工作的能力。所谓平衡性，是指兴奋过程的强度和抑制过程强度之间是否相当。所谓灵活性，是指对刺激的反应速度和兴奋过程与抑制过程相互替代和转换的速度。巴甫洛夫根据上述三种特性的相互结合，提出了高级神经活动类型的概念，并据此划分高级神经活动的四种基本类型，即兴奋型、活泼型、安静型、抑制型（如表 3-2 所示）。

由于巴甫洛夫的结论在解剖实践基础上得出的，并得到后人的研究证实。因此，其科学依据充分。而古代学者用以解释气质类型的学说虽缺乏科学依据，但人们在日常生活中确实能找到这四种气质类型的典型代表，有它的实践意义，因此沿用至今。

表 3-2 高级神经活动与气质的对应关系

	神经系统的特征		神经系统的类型	气质类型
强	不平衡（兴奋占优势）		兴奋型	胆汁质
	平衡	灵活	活泼型	多血质
		不灵活	安静型	黏液质
弱	不平衡（抑制占优势）		抑制型	抑郁质

消费心理应用

3.1.3 消费者的气质在购买行为中的表现

气质这种典型而稳定的个性心理特征对消费者的购买行为影响比较深刻。多血质和胆汁质的消费者通常主动与售货员进行接触,积极提出问题并寻求咨询。有时,还会征询在场的其他消费者意见,表现活跃。在购买决策时,多血质和胆汁质的消费者往往心直口快,见到自己满意的商品,会果断地做出购买决定,并马上掏钱购买。黏液质和抑郁质的消费者则比较消极被动,通常需要售货员主动上前询问,而不会首先提出问题,因而,不太容易沟通。在购买过程中,黏液质和抑郁质的消费者比较冷静慎重,不易受广告宣传、外观包装及他人意见的影响和左右;优柔寡断、犹豫不决,挑选时间长,十分谨慎(如表 3-3 所示)。

表 3-3 消费者的气质在购买行为中的表现

气质类型	购买行为表现	接待注意事项
胆汁质	易冲动、忍耐性差,对销售人员要求高,容易发生矛盾	要态度和善,语言友好,千万不要刺激对方
多血质	活泼热情,见面熟,话多,改变主意快,易受环境和他人影响	应主动接近,介绍,交谈
黏液质	内向,购买态度认真,不易受暗示和他人影响,喜欢独立挑选,动作缓慢	主动热情,要有耐心
抑郁质	多疑,动作缓慢,反复挑选	要有耐心,多做介绍,要允许反复

案例3-1

3月15日是消费者权益日,某大型零售企业为了改善服务态度、提高服务质量,向消费者发出意见征询函,调查内容是"如果您去商店退换商品,销售员不予退换怎么办?"要求被调查者写出自己遇到这种事时怎样做。其中,有这样几种答案。

(1)耐心诉说。尽自己最大努力,苦口婆心慢慢解释退换商品原因,直到得到解决。

(2)自认倒霉。向商店申诉也没用,商品质量不好又不是商店生产的,自己吃点亏下回长经验。

(3)灵活变通。找好说话的其他售货员申诉,找营业组长或值班经理求情,只要有一人同意退换就可望解决。

(4)据理力争。绝不求情,脸红脖子粗地与售货员争到底,不行就往报纸投稿曝光,

任务3 消费者个性化心理

再不解决向工商局、消费者协会投诉。

【问题】1. 这四种答案各反映消费者哪些气质特征？
2. 如果你是营销员，遇到这四种情况该怎样处理？

 任务导入 2

顾客站在柜台前，招呼到："对不起，麻烦你把那个拿给我看一下……"，刚说完，突然眼睛一亮："咦，那边那个也不错，也看一下。"没多久，一歪头："啊，那个似乎也不错。"顾客三心二意，很难决定。店员一一照办："是啊，这种目前正打广告销得很好。"

顾客面对柜台上已摆出的七八种商品东看看、西挑挑，哪种都觉得满意，又哪种都觉得有不足之处："到底选哪一个好呢？哎呀，我都挑花眼了，还是不知道买哪个。这样吧，我明天再来看，麻烦你了。"于是，顾客空手而归。

面对这种类型的顾客，要记住对方第一次选择的商品，之后又浏览的是什么，根据其态度，留下几种适合他的，其余则不动声色地拿开。若他再次拿起那种，销售人员可提供一定的参考意见，语言表达切忌不能模棱两可，用自信的口吻说："我认为这种最适合您。"这通常会使顾客当场决定下来。若旁边还有其他顾客，也可通过征求第三方意见，这也是促使顾客做出决策的方法之一。一般情况下，被问及的顾客会予以合作，且赞同率往往高达82%。

【问题】1. 消费者性格的类型？
2. 不同性格的消费者在购买行为的表现？

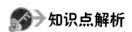 **知识点解析**

子任务3.2 消费者的性格

3.2.1 性格的概念

性格是人对现实的稳定态度和与之相适应的习惯化了的行为方式及心理特征。它是人的个性中最主要、最显著的心理特征。它通过对事物的倾向性态度、意志、活动、言语及外貌等方面体现出来，是个体本质的独特组合，是人的个性态度的集中体现，是一个人区别于其他人的主要心理标志。

3.2.2 性格与气质的联系与区别

一方面,性格与气质存在互相渗透、互相作用的联系,两者都以高级神经活动类型为生理学基础。另一方面,两者又有区别。首先,两者存在的客观基础条件不同。气质与神经系统密切联系,主要受先天因素影响,性格则更多受社会生活环境的影响和制约。其次,稳定性长短不同。气质的稳定性在相当长的时间内,甚至人的一生中都不改变;性格也有相对的稳定性,但可能由于生活的突发事件、重大挫折而变化。再次,相互影响的侧重面不同。气质对性格的情绪性和表现速度,对性格的形成和发展的速度、动态有一定的影响;性格则在一定程度上掩盖和改造气质,使它服从实践所要求的行为方式。

3.2.3 性格的特征

性格是十分复杂的心理构成物,具有多个侧面。人的性格复杂多样,每个人的性格正是通过不同方面的性格特征表现出来,各种特征有机结合,形成各自独具特色的性格统一体。性格还取决于各自的认识、情绪、意志这些心理过程的不同特点,这些不同心理过程对行为方式的影响,构成了性格的态度特点、理智特点、情绪特点、意志特点,它们对人的行为活动起着一定的调节作用。具体有以下几个方面:性格的态度特征、性格的意志特征、性格的情绪特征、性格的理智特征(如表3-4所示)。

表3-4 性格的特征

表现方面	主要特征
性格的态度特征	表现为对社会、对工作、对他人、对自己的态度。如正直、诚实、积极、勤劳、谦虚等,与其相反的是圆滑、虚伪、消极、懒惰、骄傲等。
性格的意志特征	独立性、自制性、坚持性、果断性等,与其相反的为易受暗示性、冲动性、动摇性、优柔寡断等。
性格的情绪特征	热情、乐观、幽默等,与其相反的为冷淡、悲观、忧郁等。
性格的理智特征	深思熟虑、善于分析与善于综合等,与其相反的为轻率、武断、主观自以为是等。

3.2.4 消费者性格在购买中的表现

消费者的性格是购买行为中具有核心作用的个性心理特征。消费者之间因不同的性格差异而形成千差万别的消费行为。性格在消费行为中的具体表现可以划分以下几种类型。

任务 3 消费者个性化心理

1. 按情绪、理智、意志分类

英国心理学家 A.培因和法国心理学家 T.李波按情绪、理智、意志把性格分为三种类型。

（1）理智型。周密思考，详细权衡各种因素再做出购买行动的消费者；三思而后行；该做什么就做什么。

（2）情绪型。情感反应比较强烈，言行举止受情感左右；常常是三分钟热度，想做什么就做什么，购买行为带有较强的感情色彩的消费者。

（3）意志型。购买目标明确，行动积极主动，决策坚决果断，"言必行，行必果"。

2. 按照消费者的购买方式，可以把消费者分为七种类型

（1）节俭型。节俭型的消费者在消费观念和消费态度上崇尚节俭，讲究经济实用。在选择商品过程中，注重商品的内在质量、性能和实用性，留心收集各种消费信息，选择价廉物美的商品；不太注重商品的品牌、外观、是否流行等。

（2）保守型。保守型的消费者在消费态度上较为严谨，性格内向，怀旧心理较重，习惯于传统的消费方式，喜欢购买有过多次使用经验的商品；对新产品往往持怀疑、观望和等待的态度，不愿尝试新产品，对使用新产品的人也会有偏见。

（3）随意型。随意型的消费者在消费态度上较随意，没有固定的生活方式，不会对某种产品保持较为长久而稳定的忠诚。他们选择商品的随意性大，选择商品的标准不一，经常根据实际需要和现实商品种类进行选择，且易受外界因素的影响。

（4）习惯型。习惯型的消费者通常根据以往的经验采取购买行为，他们一旦对某种品牌的商品形成深刻的体验后，便会保持稳定的注意力，不会轻易改变。他们会重复购买，易形成品牌忠诚，受社会时尚、潮流的影响较小。

（5）慎重型。慎重型的消费者一般性格沉稳、持重，做事冷静，情绪不外露，注意力稳定，体验深刻。他们在选购商品时具有明显的目的性，准备充分，仔细比较权衡，然后做出购买决定。一旦决定购买，受外界的影响较小，有较强的自控力。

（6）挑剔型。挑剔型的消费者的产品知识和购买经验一般都较为丰富，独立性强，对产品的要求很高，甚至达到挑剔的程度。他们在购买时的主观意愿很强烈，对他人的意见有排斥感，很少征询或听从他人的意见。

（7）被动型。被动型的消费者性格比较消极、被动、内向，缺少主见。他们往往缺少购买经验和有关的产品知识，对产品的品牌、款式等也没有偏好，在选购商品时犹豫不决，希望得到他人的建议和帮助，在整个购买过程中显得较为消极被动。

由此可见，消费者个体性格对购买态度、购买情绪、购买决策和购买方式的影响是客

消费心理应用

观的。营销者应通过观察、交谈和调查分析等方法，掌握消费者的性格类型，因人而异，具体对待，采取灵活多样的销售手段。

  知识链接

吃酸甜苦辣与性格

美国行为心理学家最近通过大量的事实研究，表明人的性格与口味有着密切的联系。

喜欢吃大米的人——经常自我陶醉，孤芳自赏；对人对事处理得体，比较通融，但互助精神差。

喜欢吃面食的人——能说会道，夸夸其谈，不考虑后果及影响；意志不坚定，做事容易丧失信心。

喜欢吃甜食的人——热情开朗，平易近人，但平时有些软弱和胆小，缺乏冒险精神。

喜欢吃酸的人——有事业心，但性格孤僻，不善交际，遇事爱钻牛角尖，没有知心朋友。

喜欢吃辣的人——善于思考，有主见，吃软不吃硬，有时爱挑剔别人身上的小毛病。

喜欢吃咸味食品的人——待人接物稳重，有礼貌，做事有计划，埋头苦干，但比较轻视人与人之间的感情，有点虚伪。

喜欢吃油炸食品的人——勇于冒险，有干一番事业的愿望，但受到挫折，即灰心丧气。

喜欢吃清淡食品的人——注重交际和接近他人，希望广交朋友，不愿单枪匹马地行事。

3.2.5 消费者的性格与营销策略

1. 对待购买速度不同消费者的策略

（1）对待迅速购买的消费者，销售人员应主动把握好商品的质量关，对那些明显是在仓促之中做出决定的消费者，更应慎重对待，及时提醒消费者，以免其后悔退货。

（2）对于购买速度慢的消费者，千万不能表现出不耐烦，而应提供条件让其仔细比较、思考。

2. 对待言谈多寡不同消费者的策略

（1）销售人员在同爱说话的消费者打交道时，要掌握分寸，应答要得体，多运用纯业务性的语言，多说营销行语，创造一个活泼融洽的销售气氛。

（2）对待不爱说话的消费者，销售人员要靠自己敏锐的观察力来把握其心理。一般可以从消费者不太明显的动作、表情和眼神等，来判断消费者的喜好和注意对象，进而用客观的语言介绍商品，往往能使消费者尽快实现购买行为。

任务 3 消费者个性化心理

3. 对待轻信和多疑消费者的策略

诚实可信是商家力求在消费者心目中形成的良好形象。

（1）对待轻信型的消费者，销售人员切忌弄虚作假，欺骗消费者，以免损害自己的形象。

（2）对于性格多疑的消费者，销售人员最好尽量让顾客自己去观察和选择，态度不能太冷淡，更不能过分热情使其起疑心。

4. 对待购买行为积极和消极消费者的策略

（1）行为积极的消费者一般目的明确，在购买过程中，行为举止和言谈表达准确、清晰。对待这类消费者，接待起来比较容易，销售人员要做好的就是好好配合。

（2）购买行为消极的消费者是那些购买目标和意图不明确的人，他们的购买行为能否实现，与销售人员的行为态度有极大关系。对这类消费者，应积极主动地接待，态度要热情，要善于利用一些广告宣传手段来激发他们的购买冲动，引发购买行为的实现。

5. 对待内向和外向型消费者的策略

（1）内向型的消费者一般不愿和销售人员交谈，其中又包含两种情况：一种是自己不爱说话，但喜欢听别人讲，在别人的问话和鼓励下，有时也会滔滔不绝地讲自己的感受和需要；另一种情况是自己不爱讲话，也不喜欢别人话多，更讨厌别人的询问。对前一种消费者，销售人员要热情，主动介绍商品之后，可谨慎地询问他的意见。对后一种人，销售人员要采取"关注，你不问，我也不回答你"的态度，这样他们不会感到不热情，反而让其在轻松的心境中选购商品。

（2）外向型的消费者，比较容易把握态度，这类消费者比较容易接待。

6. 对待情绪型和理智型消费者的策略

（1）对于情绪型的消费者，根据他们的购物特点，接待中销售人员要有一定的情绪观察力和情绪感染力，把握消费者情绪变化，适时推荐商品。

（2）理智型的消费者常运用自己的思维作好购买计划，临时的推荐和广告对这类消费者影响甚微，销售人员最好任其所为，以免徒劳。

任务导入 3

买电脑的差别

王娜和李强是会计专业的同班同学。王娜性格内向，人称"林妹妹"，对电脑的知识

消费心理应用

了解很少；李强性格外向，体格健硕，对电脑比较通晓，二人在购买电脑时表现出了很大的差异性。购买前，王娜借阅了大量有关电脑的书籍，向老师同学咨询，最后决定和李强买一样的；而李强只在网上查找了自己要买的联想牌电脑的报价。购买时，王娜到电脑公司正巧宏基电脑在搞促销，在营业员的劝说下，她买了宏基电脑。由于促销，电脑公司当天没人送货，王娜只好花30元雇人把电脑送到学校；李强凭借自己的知识、议价能力，以优惠的价格买了他喜欢的联想电脑，而且是自己搬回学校的。

【问题】王娜和李强在购买电脑上的能力差异？

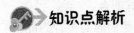知识点解析

子任务3.3 消费者的能力

人们进行任何一项社会活动，都需要一定的能力作保证，才能顺利地达到预期目的。能力是消费者的心理能量，也是进行消费的资源，它会影响消费者的购买行为。

3.3.1 能力的含义

能力指人能够顺利地完成某种活动并直接影响活动效率所必须具备的个性心理特征。理解能力的含义必须把握以下几点。

（1）能力与人的实践活动紧密相连，一方面人要顺利从事某项活动，必须有一定的能力作保证；另一方面，人的能力往往要在具体的实践活动中才能表现出来，没有适当的表现机会，即便有能力，也只有"潜能"而已。

（2）能力是顺利完成某种活动所必须具备的心理特征，但在活动中表现出来的心理特征并不都是能力。如在消费活动中，消费者对商品质量的鉴别能力等是其完成购买行为必备的心理特征；但消费者表现出来的急躁或沉稳等心理特征则不是能力，而是气质。

（3）完成某种复杂的活动，往往需要几种能力的有机结合。如销售人员的销售活动就需要语言表达能力、沟通能力、产品知识能力和应变能力等。

（4）能力是保证活动取得成功的基本条件，但不是唯一条件。活动能否顺利进行并取得成功，还取决于气质、性格、知识、技能、人际关系、健康等因素。

3.3.2 能力的分类

（1）按能力的构造可把能力分为一般的能力和特殊的能力。一般能力是指从事一切活

动所必须具备的基本能力的总和,如观察力、思考力、记忆力、注意力、判断力、想象力等。特殊能力是指某种专业活动中所表现出的能力,是顺利完成某种专业活动的心理条件,如绘画能力、音乐能力、鉴赏能力、组织能力。

(2) 按能力发展的高低程度,可以把能力分为能力、才能和天才。

(3) 按能力所涉及的领域,可把能力分为认知能力、操作能力和社会交往能力。

(4) 按创造的程度,能力可分为模仿能力、再造能力和创造能力。

(5) 按能力的测验观点,能力分为实际能力和潜在能力。

3.3.3 消费者能力上的差异

由于能力形成和发展的一般条件不同,即人的自身素质、文化教育、社会实践和主观努力等方面的差异,人与人之间在能力上存在着个体差异。人们之间不仅存在能力类型的差异、能力水平的差异,而且存在能力表现时间早晚上的差异。正是这些差异,决定了人们的行为活动具有不同的效率和效果。

1. 能力水平的差异:能力水平的高低又集中体现在人的智商水平的差异上。

智商是一种表示人的智力高低的数量指标。它是德国心理学家施特恩在1912年提出的。智商是智力商数的简称,智商用英文IQ表示。智商是智力年龄被生理年龄相除而得出的商数。智商的计算公式如下:$IQ = MA \div C.A \times 100$,智商表示人的聪明程度,智商越高,表示越聪明。生理年龄指的是儿童出生后的实际年龄。智力年龄或心理年龄是根据智力测量测出的年龄。通常人们对智力水平高低进行下列分类:智商130以上者称为天才,智商120~130为最优秀,100~120为优秀,90~100为常才,80~90为次正常,70~80为临界正常,60~70为轻度智力落后,50~60为愚鲁,20~25为痴鲁,25以下为白痴。心理学研究表明,全部人口的智力状况基本上呈现正态分布,其中特优智能与弱智大约占2.5%,而95%的人的智能是在正常范围内,即70~130之间。

2. 能力类型的差异:主要是指人与人之间具有不同的优势能力。有的人善于抽象思考;有的人善于形象思维;有的人善于模仿;有的人善于创造;有的人善于社交等。正是由于消费者在能力类型上的千差万别,才使消费活动的效率与效果明显不同。

3. 能力表现时间的差异:有的人聪明早慧,有的人大器晚成。

能力水平的高低会影响人们掌握活动技能的快慢、难易和巩固程度,从而直接影响活动的效果。消费者在购买活动中,同样需要具有相应的能力。消费者能力的高低对能否完成购买活动影响很大,一般来说,能力强的消费者,就能很快完成购买过程,反之,消费者本身能力弱,他做出购买决策的犹豫不决,购买过程就很难尽快完成。

3.3.4 消费者能力的构成

根据消费者能力的层次、作用和性质的不同,消费者能力可以分为以下几个方面。

1. 从事各种消费活动所需要的基本能力,主要包括感知能力、分析判断能力、选择决策能力等

感知能力:感知能力是消费者对商品的外部特征和外部联系加以直接反映的能力。通过感知,消费者可以了解到商品的外观造型、色彩、气味、轻重以及所呈现的整体风格,从而形成对商品的初步认识,并为进一步做出分析判断提供依据。

分析判断能力:分析判断能力是指消费者对接收到的各种商品的信息进行加工、分析综合和比较评价,进而对商品的优劣、好坏做出准确判断的能力。分析判断能力的强弱主要取决于消费者能力的强弱;还与消费者个人的知识经验也有关系。

选择决策能力:是指消费者在充分选择和比较商品的基础上,及时、果断地做出购买决定的能力。消费者的决策能力直接受到个人性格和气质的影响。

2. 从事特殊消费活动所需要的特殊能力

特殊能力是消费者购买和使用某些专业性较强的商品应具有的能力,通常表现为以专业知识为基础的消费技能,比如,对古董、汽车、高档摄像器材等产品的购买和使用,就需要相应的专业知识以及分辨力、鉴赏力等特殊的消费技能。如果不具备特殊能力而购买某些专业性商品,则难以取得满意的消费效果,甚至受骗上当,无法发挥应有的使用效能。

3. 消费者对自身权益的保护能力

保护自身权益是现代消费者必须具备的又一重要能力。必须运用舆论的、民间的、行政的、法律的等各种手段,维护消费者的权益。

3.3.5 消费者的能力与营销策略

1. 观察力与营销策略

观察力是消费者对商品迅速而准确的感知能力。

(1) 观察力较强的消费者能够快速注意到自己感兴趣和需要的商品,并能在较短的时间内确定该商品是否符合自己的需要。对这类消费者,经营者要向他们推荐商场中易于被这类人群接受的主打产品,帮助他们快速作出恰当的决策。

(2) 而观察力较差的消费者,对商品信息的反应比较迟缓,检查商品粗略,难以发现较小的缺陷,购买决策轻率或难以确定,这类消费者需要有耐心、细致的营业人员对其介

绍商品的性能优劣的差别，帮助他们挑选优质的产品，以免出现退货，发生口角。

2. 识别力与营销策略

识别力是消费者识别和分辨商品优劣的能力。识别力的强弱直接影响消费者对商品的感受和评价。

（1）识别力强的消费者一般熟知商品的商标、外观、包装等知识，并具有相关的专业知识和实践经验，能迅速判断商品的真伪，质量的好坏等。

（2）而识别能力较差的消费者一般都缺少对商品的了解，不能全面衡量商品，往往停留在对商品的外部特征的认识上。

3. 鉴赏力与营销策略

鉴赏力是消费者审美和评价能力的综合。

鉴赏力中，审美能力强的消费者善于从美学角度出发，发现商品美的价值，并根据自己的审美观和情趣，选择所需商品来美化自己的生活和环境。销售中要向他们推荐审美价值或艺术价值较高的商品，使之所购买物品之间具有审美协调性和一致性。

任务导入 4

王晓晴是一名大二的学生，这天下午在上最后一节课时，用来记笔记的水笔没有油了，左右同学也没有多余的借给她，王晓晴觉得很遗憾，这节课的笔记只能抄别的同学的了。下课后，她马上到校内的超市买了一盒中性笔，并拿出两只放到背包里。

【问题】1. 需要产生的原因？
　　　　2. 需要的特征和类型？

子任务 3.4　消费者的需要

任何一种商品，要想引起消费者的关注，进而吸引他们购买，首先必须对消费者有用，能够满足他们的需要。离开了人们的需要，一切商品都会失去它们存在的意义，需要是购买过程的动因和起点。

3.4.1 需要的产生

需要是指人对某种目标的渴望和欲求，个体由于缺乏而产生的内心紧张与周围环境形成某种不平衡的状态，是客观要求在人脑中的反映，是个体积极性的源泉，它推动着人们从事某种活动。消费者对商品的需求，通常受其特有的兴趣和需要制约。

人的需要的产生往往必须具备两个前提条件，一是有不足之感，感到缺少了什么东西；二是有求足之愿，期望得到某种东西。需要就是由这两种状态形成的一种心理现象。需要的产生主要取决于以下几个方面的因素。

1. 生理因素

人的生理因素是心理活动的基础。"饥则食，渴则饮"，这是人的最基本的生理需求。

2. 社会因素

消费者作为一个社会人，不仅有一般生物具有的生理需求，而且同时具有社会属性，还有精神需求，并且人的各种需求无一不受各种社会因素的影响和作用。

3. 个人的认知

消费者对客观事物的认识水平和驾驭能力既有先天方面的因素，又来自后天的培养。思维、想象、对比和联想等都可能使人产生新的欲望和追求；学习、理解、信息加工及眼界的开阔等也可以不断丰富人们的需要的内容和层次。

3.4.2 需要的基本特征

1. 需要的多样性和差异性

消费者需要的多样性和差异性既表现在不同消费者多种需求的差异，也表现在同一消费者多元化的需要内容中。由于不同消费者在年龄、性格、民族、宗教、生活方式、生活习惯、文化水平、经济条件、兴趣爱好等方面存在不同程度的差异，因而消费者在需要的内容、层次、强度和数量上是千差万别的，具有差异性。比如我国人多地广，以吃来说，就多种多样，处于牧区的蒙古族、维吾尔族、藏族等习惯食奶制品，如奶豆腐、奶干、奶酪等，回民族由于信仰的原因，只食牛、羊、鸡、鸭等肉食。另一方面，就同一消费者而言，其需要也是多元的，人不仅有衣食住行等方面的物质消费需要，还具有高层次的文化教育、艺术欣赏、旅游休闲、体育竞技等精神消费的需要。

2. 需要的层次性和发展性

人的需要是有层次的。一般来说，消费者需要总是由低层次向高层次发展和延伸，即

任务3 消费者个性化心理

低层次的、最基本的生活需要满足以后,就会产生高层次的精神需要,追求人格的自我完善和发展,这就是消费者需要的层次性。

各种消费需要的产生,同消费者的现实生活条件、当时的消费环境、社会环境状况等有着密切的联系。随着社会生产力的发展和人类精神与物质文化生活水平的提高,消费者的需要也在不断发展变化;人们对商品和服务的需求不论是从数量上还是质量上、品种上或审美情趣上都在不断发展。在20世纪80年代,时髦的消费者提着双卡录音机招摇过市,进入90年代,许多人觉得随身听很时尚,而现在MP3、MP4等成为年轻人的新宠。

3. 需要的伸缩性和周期性

需要的伸缩性又称需求弹性,消费者的需要是个多变量的函数,要受到内、外多种要素的影响和制约,可多可少,可强可弱,消费者购买商品,在数量、品种等方面会随着收入和商品价格的变化而变化。一般来说,对基本生活必需品需要的伸缩性较少,消费者对它们的需要是均衡而有一定限度的。而像穿着用品、装饰品、耐用消费品及奢侈品等,消费者需求的伸缩性就比较大。影响消费者需求的伸缩性原因是消费者的需求欲望及货币支付能力等内因,也可能是商品供应、企业促销活动、售后服务、价格变动和储蓄利率等外因引起的。

消费者需要的周期性主要是由其生理机制及心理特性引起的,并受自然环境变化周期、商品生命周期和社会时尚的变化周期的影响,例如,消费者服装的需要直接受季节影响。

4. 需要的互补性和互替性

消费者对某些商品的需求呈现出互补性的特征。比如,购买汽车的同时会购买保险产品,购买新房会相应考虑装修市场的产品。因此,经营互有联系或互补的商品,不仅会给消费者带来方便,还能扩大商品的销售额。另外,从消费者需要的满足程来看,消费者需要还具有互替性。这是因为许多商品的功能具有互相替代的特点,在一定程度上同样可以满足人的需要。

3.4.3 需要的分类

1. 按照需要的起源,可以把消费者需要分为自然性需要和社会性需要

自然性需要是指消费者为维持生命和延续后代而产生的需要,如获取饮食、休息睡眠等,这是人作为生物有机体与生俱来的,是由消费者的生理特征决定的,因而又称为生理需要,往往表现为明显的重复性和周期性。

社会性需要是指人类在社会生活中形成的、为维护社会的存在和发展而产生的需要,如知识与美的需要、社会交往的需要、荣誉的需要、尊重的需要、自我实现的需要等。这种需要是人作为社会成员在后天的社会生活中形成的,是由消费者的心理特性决定的,又

称心理需要。

2. 按需要的对象，可以把需要分为物质需要和精神需要

物质需要指消费者对以物质形态存在的、具体有形的商品的需要。比如消费者对衣、食、住、行及各种社会交往活动等所需各种物质产品的需求。

精神需要指消费者对于观念的对象或精神产品的需要。具体表现为对艺术、知识、美、认识和追求真理、满足兴趣以及友情、亲情等方面的需要。这种需要反映了消费者在社会属性上的欲求。

3. 按照需要的实现程度，可以把需要分为现实需要和潜在需要

现实需要是指人们具备一定购买支付能力，而且市场上又有适当商品能够满足的需要。

潜在需要是潜伏的需要，可能是由于购买能力，或者市场上没有满意的商品，因此没有迫切购买愿望的需要，但如果受到外部环境的刺激，通过新产品开发、广告促销等多方面努力，可以使潜在的需要转化为现实需要。现实需要和潜在需要之和构成市场潜量，表示一定时期、一定市场营销环境下的市场容量。

4. 按照需要的层次，可以把需要分为生理需要、安全需要、社会需要、尊重需要和自我实现需要

美国人本主义心理学家马斯洛于1960年在《动机与人格》提出了需要层次理论，将人的需要分为五个层次：生理需要、安全需要、归属和爱的需要、尊重需要、自我实现需要（如图3-1所示）。

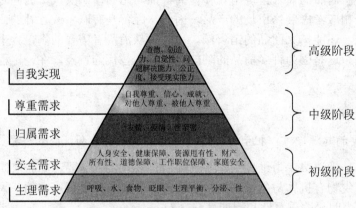

图3-1 马斯洛需求层次理论

任务 3　消费者个性化心理

(1) 生理上的需要

这是人类维持自身生存的最基本要求，包括饥、渴、衣、住、性方面的要求。如果这些需要得不到满足，人类的生存就成了问题。在这个意义上说，生理需要是推动人们行动的最强大的动力。马斯洛认为，只有这些最基本的需要满足到维持生存所必需的程度后，其他的需要才能成为新的激励因素，而到了此时，这些已相对满足的需要也就不再成为激励因素了。

(2) 安全上的需要

这是人类要求保障自身安全、摆脱事业和丧失财产威胁、避免职业病的侵袭、接触严酷的监督等方面的需要。马斯洛认为，整个有机体是一个追求安全的机制，人的感受器官、效应器官、智能和其他能量主要是寻求安全的工具，甚至可以把科学和人生观都看成是满足安全需要的一部分。当然，当这种需要一旦相对满足后，也就不再成为激励因素了。

(3) 感情上的需要

这一层次的需要包括两个方面的内容。一是友爱的需要，即人人都需要伙伴之间、同事之间的关系融洽或保持友谊和忠诚；人人都希望得到爱情，希望爱别人，也渴望接受别人的爱。二是归属的需要，即人都有一种归属于一个群体的感情，希望成为群体中的一员，并相互关心和照顾。感情上的需要比生理上的需要来的细致，它和一个人的生理特性、经历、教育、宗教信仰都有关系。

(4) 尊重的需要

人人都希望自己有稳定的社会地位，要求个人的能力和成就得到社会的承认。尊重的需要又可分为内部尊重和外部尊重。内部尊重是指一个人希望在各种不同情境中有实力、能胜任、充满信心、能独立自主。总之，内部尊重就是人的自尊。外部尊重是指一个人希望有地位、有威信，受到别人的尊重、信赖和高度评价。马斯洛认为，尊重需要得到满足，能使人对自己充满信心，对社会满腔热情，体验到自己活着的用处和价值。

(5) 自我实现的需要

这是最高层次的需要，它是指实现个人理想、抱负，发挥个人的能力到最大限度，完成与自己的能力相称的一切事情的需要。也就是说，人必须干称职的工作，这样才会使他们感到最大的快乐。马斯洛提出，为满足自我实现需要所采取的途径是因人而异的。自我实现的需要是在努力实现自己的潜力，使自己越来越成为自己所期望的人物。

马斯洛的需求层次理论基本观点概括如下。

第一，五种需要像阶梯一样从低到高，按层次逐级递升，但这样的次序不是完全固定的，可以变化，也有种种例外情况。

消费心理应用

第二，一般来说，某一层次的需要相对满足了，就会向高一层次发展，追求更高一层次的需要就成为驱使行为的动力。相应的，获得基本满足的需要就不再是一股激励力量。

第三，五种需要可以分为高低两级，其中生理上的需要、安全上的需要和感情上的需要都属于低一级的需要，这些需要通过外部条件就可以满足；而尊重的需要和自我实现的需要是高级需要，他们是通过内部因素才能满足的，而且一个人对尊重和自我实现的需要是无止境的。同一时期，一个人可能有几种需要，但每一时期总有一种需要占支配地位，对行为起决定作用。任何一种需要都不会因为更高层次需要的发展而消失。各层次的需要相互依赖和重叠，高层次的需要发展后，低层次的需要仍然存在，只是对行为影响的程度大大减小。

第四，马斯洛和其他的行为科学家都认为，一个国家多数人的需要层次结构，是同这个国家的经济发展水平、科技发展水平、文化和人民受教育的程度直接相关的。在不发达国家，生理需要和安全需要占主导的人数比例较大，而高级需要占主导的人数比例较小；而在发达国家，则刚好相反。在同一国家不同时期，人们的需要层次会随着生产水平的变化而变化。

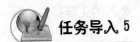

任务导入 5

为何而醉——白酒消费动机简析

延续千年的中国酒文化和"无酒不成席"的传统饮酒习俗，仍然对当今人们的生活和工作产生着巨大影响，白酒无形中成为人们在各种社交场合中联络感情、相互交流和沟通的一种工具。

正是由于白酒这种人际交往载体的属性，同时又是个体消费品，因而消费者在饮用白酒时不可避免地同时存在社会性需求和自我性需求两方面动机。

1. 社会性需求

研究表明，消费者对于白酒的消费动机具有强烈的社会性需求特征，他们普遍认为饮用白酒多在聚饮场合，此时饮酒无疑是一种社会行为。如同人之衣物，外界评价最为重要，人们往往需要通过白酒显示良好的交往能力。总体而言，消费者希望通过白酒最终建立男人的自信，其心理利益阶梯如下图所示。

任务3 消费者个性化心理

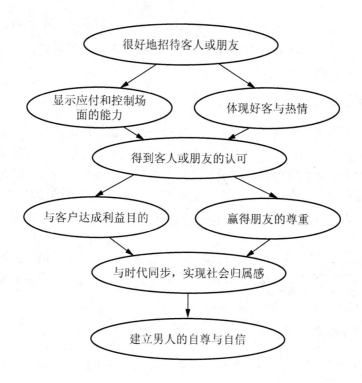

2. 自我性需求

另一方面，消费者一致要求白酒最好能给自己带来轻松和休闲的感觉，他们认为目前工作和生活节奏日益加快，心理压力也不断增强，需要白酒对生理和心理进行放松和调节，让自己无拘无束、心情舒畅。

（资料来源：中国品牌营销网．金鹃广告．朱涛．）

【问题】1. 消费者购买动机的特点？
　　　　2. 消费者购买动机的类型？

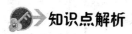

子任务3.5　消费者的购买动机

动机是在需要的基础上产生的一种心理倾向，消费者的购买动机是在消费者需要的基

消费心理应用

础上产生的、引发消费者购买行为的直接原因和动力。相对消费者的需要而言，动机更为清晰显现，与消费行为的联系也更加直接具体。动机把消费者的需要行为化，消费者通常按照自己的动机去选择具体的商品类型。

3.5.1 消费动机的含义

动机是推动人们去从事某种活动、达到某种目的、指引活动满足一定需要的意图、愿望和信念。动机是人们一切行为的内在动力，是人们从事某种活动的直接原因。人们从事任何活动都是由一定动机所引起的。引起动机有内外两类条件，内在条件是需要，外在条件是诱因。需要经过唤醒会产生驱动力，驱动有机体去追求需要的满足。如：为了消除饥饿，寻找食物；为了摆脱孤独，结交朋友。需要可以直接引起动机，从而导致人向特定的目标行动。

在消费心理学中，购买动机是指直接驱使消费者实行某项购买活动的内在推动力，反映了消费者在心理、精神和感情上的需求，实质上是消费者为满足需求而采取购买行为的推动者。

3.5.2 消费动机的特点

不同的购买动机引起不同的购买行为，即使是同一购买行为，也可能是由多种动机引起的。它们通常具有如下特点。

1. 动机的转移性

根据购买动机在消费者购买行为中所起的作用与地位不同，动机有主导性动机和辅助性动机，并且在一定条件下可相互转化。一般说来，主导性动机决定消费者的购买行为，但同时存在着若干潜在的辅助动机。比如，希望买到所需商品是消费者的主导动机，同时还希望受到售货员好的接待，买完东西还想看看别的商品或逛逛商店以作消遣等，这些是一种辅助动机。辅助动机有时并不被个体意识到，处于潜在状态，但在购买过程中或决策过程中，往往由于新的刺激出现而发生动机转移，原来的辅助动机转化为主导动机，从而取代原主导动机。如当消费者来到商店，本来是买电视机的，但这时商店刚来了一批紧俏商品——名牌全自动洗衣机，于是便马上放弃买电视机的打算，而去购买洗衣机。这说明，消费者除想买电视机外，买洗衣机也是动机之一，只不过因为所需要的洗衣机牌子不好买而暂时把它排在计划后面。但当自己所喜欢牌子的洗衣机出现时，购买洗衣机的动机就上升为主导动机，从而放弃了原要购买电视机的打算。再如，当消费者来到商店，柜台里虽有所需商品，但因售货员傲慢无礼，使消费者自尊心受到损害。这时，维护个人自尊便上升为主导动机，结果，消费者愤然而去，使原购买动机暂时消失。

任务 3 消费者个性化心理

2. 动机的内隐性

动机是消费者的内心活动过程，具有含而不露的特性，特别是心理性的购买动机有时更具内隐性。也就是指消费者由于某种原因而将其主导动机或真正动机掩盖起来。比如，某消费者购买礼品送人的真正动机是出于被迫无奈，但当别人问起其购买昂贵商品的目的时，却回答说自己要用。作为营销人员，应该识别这种内隐性，根据消费者的真正购买动机，用委婉的言辞引导消费者，并进行相关的销售服务。

3. 动机的模糊性

由于购买动机是复杂的、多层次的，也就是说在多种动机同时存在的情况下，很难辨认哪种是主导动机，有时连消费者本人也说不清楚。因为有些消费者的购买行为有时是在潜意识支配下进行的。很难判断他是出自哪类动机，有时几种动机都兼而有之。

4. 动机的冲突性

当消费者同时产生两个以上互相抵触的动机时，所产生的内心矛盾现象叫冲突，也叫动机斗争。这种动机冲突可分为三类。

（1）趋向——趋向冲突。当消费者遇到两个以上都想达到的目标而又不能都达到时所产生的动机斗争。比如，当消费者挑选商品时，面对两种自己所喜爱的产品不能同时都买，选其中的一个又舍不得另一个，难决取舍时，他往往要对两种商品反复比较。这时，来自外界的因素可帮助其决策，如售货员或其他消费者的指点、说服、暗示，都可以起作用。

（2）回避——回避冲突。当消费者遇到两个以上不愉快的目标，又必须选择其中一个时所发生的动机斗争。比如，某副食商店，因售货员服务态度十分恶劣，使附近居民望而生畏，但油盐等是每天必不可少的、用完就得及时补充的日常用品，到其他居民区商店去买，又要受徒步远涉之苦。在这种情况下，本地区居民在购买副食品时既不想受附近商店售货员的气，又不愿走许多路去外区商店购买，因而发生动机斗争。结果是他们宁肯受点累，也觉得比受气强，因而纷纷去较远的商店购买，冲突随即消除。

（3）趋向——回避冲突。当消费者同时面临具有吸引力和具有排斥力的两种目标需要作选择时所产生的动机斗争。比如，消费者想买一台双门无氟冰箱，但其价格贵；单门有氟电冰箱价格虽便宜，但不够理想。这时，消费者便在质量和价格两者中徘徊，最后，或是选择满意的商品，或是选择低廉的价格，这是消费决策和购买过程中常见的冲突。

3.5.3 消费者购买动机的类型

消费者富有弹性的购买行为都是在消费动机支配下发生的。由于消费者需要复杂多样，在此基础上产生的消费者购买动机也是多样化的。大体上可分为生理性购买动机和心理性购买动机两大类。

生理性购买动机是消费者由于生理上的需要,购买用于满足其生存需要的商品而产生的购买动机,这是人人都具有的。消费者为了寻求温饱与安全,逃避痛苦与危害,组织家庭与延续后代,以及增强体质与智能等方面的需要所引发的购买动机都属此类。生理性购买动机是消费者本能的、最能促使购买行为发生的内在驱动力,在所有购买动机中最具普遍性和主导性。在生理性购买动机支配下,消费者往往事先早已计划妥当或很自然地要求购买,购买时较少犹豫,且不太注重商标,一般都是生活必需品。有时也与其他购买动机联系在一起,尤其表现在对所要购买的生活用品的外观、质量、性能和价格的选择方面。

心理性购买动机是消费者由于心理需要或精神需要而引起的,购买用于满足其精神或感情需要的商品的动机。这类购买动机比生理动机更为复杂,在购买动机中起辅助作用。但由于社会经济的发展和社会生活的多元化,心理性购买动机对于购买行为的影响占有越来越重要的地位。

具体来说,消费者的购买动机主要有以下几种。

1. 求实购买动机

它是指消费者以追求商品或服务的使用价值为主导倾向的购买动机。在这种动机支配下,消费者在选购商品时,特别重视商品的质量、功效,要求一分钱一分货,相对而言,对商品的象征意义,所显示的"个性",商品的造型与款式等不是特别强调。比如,在选择布料的过程中,当几种布料价格接近时,消费者宁愿选择布幅较宽、质地厚实的布料,而对色彩、是否流行等给予的关注相对较少。

2. 求新购买动机

它是指消费者以追求商品、服务的时尚、新颖、奇特为主导倾向的购买动机。在这种动机支配下,消费者选择产品时,特别注重商品的款式、色泽、流行性、独特性与新颖性,相对而言,产品的耐用性、价格等成为次要的考虑因素。一般而言,在收入水平比较高的人群以及青年群体中,求新的购买动机比较常见。改革开放初期,我国上海等地生产的雨伞虽然做工考察、经久耐用,但在国际市场上,却竞争不过我国台湾省、新加坡等地生产的雨伞,原因是后者生产的雨伞虽然内在质量很一般,但款式新颖,造型别致,色彩纷呈,能迎合欧美消费者在雨伞选择上以求新为主的购买动机。

3. 求美购买动机

它是指消费者以追求商品欣赏价值和艺术价值为主要倾向的购买动机。在这种动机支配下,消费者选购商品时特别重视商品的颜色、造型、外观、包装等因素,讲究商品的造型美、装潢美和艺术美。求美动机的核心是讲求赏心悦目,注重商品的美化作用和美化效果,它在受教育程度较高的群体以及从事文化、教育等工作的人群中是比较常见的。据一项对近 400 名各类消费者的调查发现,在购买活动中首先考虑商品美观、漂亮和具有艺术性的人占被调查总人数的 41.2%,居第一位。而在这中间,大学生和从事教育工作、机关工作及文化艺术工作的人占 80%以上。

4. 求名购买动机

它是指消费者以追求名牌、高档商品,借以显示或提高自己的身份、地位而形成的购买动机。当前,在一些高收入层、大学生中,求名购买动机比较明显。求名动机形成的原因实际上是相当复杂的。购买名牌商品,除了有显示身份、地位、富有和表现自我等作用以外,还隐含着减少购买风险,简化决策程序和节省购买时间等多方面考虑因素。

5. 求廉购买动机

它是指消费者以追求商品、服务的价格低廉为主导倾向的购买动机。在求廉动机的驱使下,消费者选择商品以价格为第一考虑因素。他们宁肯多花体力和精力,多方面了解、比较产品价格差异,选择价格便宜的产品。相对而言,持求廉动机的消费者对商品质量、花色、款式、包装、品牌等不是十分挑剔,而对降价、折让等促销活动怀有较大兴趣。

6. 求便购买动机

它是指消费者以追求商品购买和使用过程中的省时、便利为主导倾向的购买动机。在求便动机支配下,消费者对时间、效率特别重视,对商品本身则不甚挑剔。他们特别关心能否快速方便地买到商品,讨厌过长的候购时间和过低的销售效率,对购买的商品要求携带方便,便于使用和维修。一般而言,成就感比较高,时间机会成本比较大,时间观念比较强的人,更倾向于持有求便的购买动机。

7. 模仿或从众购买动机

它是指消费者在购买商品时自觉不自觉地模仿他人的购买行为而形成的购买动机。模仿是一种很普遍的社会现象,其形成的原因多种多样。有出于仰慕、钦羡和获得认同而产生的模仿;有由于惧怕风险、保守而产生的模仿;有缺乏主见,随大流或随波逐流而产生的模仿。不管缘于何种原因,持模仿动机的消费者,其购买行为受他人影响比较大。一般而言,普通消费者的模仿对象多是社会名流或其所崇拜、仰慕的偶像。电视广告中经常出现某些歌星、影星、体育明星使用某种产品的画面或镜头,目的之一就是要刺激受众的模仿动机,促进产品销售。

8. 好癖购买动机

它是指消费者以满足个人特殊兴趣、爱好为主导倾向的购买动机。其核心是为了满足

消费心理应用

某种嗜好、情趣。具有这种动机的消费者，大多出于生活习惯或个人癖好而购买某些类型的商品。比如，有些人喜爱养花、养鸟、摄影、集邮，有些人爱好收集古玩、古董、古书、古画，还有人好喝酒、饮茶。在好癖动机支配下，消费者选择商品往往比较理智，比较挑剔，不轻易盲从。

此外还有：自我表现购买动机，这是一种以显示地位、身份和财富为主要目的的购买动机；好胜购买动机，这是一种以争强好胜或为与他人攀比并胜过他人为目的的购买动机；惠顾性购买动机，这是一种以表示信任而购买商品为主要特征的购买动机。

以上我们对消费者在购买过程中呈现的一些主要购买动机作了分析。需要指出的是，上述购买动机绝不是彼此孤立的，而是相互交错、相互制约的。在有些情况下，一种动机居支配地位，其他动机起辅助作用；在另外一些情况下，可能是另外的动机起主导作用，或者是几种动机共同起作用。因此，在调查、了解和研究过程中，对消费者购买动机切忌作静态和简单的分析。

最贵的不一定是最好的

有位中国台湾顾客讲述了他的一番购买经历：

日前我到台北市武昌街一著名老茶庄买茶叶，虽然我喝茶已有十几年的历史，其实对茶叶的鉴别并不在行。唯一的概念就是"越贵的一定越好"。

一进店内，就向店东说："老板，买斤茶叶，要最贵的。"

店东望了一望我说："最贵的不一定是最好的，我倒三杯请您尝尝。"说完，他倒了三杯不同的茶请我品尝。然后问我哪一种最合意。结果我告诉他中间的那一杯最香口。于是我买了中间那一种清茶，1斤800台币。

店东在结账时告诉我："贵，并不一定是最好的，我店中的清茶最贵的是1斤1000元，也就是您品尝的第一杯。茶的好坏要有顾客自己去决定，您认为最合口味，那就是最好的。哪怕1斤只卖500元。"

（资料来源：顾文钧. 顾客消费心理学[M]. 上海同济大学出版社，2002.）

【问题】1. 消费者的购买决策发生了什么变化，为什么？

2. 在我们周围，有没有由于受某种观念影响而发生类似的现象？哪些类型的消费者最容易受此影响？

任务 3　消费者个性化心理

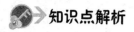知识点解析

子任务 3.6　消费者的购买行为

3.6.1　购买行为的概念

消费者购买行为就是消费者为了满足某种需要，在购买动机的驱使下进行的购买商品和劳务的活动过程，它是消费者心理与购买环境、商品类型、供求状况及服务质量等交互作用的结果。消费者购买行为是指消费者为满足其个人或家庭生活而发生的购买商品的决策过程。消费者购买行为是复杂的，其购买行为的产生是受到其内在因素和外在因素的相互促进交互影响的。

企业营销通过对消费者购买的研究，来掌握其购买行为的规律，从而制定有效的市场营销策略，实现企业营销目标。

3.6.2　消费者购买行为的类型

1. 根据消费者的购买目标划分的购买类型

（1）全确定型

全确定型指消费者在购买商品以前，已经有明确的购买目标，对商品的名称、型号、规格、颜色、式样、商标以至价格的幅度都有明确的要求。这类消费者进入商店以后，一般都是有目的地选择，主动地提出所要购买的商品，并对所要购买的商品提出具体要求，当商品能满足其需要时，则会毫不犹豫地买下商品。

（2）半确定型

半确定型指消费者在购买商品以前，已有大致的购买目标，但具体要求还不够明确，最后购买需经过选择比较才完成的。如购买空调是原先计划好的，但购买什么牌子、规格、型号、式样等心中无数。这类消费者进入商店以后，一般要经过较长时间的分析、比较才能完成其购买行为。

（3）不确定型

不确定型指消费者在购买商品以前，没有明确的或既定的购买目标。这类消费者进入商店主要是参观游览、休闲，漫无目标地观看商品或随便了解一些商品的销售情况，有时感到有兴趣或合适的商品偶尔购买，有时则观后离开。

2. 根据消费者的购买态度划分的购买类型

（1）习惯型

习惯型指消费者由于对某种商品或某家商店的信赖、偏爱而产生的经常、反复的购买。由于经常购买和使用，他们对这些商品十分熟悉，体验较深，再次购买时往往不再花费时间进行比较选择，注意力稳定、集中。

（2）理智型

理智型指消费者在每次购买前对所购的商品，要进行较为仔细研究比较。购买感情色彩较少，头脑冷静，行为慎重，主观性较强，不轻易相信广告、宣传、承诺、促销方式以及售货员的介绍，主要靠商品质量、款式。

（3）经济型

经济型指消费者购买时特别重视价格，对于价格的反应特别灵敏。购买无论是选择高档商品，还是中低档商品，首选的是价格，他们对"大甩卖"、"清仓"、"血本销售"等低价促销最感兴趣。一般来说，这类消费者与自身的经济状况有关。

（4）冲动型

冲动型指消费者容易受商品的外观、包装、商标或其他促销努力的刺激而产生的购买行为。购买一般都是以直观感觉为主，从个人的兴趣或情绪出发，喜欢新奇、新颖、时尚的产品，购买时不愿作反复的选择比较。

（5）疑虑型

疑虑型指消费者具有内倾性的心理特征，购买时小心谨慎和疑虑重重。购买一般缓慢、费时多。常常是"三思而后行"，常常会犹豫不决而中断购买，购买后还会疑心是否上当受骗。

（6）情感型

这类消费者的购买多属情感反应，往往以丰富的联想力衡量商品的意义，购买时注意力容易转移，兴趣容易变换，对商品的外表、造型、颜色和命名都较重视，以是否符合自己的想象作为购买的主要依据。

（7）不定型

这类消费者的购买多属尝试性，其心理尺度尚未稳定，购买时没有固定的偏爱，在上述五种类型之间游移，这种类型的购买者多数是独立生活不久的青年人。

 小资料

消费者购买行为的三种趋势

消费者购买行为没有固定不变的模式，随着社会经济发展，人们的消费习惯和购买行

为也必然随之变化。近30年来，在一些经济发达国家，消费者购买习惯已有显著变化，主要有以下三种趋势。

1. 冲动式购买大量增加。冲动式购买即事先没有计划的，在现场临时决定购买。在个人"可随意支配收入增加的条件下，由于商品包装和广告的吸引、售货人员的良好服务以及自选售货等因素的作用，消费者往往在售货现场临时决定购买。

2. 对便利的要求更高。现代消费者由于收入增加和生活节奏加快，对便利的要求愈来愈高。这就要求产品的形式多样，数量充足，规格品种齐全，售货时间、地点、方式便利以及产品本身的自动化和小型化、组合化。

3. 充分利用闲暇时间。由于工作时间缩短和休闲增加，人们有愈来愈多的闲暇时间，因此这方面有大量未满足的要求，潜在的市场容量很大。例如旅游业以及与之相关的一些产品和服务市场就很有潜力。

3.6.3 消费者购买行为过程

消费者购买是较复杂的决策过程，其购买决策过程一般可分为五个阶段（如图 3-2 所示），并制定相应的营销策略。

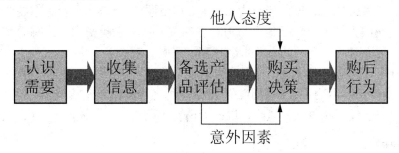

图 3-2 消费者购买决策过程

1. 确认需要

当消费者意识到对某种商品有需要时，购买过程就开始了。消费者需要可以由内在因素引起，也可以是由外在因素引起。此阶段企业必须通过市场调研，认定促使消费者认识到需要的具体因素，营销活动应致力于做好两项工作：(1) 发掘消费驱策力；(2) 规划刺激、强化需要。

2. 寻求信息

在多数情况下，消费者还要考虑买什么牌号的商品，花多少钱到哪里去买等问题，需

消费心理应用

要寻求信息，了解商品信息。寻求的信息一般有：产品质量、功能、价格、牌号、已经购买者的评价等。消费者的信息来源通常有以下四个方面：（1）商业来源；（2）个人来源；（3）大众来源；（4）经验来源。企业营销任务是设计适当的市场营销组合，尤其是产品品牌广告策略，宣传产品的质量、功能、价格等，以便使消费者最终选择本企业的品牌。

3. 比较评价

消费者进行比较评价的目的是能够识别哪一种牌号、类型的商品最适合自己的需要。消费者对商品的比较评价，是根据收集的资料，对商品属性做出的价值判断。消费者对商品属性的评价因人因时因地而异，有的评价注重价格，有的注重质量，有的注重牌号或式样等。企业营销首先要注意了解并努力提高本企业产品的知名度，使其列入到消费者比较评价的范围之内，才可能被选为购买目标。同时，还要调查研究人们比较评价某类商品时所考虑的主要方面，并突出进行这些方面宣传，对消费者购买选择产生最大影响。

4. 决定购买

消费者通过对可供选择的商品进行评价，并作出选择后，就形成购买意图。在正常情况下，消费者通常会购买他们最喜欢的品牌。但有时也会受两个因素的影响而改变购买决定。

（1）他人态度。他人态度的影响力取决于三个因素：一是他人否定态度的强度；否定态度越强烈，影响力越大。二是他人与消费者的关系；关系越密切，影响力越大。三是他人的权威性；他人对此类产品的专业水准越高，影响力越大。

（2）意外事件。消费者修改、推迟或取消某个购买决定，往往是受已察觉风险的影响。"察觉风险"的大小，由购买金额大小、产品性能优劣程度，以及购买者自信心强弱决定。企业营销应尽可能设法减少这种风险，以推动消费者购买。

5. 购后评价

消费者购买商品后，购买的决策过程还在继续，他要评价已购买的商品。若产品的效用符合或高于原有的期望，消费者就会感到满意；反之，则会感到不满意。购后感作为"口传信息"，不仅影响到消费者自己能否重复购买，而且，还影响他人的购买，因此，企业营销须给予充分的重视，因为它关系到产品今后的市场和企业的信誉。

任务3 小结

消费者的个性心理是指表现在一个人身上的经常的、稳定的、典型的心理特征，包括消费者的气质、性格和能力三方面。研究消费者个性心理特征对于区分消费者的类型，分

任务 3 消费者个性化心理

析消费者的个性差异,把握和预测消费者的购买行为,具有重要意义。消费者对商品的需求,通常受他所特有需要、动机和行为的制约。

心理测试

心理测试 3-1 气质类型

下列说法与自己的情况
"很符合"记 2 分,
"较符合"记 1 分,
"一般"记 0 分,
"较不符合"记-1 分
"很不符合"记-2 分

1. 做事力求稳妥,一般不做无把握的事。
2. 遇到可气的事就怒不可遏,想把心里话全说出来才痛快。
3. 宁可一个人干事,不愿很多人在一起。
4. 到一个新环境很快就能适应。
5. 厌恶那些强烈的刺激,如尖叫、噪音、危险镜头等。
6. 和别人争吵时,总是先发制人,喜欢挑衅别人。
7. 喜欢安静的环境。
8. 善于和人交往。
9. 羡慕那种善于克制自己感情的人。
10. 生活有规律,很少违反作息制度。
11. 在大多数情况下情绪是乐观的。
12. 碰到陌生人觉得很拘束。
13. 遇到令人气愤的事,能很好地自我克制。
14. 做事总是有旺盛的精力。
15. 遇到问题总是举棋不定、优柔寡断。
16. 在人群中从不觉得过分拘束。
17. 情绪高昂时,觉得干什么都有趣;情绪低落时,又觉得什么都没有意思。
18. 当注意力集中于一事物时,别的事很难使我分心。
19. 理解问题总比别人快。
20. 碰到危险情景,常有一种极度恐怖感。

消费心理应用

21. 对学习、工作，怀有很高的热情。
22. 能够长时间做枯燥、单调的工作。
23. 符合兴趣的事情，干起来劲头十足，否则就不想干。
24. 一点小事就能引起情绪波动。
25. 讨厌做那些需要耐心、细致的工作。
26. 与人交往不卑不亢。
27. 喜欢参加热烈的活动。
28. 爱看感情细腻、描写人物内心活动的文艺作品。
29. 工作学习时间长了，常感到厌倦。
30. 不喜欢长时间谈论一个问题，愿意实际动手干。
31. 宁愿侃侃而谈，不愿窃窃私语。
32. 别人总是说我闷闷不乐。
33. 理解问题常比别人慢些。
34. 疲倦时只要短暂的休息就能精神抖擞，重新投入工作。
35. 心里有话宁愿自己想，不愿说出来。
36. 认准一个目标就希望尽快实现，不达目的，誓不罢休。
37. 学习、工作同样一段时间后，常比别人跟疲倦。
38. 做事有些莽撞，常常不考虑后果。
39. 老师或他人讲授新知识、技术时，总希望他讲得慢些，多重复几遍。
40. 能够很快地忘记那些不愉快的事情。
41. 做作业或完成一件工作总比别人花时间多。
42. 喜欢运动量大的剧烈体育运动，或者参加各种文艺活动。
43. 不能很快地把注意力从一件事情转移到另一件事上去。
44. 接受一个任务后，就希望把它迅速解决。
45. 认为墨守成规比冒风险强些。
46. 能够同时注意几件事情。
47. 我烦闷的时候，别人很难使我高兴起来。
48. 爱看情节起伏跌宕、激动人心的小说。
49. 对工作抱认真严谨、始终一贯的态度。
50. 和周围人的关系总是相处不好。
51. 喜欢复习学过的知识，重复做能熟练做的工作。
52. 希望做变化大、花样多的工作。

任务 3 消费者个性化心理

53. 小时候会背的诗歌，我似乎比别人记得清楚。
54. 别人说我"出语伤人"，可我并不觉得这样。
55. 在体育活动中，常因反应慢而落后。
56. 反应敏捷，头脑机智。
57. 喜欢有条理而不甚麻烦的工作。
58. 兴奋的事常使我失眠。
59. 老师讲新概念，常常听不懂，但是弄懂了以后很难忘记。
60. 假如工作枯燥无味，马上就会情绪低落。

多血质包括：4、8、11、16、19、23、25、29、34、40、44、46、52、56、60 题
胆汁质包括：2、6、9、14、17、21、27、31、36、38、42、48、50、54、58 题
黏液质包括：1、7、10、13、18、22、26、30、33、39、43、45、49、55、57 题
抑郁质包括：3、5、12、15、20、24、28、32、35、37、41、47、51、53、59 题

【实训操作三】

实训名称	情景模拟：推销员向顾客成功推销出产品
实训目的	1. 对不同个性的消费者采取的应对技巧。 2. 考察学生推销说辞激发消费者需求的有效性。 3. 培养学生推销口头表达能力、随机应变能力、沟通表达能力、现代营销观念、营销过程规划与控制能力。
实训组织	1. 教师介绍本次实训目的。 2. 学生分为 2 人一组，1 名同学充当推销员，另 1 名同学充当顾客，在 10 分钟内，推销员向顾客推销出产品。 3. 利用课堂时间完成。
实训环境	1. 营销模拟实训室。 2. 圆形展台。 3. 实物商品若干。
实训成果	1. 现场打分。 2. 计入平时成绩。 3. 教师点评。

【本任务自测训练】

一、名词解释

1. 气质

2. 性格
3. 动机

二、不定项选择

1. 消费者的个性心理特征主要包括（　　）。
   A. 性格　　　B. 气质　　　C. 需要　　　D. 能力
2. 具有敏感型消费行为的消费者，其气质类型（　　）。
   A. 胆汁质　　B. 多血质　　C. 黏液质　　D. 抑郁质
3. 对购物环境适应能力强，在购物中观察敏锐、反应敏捷，易于与营业员沟通的消费者的气质类型属于（　　）。
   A. 多血质　　B. 胆汁质　　C. 抑郁质　　D. 黏液质
4. 影响消费活动效果的个性心理特征是（　　）。
   A. 气质　　　B. 性格　　　C. 能力　　　D. 兴趣
5. 消费者为完成其购买行为必须具备的能力包括（　　）。
   A. 感知能力　B. 记忆能力　C. 分析能力
   D. 检验能力　E. 思维能力
6. （　　）是指人们在对待客观事物的态度和社会行为方式中，表现出来的稳定倾向。
   A. 气质　　　B. 性格　　　C. 个性　　　D. 态度
7. 消费者追求商品名气的具体购买动机是（　　）。
   A. 求新动机　B. 求名动机　C. 求廉动机　D. 癖好动机
8. 在购买过程中，由人们的认识、情感、意志等心理过程引起的行为动机是（　　）。
   A. 生理性购买动机　　　　B. 心理性购买动机
   C. 社会性购买动机　　　　D. 群体性购买动机
9. 最明显地反映出消费者需要周期性特征的需要是（　　）。
   A. 生理性需要　B. 社会性需要　C. 物质需要　D. 精神需要

三、判断题

1. 个性倾向性包括气质、性格和能力。（　　）
2. 对气质类型不适合营销的消费者不要理睬。（　　）
3. 只要有需要，就一定产生动机。（　　）
4. 对于进店的所有消费者，营销人员都应主动介绍商品。（　　）

四、思考题

1. 个性心理特征有哪些？

2．气质类型及对消费行为的影响？
3．性格的特征有哪些？如何针对不同性格的消费者展开营销活动？
4．消费者的能力在营销策略上有哪些应用？
5．常见的消费者购买动机有哪几种？

五、案例分析

一位女士在某商场的购物过程如下：因为原有的手机丢失，先到通讯器材柜通过营业员介绍买了一款新推出的手机；然后到摄像器材柜准备挑选一部数码相机，虽经营业员详细讲解，但因为没有使用经验，还是决定下次找个懂行的朋友一起来购买；最后在日用品自选超市买了某种著名品牌的洗发水。

【问题】1．从对商品的认识程度分析，这位女士在三次购买过程中分别属于什么能力类型的消费者？
　　　　2．不同过程中的消费行为分别具有什么特点？

任务 4　消费者群体与消费心理

能力目标

通过完成本任务的教学，使学生具备以下基本能力：
1. 能够阐述消费者群体内涵；
2. 能够分析不同社会群体的消费心理和行为特征；
3. 针对不同消费者群体特征制定相应的营销策略。

知识目标

1. 认识消费者群体类型和行为特征；
2. 掌握不同年龄消费者的消费心理和行为；
3. 掌握不同性别的消费心理和行为；
4. 掌握不同收入消费者心理和行为。

任务分解

子任务 4.1 消费者群体对消费者的影响
子任务 4.2 不同年龄消费者的消费心理
子任务 4.3 不同性别消费者的消费心理
子任务 4.4 不同收入消费者的消费心理

任务 4 消费者群体与消费心理

重视消费者个性，开拓广阔市场

"环保"牌香烟年销售量达 3000 亿支，可装满 5000 架波音 707 飞机。某权威机构对某国的一千余名"环保"牌香烟爱好者的调查表明，该品牌爱好者对该产品的普遍评价是：味道好，抽起来带劲，可令人身心愉快。但对于质量完全相同的、价格只相当于精装烟价格一半的"环保"简装烟，品牌爱好者们只有 21% 的人表示愿意购买。

【问题】"环保"牌香烟爱好者属于哪个消费者群体？该群体消费心理与行为的主要特征有哪些？

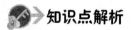

子任务 4.1 消费者群体概述

4.1.1 消费者群体的概念与形成

1. 消费者群体的概念

群体或社会群体是指两人或两人以上通过一定的社会关系结合起来进行共同活动而产生相互作用的集体。群体规模可以比较大，如几十人组成的班级。也可以比较小，如经常一起逛街购物的两个好朋友。具有某种共同特征的若干消费者组成的集合体就是消费者群体。凡是具有同一特征的消费者都会表现出相同或相近的消费心理行为，因为同一群体成员之间一般有较经常的接触和互动，从而能够相互影响。

社会成员构成一个群体，应具备以下基本条件和特征。

（1）群体成员需以一定纽带联系起来。如以血缘为纽带组成了家庭，以业缘为纽带组成了职业群体。

（2）群体成员之间有共同目标和持续的相互交往。如电影院里的观众就不能称为群体，因为他们是偶然和临时性地聚集在一起，缺乏持续的相互交往。

（3）群体成员有共同的群体意识和规范。

2. 消费者群体的形成

消费者群体的形成是消费者的内在因素和外部因素共同作用的结果。

（1）消费者因其生理、心理特点的不同形成不同的消费者群体。

消费者之间在生理、心理特性方面存在诸多差异，这些差异促成了不同消费者群体的形成。例如，由于年龄的差异，形成了少年儿童消费者群体、青年消费者群体、中年消费者群体、老年消费者群体。由于性别的差异，形成了女性消费者群体、男性消费者群体。这种根据消费者自身生理及心理特点划分的各个消费者群体之间，在消费需求、消费心理、购买行为等方面有着不同程度的差异，而在本群体内部则有许多共同特点。

（2）不同消费者群体的形成还受一系列外部因素的影响。

这些外部因素包括：生产力发展水平、文化背景、民族、宗教信仰、地理气候条件等，它们对于不同消费者群体的形成具有重要作用。例如，生产力的发展对于不同的消费者群体的形成具有一定的催化作用。随着生产力的发展和生产社会化程度的提高，大规模共同劳动成为普遍现象，因而客观上要求劳动者之间进行细致的分工。分工的结果，使得社会经济生活中的职业划分越来越细，如农民、工人、文教科研人员等。不同的职业导致人们劳动环境、工作性质、工作内容和能力素质不同，心理特点也有差异，这种差异必然要反映到消费习惯、购买行为上来。久而久之，便形成了以职业划分的农民消费者群体、工人消费者群体、文教科研人员消费者群体等。又如按收入不同，消费者群体可划分为最低收入群体、低收入群体、中低收入群体、中等收入群体、中高收入群体、高收入群体等。此外，文化背景、民族、宗教信仰、地理气候条件等方面的差异，都可以使一个消费者群体区别于另一个消费者群体等。

4.1.2 消费者群体对消费心理的影响

1. 消费者群体为消费者提供可供选择的消费行为或生活方式的模式

社会生活是丰富多彩，变化多样的。处于不同群体中的人们，行为活动会有很大差别。例如，营业员在为顾客服务时，要求仪表整洁、服装得体、举止文雅，但不要打扮得过于时髦。而电影明星在表演时要适应剧中角色的要求，更换各种流行服装和发式。这些不同的消费行为通过各种形式传播给消费者，为其提供模仿的榜样。特别是对于缺乏消费经验与购买能力的人，他们经常不能确定哪种商品对他们更合适。在这种情况下，消费者对消费者群体的依赖性，超过了对商业环境的依赖性。

2. 消费者群体引起消费者的仿效欲望，从而影响他们对商品购买与消费的态度

模仿是一种最普遍的社会心理现象，但模仿要有对象，即我们通常所说的偶像。模仿的偶像越具有代表性、权威性，就越能激起人们的仿效欲望，模仿的行为也就具有普遍性。而在消费者的购买活动中，消费者对商品的评价往往是相对的，当没有具体的模仿模式时，常常不能充分肯定自己对商品的态度。但某些消费者群体为其提供具体的模式时，而消费者又非常欣赏时,那么会激起其强烈的仿效愿望,从而形成对商品的肯定态度。

3. 消费者群体促使行为趋于某种"一致化"

消费者对商品的认识、评价往往会受到消费者群体中其他人的影响。这是因为相关群体会形成一种团体压力,使团体内的个人自觉不自觉地符合团体规范。例如,当消费者在选购某种商品,但又不能确定自己选购这种商品是否合适时,如果群体内其他成员对此持肯定的态度,就会促使他坚定自己的购买行为。反之,如果群体内其他成员对此持否定的态度,就会促使他改变自己的购买行为。

"月球求生记"。

假设你现在是一名太空飞行船的队员,任务是与母船相约在月球上光亮一片的地方集合,但因机件故障,你的宇宙飞船在距离约定地方 200 公里之外堕落了,除了 15 件器材外,其余的器材都在堕落时坏掉了,你们能否生存下去取决于你们能否到达母船,所以你和你的同伴要决定哪 15 个仪器对你们的生存至为重要。

请将以下十五件物品按重要性排好次序,并附上简单的解释。

项目	个人答案	小组答案	正确答案	原因
一盒火柴				
浓缩食物				
五十呎尼龙绳				
降落伞的丝质布料				
可携式发热器				
两支点四五口径手枪				
一盒脱脂奶粉				
二百磅氧气桶				
星际地图				
救生艇				
磁力指南针				
五加仑水				
讯号火箭				
急救箱连注射用针筒				
太阳能 FM 无线电收发器				

消费心理应用

"孩之宝"的成功之道

美国玩具行业的"孩之宝"跨国公司生产的玩具"变形金刚",曾在美国市场上非常走俏,在赚了13亿美元之后,"孩之宝"跨国公司将目光瞄准了中国市场。他们认为,中国人目前的收入水平虽然比较低,但独生子女政策的普遍实行使家庭对子女智力开发和教育非常重视,"变形金刚"玩具在中国的市场潜力巨大。

为了扩大"变形金刚"玩具在中国的销售,他们没有采取通常的营销方法,而是首先将一套名为"变形金刚"的儿童动画片无偿赠送给广州、上海及背景等几大城市的电视台播放。半年之后,等我国广大少年儿童对动画片中的"威震天"、"擎天柱"耳熟能详、津津乐道时,他们便不失时机地将"变形金刚"玩具大规模推向中国市场,摆放到各大商场的柜台上。眼看自己梦寐以求的大大小小的各种"变形金刚"呈现在眼前,孩子们兴奋异常,家长们爱子心切,纷纷慷慨解囊,一时间,"变形金刚"玩具风靡中国各大城市。

美国玩具商"孩之宝"跨国公司深谙中国人爱子心切,对独生子女舍得投资、百依百顺的心理,先以一部动画片赢得儿童的心,再去赚其父母的钱的文化先行的体验战略,不失为谋略高超之举。由此可见,在对少儿的营销活动中,为其创造心理上的体验非常重要。

【问题】少儿群体的消费心理特征?针对不同年龄消费群体的营销策略是什么?

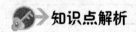

子任务 4.2 不同年龄消费者的消费心理

年龄是常用的划分消费者群的标准。世界卫生组织提出新的年龄划分法:45岁以下为青年,45~59为中年,60~74岁为年轻的老人或老年前期,75~89岁为老年,90岁以上为长寿老人。

年龄是消费者社会阅历或经历的一种重要反映。不同年龄阶段的消费者,由于受不同社会环境、教育程度、成长经历、生理和心理特征,以及不同的需求欲望的影响,具有不同的消费心理。较常见的消费者年龄群体的消费心理特点介绍如下。

4.2.1 少年儿童消费心理

少年儿童消费者群是由0~14岁的消费者组成的群体。这部分消费者在人口总数中占有较大比例。从世界范围看，年轻人口型国家中，0～14岁的少年儿童占40%以上；老年人口型国家中，儿童占30%以下；我国的少年儿童消费者群比例为30%～40%。

知识链接

人口年龄类型有年轻型、成年型和老年型三种类型。1956年联合国发表的《人口老龄化及其经济社会含义》提出了划分人口年龄类型的标准（如表4-1所示）。

表4-1 联合国颁布的人口年龄类型划分标准

	年轻型	成年型	老年型
65岁及以上老年人口比重	4%以下	4%～7%	7%及以上
0～14岁少年儿童比重	40%及以上	30%～40%	30%以下
老少比（老年人口/少年儿童人口）	15%以下	15%～30%	30%以上
年龄中位数	20岁以下	20～30岁	30岁及以上

注：熊必俊，人口老龄化与可持续发展，2002.

人口是构成市场的最基本条件，庞大的少儿人口数量标志着儿童用品市场是一个广阔的市场。自从20世纪70年代我国开始大范围地推行计划生育以来，独生子女家庭在我国社会中所占比重越来越大，以至于目前城市孩子几乎全部是独生子女，农村独生子女也占了相当大的比重，而且，在现行的政策条件下，随着社会保障制度的健全，群众婚育观念的转变，独生子女的数量、所占人口的比重会越来越大。相当多的家庭越来越重视对少儿的投资，有的家庭甚至把少儿消费作为家庭消费的中心。家庭对儿童投资量的增加，进一步增大儿童用品的市场容量，使少儿用品市场成为我国商品市场的重要组成部分。

少儿消费者群体可根据年龄特征分为儿童消费者群体（0～11岁）和少年消费者群体（11～14岁）。

1. 儿童的消费心理特征

（1）从纯生理性需要逐渐向带有社会内容的需要发展。儿童在乳婴时期对消费品的需要基本上是生理性需要。随着年龄的增长，儿童的消费欲求开始逐渐向带有社会内容的需要发展。如所需购买的消费品中逐渐增加个人的意识，尤其在花色、样式上表现得更为突出；在消费过程中逐渐形成了对所接触的消费品，特别是同群儿童的消费品的评价意识，初步形成了为自己选择消费品确立目标，并逐渐具有列举出一定理由的能力。

（2）从模仿性消费逐步向带有个性特点的消费发展。儿童初期，在消费上有极强的模

消费心理应用

仿心理，因而产生较强的模仿消费行为，在食品、玩具、服装等方面表现得尤其突出。随着年龄的增长，自我意识的不断形成，儿童的消费心理逐渐由模仿性消费心理，向按照自己的需求愿望、带有个性特点的消费方面发展，表现在能面对众多的同类商品，发表自己的购买意见，提出自己的购买选择和要求。其个性心理不断地在商品消费上表现出来。

（3）消费情绪从很不稳定向稍微稳定发展。儿童初期阶段，在其模仿性心理作用下，对消费品的喜爱情绪波动很大，其消费心理是很不稳定的。例如，儿童在参观一个绘画展览后，会突然发生对绘画的兴趣，马上要求购买一些绘画工具学着绘画，但不久以后，兴趣又会转移。随着年龄的不断增长，接触社会消费实践，知识、经验等不断增加，其消费心理不断成熟，调节与控制自己情感的能力也在不断增强。

（4）对消费品的购买行为逐渐从依赖型向独立型发展。学龄前儿童尚不具备购买商品的行为能力，所以有着极强的依赖性。当儿童进入学龄期后，便逐渐学会了自己花钱，主要用于购买一些小食品、小玩具、小的学习用品等。在这些方面不仅较充分地反映他们的购买欲望和要求，同时也说明他们逐渐具备了独立购买的能力，向独立型发展。

2. 少年消费心理特征

（1）喜欢与成人比拟。少年在主观上认为自己长大了，已经成人了，在心理上要求得到具有同成人一样的平等地位和权利，同时，个人消费心理逐渐形成。因此，他们渴望同成人一样独立地处理自己的消费，尽量争取自己独立的消费行为以实现自己的消费个性，满足自己的生活习惯、兴趣爱好等方面的需要。

（2）购买意识的倾向性趋于稳定。少年在消费中能较自觉地进行比较分析、鉴别等抽象思维活动，对所想购买的商品品种、品质、花色、样式、性能等能作出一定的判断，从而对某种商品产生较稳定的认识，并逐步形成购买习惯。

（3）遵从心理开始形成。在少年期，由于对社会的接触，参加集体活动等逐渐增多，他们的消费观念的形成、消费决策的确定、消费爱好的选择等不断由受家庭影响逐渐转向受集体、群体及同龄人的影响。

4.2.2 青年人消费心理

在中国，青年消费者人口众多，也是所有企业竞相争夺的主要消费目标。因此，了解青年消费者的消费心理特征，对于店铺的经营和发展具有极其重要的意义。

一般来说，青年消费者的消费心理特征具有以下几点。

1. 追求时尚和新颖

青年人的特点是热情奔放、思想活跃、富于幻想、喜欢冒险，这些特点反映在消费心理上,就是追求时尚和新颖,喜欢购买一些新的产品,尝试新的生活。在他们的带领下,消费时尚也就会逐渐形成。

2. 表现自我和体现个性

这一时期,青年人的自我意识日益加强,强烈地追求独立自主,在做任何事情时,都力图表现出自我个性。这一心理特征反映在消费行为上,就是喜欢购买一些具有特色的商品,而且这些商品最好是能体现自己的个性特征,对那些一般化、不能表现自我个性的商品,他们一般都不屑一顾。

3. 容易冲动,注重情感

由于人生阅历并不丰富,青年人对事物的分析判断能力还没有完全成熟,他们的思想感情、兴趣爱好、个性特征还不完全稳定,因此在处理事情时,往往容易感情用事,甚至产生冲动行为。他们的这种心理特征表现在消费行为上,那就是容易产生冲动性购买,在选择商品时,感情因素占了主导地位,往往以能否满足自己的情感愿望来决定对商品的好恶,只要自己喜欢的东西,一定会想方设法,迅速做出购买决策。

4.2.3 中年人消费心理

中年人的心理已经相当成熟,个性表现比较稳定,他们不再像青年人那样爱冲动,爱感情用事,而是能够有条不紊、理智分析处理问题。中年人的这一心理特征在他们的购买行为中也有同样的表现。

1. 购买的理智性胜于冲动性

随着年龄的增长,青年时的冲动情绪渐渐趋于平稳,理智逐渐支配行动。中年人的这一心理特征表现在购买决策心理和行动中,使得他们在选购商品时,很少受商品的外观因素影响,而比较注重商品的内在质量和性能,往往经过分析、比较以后才做出购买决定,尽量使自己的购买行为合理、正确、可行,很少有冲动、随意购买的行为。

2. 购买的计划性多于盲目性

中年人虽然掌握着家庭中大部分收入和积蓄,但由于他们上要赡养父母,下要养育子女,肩上的担子非常沉重。他们中的多数人懂得量入为出的消费原则,开支很少有像青年人那样随随便便、无牵无挂、盲目购买。因此,中年人在购买商品前常常对商品的品牌、价位、性能要求乃至购买的时间、地点都妥善安排,做到心中有数,对不需要和不合适的商品他们绝不购买,很少有计划外开支和即兴购买。

消费心理应用

3. 购买求实用，节俭心理较强

中年人不再像青年人那样追求时尚，生活的重担、经济收入的压力使他们越来越实际，买一款实实在在的商品成为多数中年人的购买决策心理和行为。因此，中年人更多的是关注商品的结构是否合理，使用是否方便，是否经济耐用、省时省力，能够切实减轻家务负担。当然，中年人也会被新产品所吸引，但他们更多的是关心新产品是否比同类旧产品更具实用性。商品的实际效用、合适的价格与较好的外观的统一，是引起中年消费者购买的动因。

4. 购买有主见，不受外界影响

由于中年人的购买行为具有理智性和计划性的心理特征，使得他们做事大多很有主见。他们经验丰富，对商品的鉴别能力很强，大多愿意挑选自己所喜欢的商品，对于营业员的推荐与介绍有一定的判断和分析能力，对于广告一类的宣传也有很强的评判能力，受广告这类宣传手段的影响较小。

5. 购买随俗求稳，注重商品的便利

中年人不像青年人那样完全根据个人爱好进行购买，不再追求丰富多彩的个人生活用品，需求逐渐稳定。他们更关注别的顾客对该商品的看法，宁可压抑个人爱好而表现得随俗，喜欢买一款大众化的、易于被接受的商品，尽量不使人感到自己花样翻新和不够稳重。

由于中年人的工作、生活负担较重，工作劳累以后，希望减轻家务负担，故而十分欢迎具有便利性的商品。如减轻劳务的自动化耐用消费品，半成品、现成品的食品等，这些商品往往能被中年顾客认识并促成购买行为。

4.2.4 老年人消费心理

在竞争日益激烈的环境中，企业必须注重分析中老年消费者的心理特征。

 知识链接

关爱老年人是和谐社会的必然体现。随着我国人口年龄结构逐渐进入老龄化阶段，老年人比例日渐升高。中国老龄工作委员会的一项统计数据显示，2006年我国60岁以上的老年人已达到1.45亿，每年还以3.3%的速度增加。到2050年，我国老龄人口将激增至4亿左右，占我国总人口的25%。年龄结构决定消费结构，巨大的老年消费群体构成了2万亿元的市场，使得老年"银发经济"成为21世纪最具发展潜力的朝阳产业。

老年消费者所具有的心理特征主要表现为以下几个方面。

1. 富于理智，很少感情冲动

老年消费者由于生活经验丰富，因而情绪反应一般比较平稳，很少感情用事，大多会以理智来支配自己的行为。因此，他们在消费时比较仔细，不会像年轻人那样产生冲动的购买行为。

2. 精打细算

老年消费者一般都有家小，他们会按照自己的实际需求购买商品，量入为出，注意节俭，对商品的质量、价格、用途、品种等都会作详细了解，很少盲目购买。

3. 坚持主见，不受外界影响

老年消费者在消费时，大多会有自己的主见，而且十分相信自己的经验和智慧，即使听到商家的广告宣传和别人介绍，也要先进行一番分析，以判断自己是否需要购买这种商品。因此，对这种消费者，商家在进行促销宣传时，不应一味地向他们兜售商品，而应该尊重和听取他们的意见，向他们"晓之以理"，而不能希望对他们"动之以情"。

4. 消费追求便利，要求得到良好的售后服务。

对于老年人来说，他们或者工作繁忙，时间不够用，或者体力不好，行动不便，所以在购物的时候，常常希望比较方便，不用花费很大的精力。因此，店铺应该为他们提供尽可能多的服务，以增加他们的满意度。

5. 品牌忠诚度较高

老年消费者在长期的生活过程中，已经形成了一定的生活习惯，而且一般不会作较大的改变，因为他们在购物时具有怀旧和保守心理。他们对于曾经使用过的商品及其品牌，印象比较深刻，而且非常信任，是企业的忠诚消费者。

任务导入 3

女性消费：全球最大的市场份额

如今的男女之别，莫大于消费之别。男女的消费之别，莫大于钱包之别。这个区别万万小看不得。人与老鼠95%的DNA相同，但那5%的不同导致人与老鼠一天一地，无可比拟。相比男人，女性的钱包有若干凸现特征：大、长、厚、靓。

"大"指女性市场潜力巨大。美国女性消费总额已超过日本经济总额。欧洲出现了社会女性化趋势。中国社会购买力70%以上掌握在女性手中，都市20岁到50岁的庞大女性消费群体就高达2.5亿之多。

"长"指女性市场战线长，纬度宽。女人花钱喜欢掏包相助，为他人或帮他人花钱。上至父母，下至儿女；左惦老公男友，右想亲朋好友；前思企业采购，后想美丽享受。

"厚"指市场影响层面深厚。女性一旦喜欢一个产品或服务，乐于思蜀，回头率高，忠诚度深。她们一传十十传百，口碑广而告之，受众传播对象像千层饼层层加厚。

"靓"指市场消费需求多样，色彩缤纷。买车购房，买衣购物，买盐买醋等。消费中充满着时尚、个性、独立、前卫、浪漫、享受、惬意、亲情、爽酷、洒脱……

男女花钱的比例失调现象日趋严重，掏钱包甩钞票的阴盛阳衰产生了一股新的经济力量，正在迎接一个崭新的"她"时代的到来！女性掏钱包的共性让现代的女人拥有一个共同的头衔：首席购物官。而男人无论如何绞尽脑汁也无法找出一个适合男性的共享头衔。

（资料来源：美国．法拉．沃纳．赵银德等译．女性营销——世界顶级公司女性消费市场运作案例与实践．北京：机械工业出版社，2006）

【问题】1. 女性消费心理特征？
2. 女性消费需求变化？

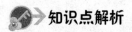

子任务4.3　不同性别消费者的消费心理

性别是常用的划分消费者群体的标准之一。市场需求的性别差异是客观存在的，这是由男性女性在生理上、心理上及社会生活方面的差异决定的。

4.3.1　女性消费心理

我国第五次全国人口普查，女性约占总人口的48.7%，总人数已达6亿。其中在消费活动中有较大影响的是中青年妇女，即20～50岁这一年龄段的女性，约占人口总数的21%。女性消费者不仅数量大，而且在购买活动中起着特殊重要的作用。她们不仅对自己所需的消费品进行购买决策，在家庭中，由她们承担了母亲、女儿、妻子、主妇等多种角色，因此,也是绝大数多儿童用品、老人用品、男性用品、家庭用品的购买者。

女性消费者在购买商品时往往表现出如下特点。

1. 注重商品的外观形象与情感特征

女性大多购买一般家计用品、服装鞋帽等。这些商品种类、品牌繁多,色彩款式变化频繁,因而选购时比较注重商品的美感。在为丈夫、孩子买商品时,则更是带有感情色彩。

2. 注重商品的实用性与实际利益

女性由于料理家务的时间相对多一些,经常采购物品,因而对市场信息掌握较多,购买动机相对更为强烈。但在购买时,在经济方面考虑较多,如对其所喜爱的商品,若价格太贵,与日常安排有冲突,有时宁可舍弃。注重切身利益这种心理意识在女性购物时表现也较突出。如一位女性消费者给孩子购买一件上装,又不仅要求美观,还要与孩子肤色相配要考虑洗涤后是否褪色、缩水,还会联想别人又会如何评价等因素。

3. 注重商品的便利性与生活的创造性

在我国,女性就业率高,在家忙家务,在外忙工作。有人统计,女职工平均每天约有 4 小时用于家务,占全部闲暇时间的 56%以上,节假日更高,严重挤占了休息和学习,因而对日用消费品和主副食品的方便性要求日益强烈;同时又喜欢通过自己创造性的劳动使生活更丰富、家庭更美满。一些半成品就满足了这种需求。

4. 有较强的自我意识与自尊心

女性消费者常常以购买什么、喜欢什么、使用什么这些标准,来分析别人、评价别人、分析自己、评价自己。还喜欢以个人的好恶标准作为对商品的评价标准,希望自己周围的小群体也同意这一标准。女性在一起交谈时,有关家庭和个人消费的话题,始终是她们彼此交流和议论的重要内容之一。长期在这种亚文化熏陶下,使大多数女性更加成熟起来。

5. 挑选商品通常是"完美主义者"

女性消费者总希望商品能百分之百地符合自己的心愿。所以,她们在购买商品时,选择时间长,观察仔细,而且经常能发现一些料想不到的细小毛病,表现出"吹毛求疵"的特点。

4.3.2 男性消费心理

1. 动机形成迅速、果断,具有较强的自信性

男性的个性特点与女性的主要区别之一就是具有较强理智性、自信性。他们善于控制

消费心理应用

自己的情绪,处理问题时能够冷静地权衡各种利弊因素,能够从大局着想。有的男性则把自己看做是能力、力量的化身,具有较强的独立性和自尊心。这些个性特点也直接影响他们在购买过程中的心理活动。

因此,动机形成要比女性果断迅速,并能立即导致购买行为,即使是处在比较复杂的情况下,如当几种购买动机发生矛盾冲突时,也能够果断处理,迅速作出决策。特别是许多男性不愿"斤斤计较",购买商品也只是询问大概情况,对某些细节不予追究,也不喜欢花较多的时间去比较、挑选,即使买到稍有毛病的商品,只要无关大局,也不去计较。

2. 购买动机具有被动性

就普遍意义讲,男性消费者不如女性消费者经常料理家务,照顾老人、小孩,因此,购买活动远远不如女性频繁,购买动机也不如女性强烈,比较被动。在许多情况下,购买动机的形成往往是由于外界因素的作用,如家里人的嘱咐、同事朋友的委托、工作的需要等,动机的主动性、灵活性都比较差。我们常常看到这样的情况,许多男性顾客在购买商品时,事先记好所要购买的商品品名、式样、规格等,如果商品符合他们的要求,则采取购买行动,否则,就放弃购买动机。

3. 购买动机感情色彩比较淡薄

男性消费者在购买活动中心境的变化不如女性强烈,不喜欢联想、幻想,他们往往把幻想看做是未来的现实。相应的,感情色彩也比较淡薄。所以,当动机形成后,稳定性较好,其购买行为也比较有规律。即使出现冲动性购买,也往往自信决策准确,很少反悔退货。需要指出的是,男性消费者的审美观同女性有明显的差别,这对他们动机的形成也有很大影响。比如,有的男同志认为,男性的特征是粗犷有力,因此,他们在购买商品时,往往对具有明显男性特征的商品感兴趣,如烟、酒、服装等。

美国毕坚商店的上层路线

在美国曼哈顿第五大街,有一家叫毕坚的商店,在它周围的商店常常是拥挤不堪的时候,它却门庭冷落,重门紧锁。在一定时间段里,只有一位顾客,少有顾客问津。但是此店在第五大街却赫赫有名。原来该店是专门接待上层社会人士和富豪名流的。这里的商品价格昂贵,不是一般的消费者可以承受的,一次只有一位顾客购买商品,就有可观的利润。这家商店也不是顾客们可以随意光顾的,要到商店购物的人须预先约定时间,商店每天只有三四批顾客受到接待。同时该店对于那些顾客的光临都是秘而不宣的，如此蒙上了神秘的色彩，越发抬高顾客的身份和地位，迎合了某些人彰显尊贵的心理。

该店的老板毕坚宣称："我只是为看不上其他服饰店的顾客提供服务，我像是顾客的医生，告诉他怎样穿、如何穿"。毕坚商店在销售活动中，坚持其为上层顾客服务的路线，收到明显的效果。不仅美国，世界各国的政要、名人、富豪、王公贵族都知道毕坚商店，收到独特的品牌效应。

据统计，全世界有50多个国家的政要、富豪、王室成员都曾光顾该商店，他们都一掷万金，购买毕坚商店的商品并以此炫耀。美国前总统里根、西班牙国王卡洛斯、约旦国王侯赛因都曾光顾过此店。毕坚商店的营销方式在世界上是独一无二，独辟蹊径。

【问题】1. 分析不同收入群体的消费心理特征？
2. 针对不同收入群体有哪些营销策略？

知识点解析

子任务 4.4　不同收入消费者的消费心理

经济状况是影响消费心理与行为的重要因素之一。根据经济收入状况可以将消费者分为低收入群体、中等收入群体和高收入群体，各收入阶层的消费心理与行为特征存在着明显的差异。

4.4.1　低收入群体的消费心理

"低收入群体"是指具有劳动能力，但在投资和就业竞争中居于劣势，只能获得较低报酬的社会成员。目前，在我国以部分农民和城市中简单体力劳动者，以及丧失劳动能力的低保人群为代表的低收入群体仍占有较大的人口比例，他们的消费受到低收入和传统消费观念的双重制约。

1. 消费心理特征

（1）消费需求以满足基本生活需要为主。

低收入群体由于收入水平低，决定了其购买力水平比较低，只能基本解决温饱，因此其消费需求主要以食为主，其次是衣、住，其他方面开支相当少，生活计划性相当强，不会随意开支，高档耐用消费品、文化消费等可以说与他们无缘，可望而不可即。

消费心理应用

（2）特别强调商品的实用性。

由于可支配消费资金少以及勤俭持家消费观念的根深蒂固，他们在选购商品时关心的首先是产品功能、内在质量、使用寿命等实用性特征，对商品外观包装、款式等较少关心，对于是否时尚则更少考虑。

（3）具有强烈的求廉动机。

低收入消费者群体普遍对商品价格敏感性强，在选购商品时对价格水平非常关注，热衷于购买的主要是中低档商品、过季处理商品等。

（4）表现出较多的家庭购买决策。

由于消费支出极其有限，而以家庭为单位的购买可平衡开支，实现较大的购买利益，因此在低收入群体中，以家庭为购买决策单位统筹消费开支成为一种普遍的现象。

2. 市场营销的心理策略

针对低收入群体的特征，企业应重点考虑的问题是：第一，注重在产品内在质量方面多下工夫；第二，慎重制定商品价格，注意反向定价策略的运用。

4.4.2 中等收入群体的消费心理

中等收入群体是指一定时期内达到中等收入水平的城镇和农村居民。中等收入群体在我国是由国家公务人员、文教卫生领域从业者和企业"蓝领阶层"等构成的消费群体。这个群体在文化素质、经济收入、消费行为等方面具有一定的共性，构成社会消费的中坚力量，是特别值得重视的一个群体。

1. 消费心理特征

（1）消费需求比较活跃，呈现多样化。

中等收入群体处于温饱有余的小康型生活，消费从数量向质量转变，其需求比较活跃，除衣、食、用基本生活消费外，对行、住、文化娱乐和高档消费品等都有强烈的欲望，而且也乐于接受新的消费方式。

（2）具有较强的求名心理。

中等收入消费者由于工作稳定，收入不菲，而且社会交往较为广泛，因此比较注意个人形象的维护，比较倾向于购买中、高档次的名牌商品，尤其是在服装、鞋帽、手表、文具、烟酒、交通工具等可视性较强的消费品的购买上，表现出对名牌商品的一定偏爱。

（3）比较易于接受新产品。

中等收入消费者由于文化水平较高，商品知识比较丰富，对各种刚刚上市的新产品都较为敏感，对于科技含量高、具有时代特色、富有艺术情趣的新产品接受速度快、购买兴趣大。

任务 4　消费者群体与消费心理

（4）自主决策能力强。

中等收入消费者通常比较富于理智，消费计划性较强。在购买商品前注意对有关购买信息进行收集，经过自身分析和判断后才会做出购买决策，一般不会人云亦云，不轻信口头信息传播。因此，购买决策过程相对较慢。

（5）储蓄心理较重。

中等收入消费者在消费决策上比较谨慎、独立，有远虑，因此，围绕近、远期消费的资金准备一般比较充分。一部分人需要"本钱"投资于事业发展等，促使其相对看重储蓄而在消费上有所节制。

2. 市场营销的心理策略

针对这类消费者的特点，企业应采取的营销策略是：第一，注意商品内在价值与外在价值的统一，以完善的商品吸引这类消费者；第二，注意名牌策略的实施，争创名牌，巩固品牌地位；第三，注意信息传播的科学性与内容的完整性，尊重消费者的自我判断；第四，积极开发投资渠道，传播科学的理财知识。

4.4.3　高等收入群体的消费心理

高收入群体包括文娱、体育界明星、工商界高级管理人员、成功人士、文教卫生界知名人士，以及个别行业（如律师、翻译、会计等）的从业人员。这个群体虽然人数比例不大，但作为"市场领袖人群"，对消费时尚、消费潮流具有引导、号召作用，是各种新产品的首要消费者，因此而格外引人注目。

1. 消费心理特征

（1）消费需求突出追求享受。

高收入者普遍追求高档次的消费生活，并以此作为个人事业成功和社会地位的象征。其中一部分人极尽奢华，经常出入高级消费场所（如高级酒店、高尔夫俱乐部等），驾乘高级轿车，居住豪华别墅，享用高档家私，收藏名贵物品等。

（2）强烈的求名、求新动机。

高收入者一般非常注重自身的社会形象和个性表现，对社会舆论和来自群体内的行为规范比较敏感。衣着讲名牌，饮食要品位，休闲寻刺激；对各种新、奇、特商品具有强烈兴趣和购买欲望，是各种消费时尚与潮流的发起者或领导者，有时会为显示富有或者独享某种商品而一掷千金。

（3）关心健康，注重保健。

高收入者由于生活节奏快，压力大，生活规律性差，普遍对自身健康状况较为担忧。

消费心理应用

因此，特别关注保健消费，在休闲娱乐、健身强体、饮食品种等方面较一般人群反应更为强烈，对绿色食品以及各种保健商品或服务追逐有加。

2. 市场营销的心理策略

针对高收入群体的消费心理与行为特点，企业应采取的营销策略主要有：第一，不断开发新产品、高档产品，以满足高收入人群的心理需要，赚取丰厚利润；第二，大力塑造品牌形象，实施名牌战略。

任务4 小结

本任务主要介绍了消费者群体的消费心理。不同年龄、性别、收入的消费者群体有着各具特色的消费心理及购买行为，企业及营销人员应把握其消费群体的消费心理，以便有针对性地诱发购买行为。

心理测试 4-1 阿希实验

"阿希实验"是研究从众现象的经典心理学实验，它是由美国心理学家所罗门·阿希在40多年前设计实施的。所谓从众，是指个体受到群体的影响而怀疑、改变自己的观点、判断和行为等，以和他人保持一致。阿希实验就是研究人们会在多大程度上受到他人的影响，而违心地进行明显错误的判断。

阿希请大学生们自愿做他的被试，告诉他们这个实验的目的是研究人的视觉情况的。当某个来参加实验的大学生走进实验室的时候，他发现已经有5个人先坐在那里了，他只能坐在第6个位置上。事实上他不知道，其他5个人是跟阿希串通好了的假被试（即所谓的"托儿"）。阿希要大家做一个非常容易的判断——比较线段的长度。他拿出一张画有一条竖线的卡片，然后让大家比较这条线和另一张卡片上的3条线中的哪一条线等长。判断共进行了18次。事实上这些线条的长短差异很明显，正常人是很容易作出正确判断的。

然而，在两次正常判断之后，5个假被试故意异口同声地说出一个错误答案。于是许多真被试开始迷惑了，他是坚定地相信自己的眼力呢，还是说出一个和其他人一样、但自己心里认为不正确的答案呢？

结果当然是不同的人有不同程度的从众倾向，但从总体结果看，平均有33%的人判断是从众的,有 76%的人至少做了一次从众的判断,而在正常的情况下,人们判断错的可能性还不到 1%。当然,还有 24%的人一直没有从众,他们按照自己的正确判断来回答。一般认为,女性的从众倾向要高于男性,但从实验结果来看,并没有显著的区别。

设想一下,你在这个实验中会是什么样的表现呢?

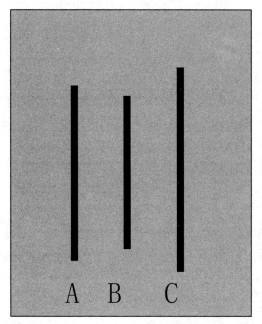
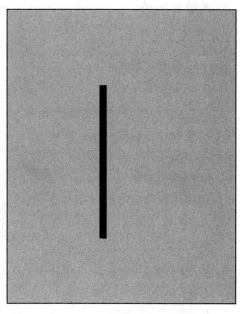

【实训操作四】

实训名称	以国产电视剧为素材,比较不同收入阶层的消费行为。
实训目的	1. 掌握社会群体类型及其消费行为特征。 2. 针对不同类型的消费群体采取相应的营销对策。
实训组织	1. 教师介绍本次实训目的及需要提交的成果。 2. 学生利用课余时间收看电视剧。 3. 以国产电视剧为素材,观看、比较几部电视剧后再分析。
实训环境	利用电脑观看电视剧
实训成果	1. 写出分析报告。 2. 课堂汇报。 3. 教师评比考核,计入平时成绩。

 消费心理应用

【本任务过程考核】

一、名词解释

1. 群体
2. 消费群体

二、不定项选择

1. 少年消费者群是指（　　）。
   A. 11~14 岁年龄阶段的消费者　　B. 8~11 岁年龄阶段的消费者
   C. 14~17 岁年龄阶段的消费者　　D. 10~17 岁年龄阶段的消费者
2. 同一群体中的消费者都有共同的（　　）。
   A. 消费特征　　B. 消费水平　　C. 消费行为
   D. 消费习惯　　E. 个性特征
3. 青年消费者群体的特点有（　　）。
   A. 人数众多　　　　　　　　　B. 有独立的购买能力和购买潜力
   C. 消费者分布广泛、均匀　　　D. 对整个市场的需求变化起着重要的影响
4. 消费习惯稳定，消费行为理智的消费者群体是（　　）。
   A. 儿童消费者群体　　　　　　B. 青年消费者群体
   C. 中年消费者群体　　　　　　D. 老年消费者群体
5. 在购买商品时喜欢挑来挑去的消费者群体是（　　）。
   A. 青年消费者群体　　　　　　B. 老年消费者群体
   C. 女性消费者群体　　　　　　D. 男性消费者群体

三、判断题

1. 由许多人集合到一起就形成一个社会群体。（　　）
2. 少年儿童的消费心理具有较大的自主性。（　　）
3. 不成文的消费者群体规范是约定俗成的产物，要求群体成员自觉遵守。（　　）
4. 同一群体的消费者都有共同的消费特征。（　　）

四、思考题

1. 简述消费群体的概念与特征。
2. 简述少年儿童群体的消费心理特征。

3. 简述青年群体的消费心理特征。
4. 调查都市女性白领群体的消费心理特征,并提出相应的营销策略。
5. 结合您所在的城市,描述中产阶层的消费心理特征,并提出相应的营销策略。
6. 当前在消费品的购买行为中,有一种淡化性别意识的"中性化"趋势,其表现之一是相当多的女性乐于购买带有"男子气"的商品,试设计一个调查方案,分析研究这种现象。

五、案例分析

谁在影响儿童的消费行为?

儿童虽没有收入,但他或她的"钱袋"却很大。据 2001 年我国一项最新调查表明,北京、上海、广州、成都、西安五城市,0～12 岁的儿童年消费总额为 50 亿元以上。可见,如何给今天儿童提供他们所喜爱的商品和服务,已成为商家最重要的营销任务之一。

从消费心理角度来说,儿童商品的特性、设计、包装以及促销策略关键是要适合儿童心理特点和购买行为,儿童商店如何在设计和经营方式上更加便利他们,这些是儿童商品营销的重要的方面。媒体特别是电视广告对儿童的消费心理和购买行为具有极大的作用。广告如何引导儿童消费已成为一个商业和社会问题。

有调查表明,75%以上的儿童是从电视中获得新玩具的信息的。其余大部分是从同伴中获得的。最新的调查还表明儿童获得关于圣诞礼物信息的四条渠道是电视、商店、同伴和网络。

然而更重要的是:儿童消费并不能完全自己做主,那么谁在影响今天儿童的消费行为?新近的研究认为:儿童消费主要受到父母、同伴同学、教师和广告、商家等影响。本文对此做点分析,可能会对从事儿童商品经营者们思考其营销对策有一定的启示。

一、父母:儿童消费最初和最重要的影响者

消费心理学认为,儿童在四五岁时,他们的消费行为开始了。父母在儿童生活里已具有最重要的影响力。父母教育儿童如何满足出自本能的和心理上的需要,成为儿童最初级需要的满足者。儿童还在襁褓里时,父母就抱着他们到商店里去购物。父母主动使儿童们学会用钱,让儿童自己把钱交给商店店员,把硬币投入自动售货机。父母们鼓励儿童去附近商店独自购物……

儿童有无数的观察机会。儿童随父母去超级市场购物,儿童坐在购物车上,看着他们的父母专心地挑选着生菜、面包和火腿之类的食品。儿童接受这种消费训练时,可能不知道父母为什么要这样,但是几年以后他们也会照着去做。

除了市场,家庭环境也是训练儿童消费行为的另一种场合。在家庭环境中儿童有机会

消费心理应用

通过观察父母的消费实践，学到有效的或无效的消费行为。在家里，父母会与孩子们谈论家用消费品，尤其是儿童消费品。这种讨论使孩子们逐渐懂得将来他们自己挑选商品的标准，例如怎样选玩具、点心和衣服。孩子们和父母谈论电视广告又能使孩子们了解广告的真实性和目的。孩子们也有机会看父母如何使用商品以及听他们对商品的评论。

父母并不根据儿童们买了多少廉价商品，或者因为他们在购物中节省了多少钱而给他们评分，而更关心的是孩子们成功的消费行为。这是他们长大后适应社会的重要方面。

二、同伴：对儿童消费行为的影响各不相同

每个抚养过孩子的父母都知道同伴对孩子的巨大影响，这种影响始于小学阶段并逐年增长，到了青年时期同伴的影响已超过父母。

消费心理研究表明：同伴的影响渗透到儿童消费行为的各个方面，如同伴的影响在5岁儿童挑选饮料和糖果的种类时是很明显的，对7岁儿童选择衣服和玩具也是显而易见的，甚至在9岁儿童对汽车的欲望中这种影响也是很强烈的。研究资料表明在三年级学生中同伴的影响强于广告和商品宣传目标，然而研究者也发现这种影响对年龄较大的儿童会逐渐减弱。

20世纪90年代后期，研究者认为人们的消费行为受到的影响是多方面的，但总体上可以归纳为两类，需求的一致和满足。需求的一致是指为了能被集体接受，儿童喜欢和集体的标准相一致，一般这种集体是指和自己年龄相仿的人。当你穿着与别人同样牌子的运动鞋，衬衫上有与别人同样的商品标记，与别人理同样的发型，你就容易加入到他们中间去。同时，儿童如果接受同伴的影响就会在以下几个方面得到满足，即在理解的需要、交往的需要和成功的需要方面得到满足。

三、教师：教给儿童怎样聪明消费

教师对儿童发展的影响虽不能过高估计。但每个成年人肯定会回忆起某个或更多的教师对他的童年的巨大影响，其中之一就是教他怎样聪明地花钱。

随着时代的发展如今理财与消费教育已成为中小学教育的目标之一。理财与消费教育是指教育儿童如何利用个人的经济来源满足自己的需求的教育与指导，它包括让学生了解市场，了解一个人的消费动机和了解如何购买商品。

经济学专家认为：理财与消费教育的教师应是儿童消费社会化过程的重要代理人，他们在儿童生活中起重要作用。发达国家如美国早就在中小学普遍设立了理财与消费教育的课程，讲授消费经济学，消费数学，消费问题，个人财产的管理，家庭开支和分配等方面的内容。理财与消费教育早在小学时期已经开始，而且要延续很长一段时间。

目前我们还不清楚其效果如何。虽然学校的理财与消费教育比父母的教导或同伴的影响更正规，但是我们还不清楚这种教育是否比社会其他方面如广告和商家的影响更为有效。

尽管如此，在中小学教育中，对儿童以各种方式进行理财与消费教育，在儿童消费社会化方面的很重要影响作用是不容忽视的，也是经济与社会发展对教育提出的新的要求。

四、广告与商店：影响儿童消费观念

如今家长虽害怕广告的作用，特别是电视广告，但它对儿童消费行为模式的潜在影响是由广告的性质所决定的。因为大多数广告对儿童来说有着无穷的乐趣，广告又千方百计使儿童能感受到这种乐趣和兴奋。一句话，广告能使儿童说服他们的父母为他们购买所需的东西。

商店在儿童购买活动中起着的中心作用，因为所有消费活动是在那里进行的。可能早在四五岁时，儿童就开始认识到商店而不是父母拥有他们所需要的商品，而且商店能给他们带来快乐和满足。

商店对儿童消费行为的影响有以下几个方面：

向儿童提供选择和购买商品的方便设施，如在便利店陈列儿童视线能及到的商品；

向小学生提供消费教育，如去酒楼观看如何准备菜肴，或提供如何能买到便宜鞋子的印刷品，或观看商店橱窗陈列儿童商品；

训练商店人员对儿童负责，如帮助儿童计算找零，检查餐厅供应的食物是否符合儿童的要求等。

正是在商店里，儿童和商店人员面对面地进行金钱和商品及服务的交换，所以商店对儿童消费行为的影响是巨大的。如今商家的这种作用对儿童购买力的影响显得更为重要。

【问题】1. 我国的少儿用品市场有哪些特点？

2. 企业或营销人员根据少儿的消费心理和购买行为应采取哪些营销措施？

任务 5　社会文化与消费心理

 **能力目标**

通过完成本任务的教学，使学生具备以下基本能力：
1. 能够阐述文化的内涵；
2. 分析不同社会阶层的消费行为；
3. 分析家庭因素对消费心理的影响；
4. 掌握消费习俗与消费流行对消费行为及心理的影响。

 知识目标

1. 了解文化的特点和亚文化的分类；
2. 掌握社会阶层的消费心理和行为特征；
3. 掌握家庭因素对消费心理的影响；
4. 掌握消费习俗与消费流行对消费行为及心理的影响。

 任务分解

子任务 5.1 社会文化
子任务 5.2 社会阶层与消费者行为差异
子任务 5.3 家庭因素对消费行为的影响
子任务 5.4 消费习俗与消费流行

任务5 社会文化与消费心理

手机短信:一种文化观

短信,并不仅仅是简单的信息媒介,它负载了太多的文化含义,具有相当多的文化功能。

首先,短信文化具有娱乐功能。娱乐精神是短信文化的本质,信息交流是一种表象,其实质是从短信的收发中获得快乐。闲得无聊的时候,便发发短信,娱乐一下,发一条幽默短信,捉弄一下别人,获得一些快乐。这是短信文化的最主要功能。

其次,短信文化具有情感功能。短信文化是维系友情,也是维系爱情的纽带之一。从文化意义上来说,短信沟通也是一种仪式,是增加人与人之间的情感,维系人际关系的仪式。从这层意义上说,短信交流已不是信息本身,而是人与人之间的一种联系的纽带。这种情感功能是声音所不可替代的,因为声音表达了某种情感,音调、语气都会影响沟通的双方,而短信则没有声音,呈现的是一种干净、清晰的文字语言,构成了想象的意境。

再次,短信文化具有交流功能。短信提供了一个良好的语言平台,改变了传统的交流方式。平时不好意思说出口的话都可以通过短信来实现。这也为那些生性木讷、不善言辞的人提供了一个情感出口,让他们可以清晰地表达自己的思想。

(资料来源:丁妍,沈汝发.手机短信,一种文化新主张[J].中国青年研究,2003,(3).有改动.)

【问题】手机"短信文化"在我国兴起的原因是什么?文化对消费者消费行为的影响?

子任务5.1 社会文化概述

5.1.1 文化的概念

在影响消费者心理的各种社会因素中,文化是对消费者影响最普遍、最深刻的因素。每个消费者都是在一定的文化环境中成长,并在一定的文化环境中生活的,其消费心理、购买行为必然受到文化的深刻影响。人们的物质生活方式和精神生活方式无不烙上社会文化的印迹。人们的饮食方式、穿戴式样、婚丧嫁娶的礼仪、待人接物的规范都要受到一定文化的制约,就是人们生活中的心理方式也受到文化的影响。因而,营销服务人员要善于洞察这些情况,十分重视文化因素的调查和分析,以便制定相应的营销策略。

101

消费心理应用

1. 文化的定义

文化是一个概念极为宽泛的社会现象，广义的文化是指人类社会在发展过程中所创造的物质财富和精神财富的总称；狭义的文化是指人类社会历史发展过程中逐渐形成、经过演变和丰富的风俗习惯、价值观念、行为准则、道德观念等非法律政治的社会共识，也即是一种观念形态的文化；中义的文化介于广义文化和狭义文化之间，是指社会意识形态同人们的衣食住行等物质生活、社会关系相结合的一种文化，如服饰文化、饮食文化、日用品文化和各种伦理关系、人际关系等。我们这里所使用的文化概念是中义的文化，它包括人们在社会发展过程中形成并经世代流传下来的风俗习惯、价值观念、行为规范、态度体系、生活方式、伦理道德观念、信仰等。

案例5—1

为什么"佳美"在日本不受欢迎？

宝洁公司为"佳美"牌香皂所做的广告中，男人在女人浴后当面赞赏女人的美貌，这一广告在很多国家获得成功。然而，在日本，该广告则不尽如人意，甚至受到日本消费者的抵制。

日本男女在交往中比较拘谨，所以男人在女人浴后当面赞赏女人的美貌就显得有失检点。可见，对于企业和营销人员来说，理解不同文化下人们不同的消费心理是非常重要的。当前，随着越来越多的企业扩展全球业务，就必须了解外国的文化。

【问题】试从文化的角度分析"佳美"牌香皂所做的广告不受日本消费欢迎的原因。

2. 文化的特点

每个消费者都生活在一定的社会文化模式之中，不可能脱离一定的文化模式而孤立地生活，否则他的行为不可能被他人所理解和接受，人类便不能互动，共同生活也就无法进行。

（1）文化是社会共有的。

文化是由社会成员在生产劳动和生活中共同创造并流传下来，为全体成员所共有，并对该社会的全体成员产生深刻的影响。出于社会的压力使社会成员的心理倾向和行为方式保持相对的一致性，表现出某些共同特征，如崇尚节俭、量入为出、坚持储蓄是大多数中国人信奉的消费观念。文化的社会共有性，为企业采取有针对性的营销策略奠定了基础。

(2) 文化是后天习得的。

文化是通过各种途径传递到下一代，为后代社会成员所继承和延续，它不包括遗传性或本能性的反应，而是一种习得行为。人类个体在很小的时候，就从自己周围的社会环境中学会了一整套的信念、价值观、习惯等。文化的习得一般通过三种方式：正式学习，在这种学习方式中，大人教孩子"如何去做"；非正式学习，在这种学习方式中，儿童主要是通过模仿别人的行为而获得经验；专门学习，在这种学习方式中，教师在专门的教学环境中告诉学生为什么要做以及怎样去做等。

(3) 文化的影响是无形的。

文化对人的影响是潜移默化的，是在无形中实现的，所以，在大多数情况下，我们根本意识不到文化对我们的影响。人们总是与同一文化下的其他人一样行动、思考、感受，这样一种状态似乎是天经地义的。只有当我们被暴露在另一个有不同文化价值观或者习惯的人的面前时（例如，当我们到另外一个不同于我们的地区或国家做客时），我们才会意识到自己所特有的这种文化已经塑造了我们自己的行为。

(4) 社会文化既有稳定性，又有可变性。

社会文化是在一定的社会环境中形成的，所以具有相对的稳定性，一种文化一旦形成，便会在一定时期内发挥作用，并通过各种形式传递下去。同时，社会文化又是动态的，它会随着时间的变化而缓慢地演变，特别是由于科技的进步和社会生产力的发展，会出现新的生活方式，同时价值观和习惯等也会发生变化。所以，对市场营销人员来说，不仅应该了解目标市场现在的文化，还要了解正在不断出现的新的文化。

5.1.2 文化对消费心理的影响

1. 文化对消费心理的影响

每个社会都有其特有的文化，各个国家由于历史、地理、民族以及物质生活方式等方面的差异，也有着各自独特的文化。特定的文化必然对本社会的每个成员产生直接或间接的影响，从而使社会成员在价值观念、生活方式、风俗习惯等方面带有该文化的深刻印迹。

(1) 文化对个人的影响。

这主要表现为文化给人们提供了看待事物、解决问题的基本观点、标准和方法。文化使人们建立起是非标准和行为习惯，诸如在不同的场合应该做什么、不应该做什么、怎样做等。通常，社会结构越单一，文化对个人思想与行为的制约作用就越直接。

(2) 文化规范群体成员的行为。

现代社会，由于社会结构的高度复杂化，文化对个人的约束趋于松散、间接，成为一种潜移默化的影响，文化对行为的这种约束就叫做规范。社会规范以成文或不成文的形式

消费心理应用

通过各种途径，如道德标准、制度规则、组织纪律、群体规范等作用于个人，规定和制约着人们的社会行为。一个人如果遵循了本文化的各种规范，就会受到社会的赞赏和鼓励；反之，就会受到否定或惩罚，包括温和的社会非难、歧视、谴责和极端的惩治手段等。

（3）文化对消费活动的影响。

这主要表现为在特定文化环境下，消费者之间通过相互认同、模仿、感染、追随、从众等方式，形成共有的生活方式、消费习俗、消费观念、态度倾向、偏好禁忌等。例如，使用筷子是中国人世代相袭的用餐方式；"春节"、"中秋节"等是中国家庭合家团聚、互赠礼品的传统节日；而红色用于庆典，黑色、白色用于丧葬之事，则是中国人特有的习俗。

 知识链接

当前，中国的消费理论概括起来，占我国主流的消费文化主要是两种：一种是中国传统的消费文化，一种是改革开放后在我国影响不断加大的西方消费文化。中国是一个具有几千年历史文化传统的文明古国，特殊的地理环境、文化环境和社会环境，孕育了中国人特有的消费文化。中国传统文化提倡"中庸之道"，生活讲求"哀而不伤，乐而不淫"，消费则强调"富不奢侈，穷不节俭"，重在"节俭"。

2. 中国传统文化与消费心理

中华民族经历五千多年的发展延续，逐渐形成了许多自己独有的文化传统和价值观念，具体包括以下几种。

（1）家庭伦理观念

儒家思想及伦理观念在中华民族的社会道德传统中有着根深蒂固的影响，而儒家的伦理观念是以基本的血缘关系为基础的。因此，中国消费者历来非常重视家庭成员之间以及家族之间的关系，以家庭为中心的中国消费者在重大消费活动中往往由家庭共同决策、共同购买和使用。此外，传统的中国家庭都非常重视子女，很多消费决策亦是围绕子女进行的，比如，大多数中国家庭非常重视子女教育，经济条件再困难也要省吃俭用供子女上学。

 知识链接

中国传统家庭伦理观念的十大变迁

新中国成立后60余年来，尤其是改革开放后的近三十余年来，随着人们的价值观念、生活方式、经济地位、社会利益等方面的变化，我国传统的家庭伦理观念发生了许多重大变迁。

1. 传统孝道日趋淡薄，父权夫权家庭逐渐让位于平权家庭，长辈权威降低，家庭由以父母为中心转向以子女为中心。
2. "多子多福"、"光宗耀祖"的传统大家庭观念开始淡化，核心家庭增多，家庭人口减少。
3. "不孝有三、无后为大"的传宗接代观念淡薄，"生男生女都一样"的观念已经被越来越多的家庭（尤其是城市家庭）所接受，不婚不嫁的独身者和婚后不愿生育的家庭增多。
4. 封建贞操观念趋淡，婚前性行为增加。
5. 夫妻关系由受传统伦理束缚转向以感情为基础，稳定性减少，家庭纠纷增多，离婚率升高。
6. 妇女的经济依附性减少，男女地位趋向平等，家计趋向共同负担，"男耕女织"、"男主外女主内"的传统家庭分工观念开始变化。
7. 年轻人的婚姻由父母之命、媒妁之言的包办婚姻转为以个人的感情和幸福为基础的自主婚姻。
8. 传统的"天伦之乐"观念淡化，空巢家庭增多，家人相聚时间减少，关系趋向疏离，冲突增多。
9. 代沟问题日渐突出，越来越多的子女不愿同父母共居，年老父母乏人奉养；婚后同岳父母共居之家庭增多。
10. 传统式的家庭教育变化，教育子女的方式由重惩罚到重奖励，由严格控制转向尊重子女独立人格发展，养儿不再全是为了防老。

（2）"面子"思想

中国社会几千年的文化积淀，形成了各式各样的行为规范和传统礼仪习惯，这些规范和习惯为社会大多数人所共同遵循和认同，谁违背了就会"有失面子"，而这是中国消费者最忌讳的。在很多人的心目中，"面子"重于一切，为了保住和增加"面子"可以不惜任何物质代价。在上述观念的支配下，中国消费者在凡是涉及"面子"的消费活动中都格外小心谨慎，注意遵从各种礼仪规范，尽量不失自己的面子或损伤别人的面子，甚至为"不失体面"而不顾自身的经济状况，进行超前超高消费、攀比消费、炫耀消费。例如，某些边远农村地区的贫困家庭在婚丧嫁娶时极尽铺张，大讲排场；有些低收入者节衣缩食购买一些名牌高档品来包装自己，以向他人炫耀。"宁可背后受罪，也要人前显贵"就是这种"面子"思想的典型反映。

（3）注重人情与关系

中国社会注重人与人之间的感情关系，包括亲情、友情、爱情、亲友关系、同学同乡

消费心理应用

关系、同事关系、上下级关系等；在人际交往中，往往把人情视为首要因素，以维系人情作为行为方式的最高原则。这一观念反映在消费活动中，表现为人情消费在消费支出中所占比重较大，且总额有逐年增长的趋势。

5.1.3 亚文化与消费者行为

1. 亚文化概述

亚文化是文化的细分和组成部分。其中若干个社会成员因民族、职业、地域等方面具有某些共同特性，而组成一定的社会群体或集团。同属一个群体或集团的社会成员往往具有共同的价值观念、生活习俗和态度倾向，从而构成该社会群体特有的亚文化。亚文化与文化既有一致或共同之处，又有自身的特殊性。就总体而言，亚文化在形成基础和历史积淀上与所属社会文化一脉相承，但在具体内容和表现形式上却因种种构成因素的差异而呈现出明显的独特性。

由于每个社会成员都生存和归属于不同的群体或集团中，因此，亚文化对人们的心理和行为的影响就更为具体和直接，这一影响在消费行为中体现得尤为明显。例如，中产阶级因收入水平、从事职业及受教育程度的相近，故在消费观念、消费倾向和消费方式上表现出较大的相似性和某些共有特征。受其影响，属于中产阶级的消费者在住房、生活社区、子女学校、汽车、购物场所、商品品牌等消费选择上往往或刻意与所属亚文化保持一致，或无意带有本亚文化群的鲜明色彩和印迹。

2. 亚文化消费者群的分类

通常可以按种族、民族、阶层、宗教信仰、地域、年龄、性别、职业、收入、受教育程度等因素将消费者划分为不同的亚文化群。其中主要有以下几种。

（1）民族亚文化消费者群。各个民族在长期生存和繁衍的过程中，都逐步形成了本民族独有的、稳定的亚文化，并在生活方式、消费习俗和崇尚禁忌中得到强烈体现，从而形成该民族特有的消费行为。

案例5—2

民族性格与行为

民族性格是指一个民族大多数成员共同具有的、反复出现的心理特征和性格特点的总和。每个民族都有自己的民族性格，如中国人典型的性格是含蓄、沉稳、谦让、克制等；

美国人典型的性格则是热情、冲动、活泼、比较外露。由于民族性格不同，因而反映在消费观念和消费行为上就有所差别。比如，对大多数中国人来说，勤劳、节俭是一种美德。这种民族传统反映在消费行为上就是重储蓄和计划性，因而在购买商品时追求商品的耐用性与实用性；而美国人比较追求物质丰盛，倡导自由与个人主义，因而他们希望生产更奢侈的、数量足够多的能够表现自我的产品。

曾有这样一个有趣的故事：一家旅馆着火了，里面住的美国人、英国人、中国人、日本人纷纷想法逃命。美国人立刻打开窗户往外跳，英国人则顺着楼梯往下跑，日本人忙着招呼同伴，而中国人则先去救他的父母。

【问题】民族亚文化的特征？

民族亚文化是人们在历史上经过长期发展而形成的，对消费行为有着广泛的影响。企业在营销过程中要注重民族亚文化与消费者行为之间的关系。

（2）宗教亚文化消费者群。宗教信仰是亚文化群形成的重要因素。目前世界上主要的宗教有基督教、天主教、伊斯兰教、佛教等。不同的宗教信仰会导致消费者在价值观念、生活方式和消费习惯上的差异，从而形成宗教亚文化消费者群。

知识链接

中国是个多宗教的国家。中国宗教徒信奉的主要有佛教、道教、伊斯兰教、天主教和基督教。中国公民可以自由地选择、表达自己的信仰和表明宗教身份。据不完全统计，中国现有各种宗教信徒一亿多人，宗教活动场所8.5万余处，宗教教职人员约30万人，宗教团体3000多个。宗教团体还办有培养宗教教职人员的宗教院校74所。

（3）性别亚文化消费者群。男女性别不同，也形成了相应的男性亚文化群和女性亚文化群。两大亚文化群的消费者在消费兴趣偏好、审美标准、购买方式、购买习惯等方面都有很大的不同。

（4）职业亚文化消费者群。不同职业的亚文化消费者群在生活方式以及消费习惯上有很大区别，而这种区别往往又以因职业不同而产生的收入差别为主要特征，这种以职业区别形成的亚文化又包含着较复杂的其他文化因素。

从以上分类可以看出，亚文化消费者群具有如下基本特点：①他们以一个社会子群体出现，每个子群体都有各自独特的文化准则和行为规范；②子群体与子群体之间在消费行为上有明显的差异；③每个亚文化群都会影响和制约本群体内各个消费者的个体消费行为；④每个亚文化群还可以细分为若干个子亚文化群。

消费心理应用

对企业而言，研究亚文化的意义在于，消费者行为不仅带有某一社会文化的基本特性，而且还具有所属亚文化的特有特征。与前者相比，亚文化往往更易于识别、界定和描述。因此，研究亚文化的差异可以为企业提供市场细分的有效依据。

中产阶层消费观念的变化

刚刚 30 岁的李某是中国新中产阶层中有代表性的一员他是一家旅游网站的副总经理，他与妻子的年收入可以轻松达到 30 万元，2003 年购买了一辆宝来轿车，2004 年又在北京三环边上购买了一套 120 ㎡ 的住房，生活无忧无虑。

李某在购物时基本上不考虑产品的性价比，更在意品牌所表现、传递的感觉是否与自己的身份对位。以往并不是很重视生活品质的李某，现在对生活中的很多细节都非常在意，家中的电器几乎都是最顶级的国际品牌，即使卫生间内的洁具也和五星级酒店没有区别，至于服装方面的消费，现在一般只去北京为数不多的几家高档商场购买。总结自己的消费观时，李某说："外在方面我注重品牌，内在方面我注重品质，即使一把牙刷，也看中品牌好品质，我最不能接受许多产品尤其服装的商标上出现中文。"李某的消费观念得到了相当多的中产阶层人员的共鸣。

这些刚刚富裕起来的中国中产阶层，由于没有长久的历史沉淀，还没有形成自己的中产文化，仅仅是财务上的中产，缺乏价值辅导，更多地体现出的是一个物质化的中产，而且在消费方面表现出消费模仿国际化、白领化和盲目化三种倾向。受白领文化的影响，比较追求外在和表面化的东西，他们的消费观念还不是很成熟，普遍拒绝带有中文标识的产品。《远东经济评论》的一项"中国精英调查"显示："所有年龄段的受访者都偏好具有国际形象的品牌，35 岁以下的受访者中 74% 的人认为'看上去是否国际化'是他们购物选择的重要因素。"

因此，产品营销与消费阶层对位是未来行销的一个重要做法。也就是说，企业针对目标市场的定位应该超越目前的一些物理性指标，例如年龄、性别、收入、教育程度、职业等，而是应该从社会阶层的层面更深入、更全面地进行。目前，国内的企业在这方面做得还很不够，不过可喜的是有一些企业已经在这方面进行了尝试。一些福建、浙江的服装企业为了迎合中产阶层，很多选择在国外注册商标，在高档消费场所销售，与各大国际品牌为邻，以一个完全国际化的品牌进入中国市场，令许多中产阶层不屑一顾的中国企业生产的"洋品牌"销量相当不错。上海通用汽车推出的赛欧、凯越和君威有着明确的阶层定位，赛欧定位于年轻的白领，凯越定位于正在成长中的年轻的中产阶层，君威定位于现代商务中坚。

（资料来源：陈峥嵘. 消费心理学[M]. 冶金工业出版社，2009.）

【问题】1. 社会阶层消费特点？
      2. 社会阶层对消费行为的影响？

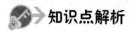

子任务 5.2　社会阶层与消费者行为差异

5.2.1　社会阶层的含义与特征

1. 社会阶层的含义

社会阶层是依据经济、政治、教育、文化等多种社会因素所划分的相对稳定的社会集团和同类人群。这里应当指出的是，社会阶层不同于社会阶级，其划分测量的标准不仅仅是经济因素，还有其他各种社会因素，如社会分工、知识水平、职务、权力、声望等。社会阶层有两种类型：一种类型是阶级内部的阶层。同一阶级的人在他们与特定生产资料的关系上是共同的，其根本利益和社会经济地位是一致的；另一种类型是阶级之外的阶层，它们与阶级形成交叉并列关系，划分这一类阶层的客观依据是阶级因素之外的知识水平、劳动方式等社会因素的差异。

2. 社会阶层的特征

（1）同一阶层的成员，其行为远较不同阶层的成员更为相似。无论何种类型的阶层，其内部成员都具有相近的经济利益、社会地位、价值观念、态度体系，从而有着相同或相近的消费需求和消费行为。

（2）人们根据他们所处的社会阶层而占有优劣不同的地位。

（3）人们归属于某一社会阶层不是由单一参数变量决定的，而是由职业、收入、财产、教育程度、价值观、生活方式等多种因素综合决定的。

（4）人们所处的社会阶层不是固定不变的。在其生命历程中，人们可以由较低阶层晋升到较高阶层，也可能由较高阶层降至较低阶层。在现实社会中，这种变动的范围随其社会分层限度的大小而定。

5.2.2 社会阶层的划分

社会阶层不受单一因素的影响,而是同时受职业、收入、教育、财产等多种因素的影响,它的划分一般要考虑以下几个方面的因素,这些是较常用的单一指标。

(1)收入。收入是划分社会阶层和地位最常用的传统指标。这是由于收入是维持一定生活方式的必要前提条件,收入的高低直接影响人们的消费态度、消费能力和消费水平,高阶层必然依附于高收入。但仅以收入作为衡量社会阶层的基本指标也有其局限性,即收入并不能完全解释人们的生活态度和消费方式。

(2)教育。教育作为单项指标,在划分社会阶层中有其特殊意义。一个人受教育的水平决定他的知识结构、文化层次、职业选择乃至收入水平。教育水平对消费者的影响在于,受教育程度不同的消费者会有不同的价值观念、审美标准、欣赏水平、兴趣爱好,从而在消费活动中表现出不同的品位和特点。一般来说,受教育程度高的消费者比较偏爱知识性较强的商品,且在选择商品的过程中喜欢并善于利用各种外界信息;而受教育程度较低的消费者则表现出相反的倾向。

(3)职业。职业也经常被用作划分社会阶层的重要指标。职业是研究一个人所属社会阶层的最基本、最重要的线索。由于职业在一定程度上反映出一个人的知识层次、专业特长、收入水平,因此,根据所从事职业可以大体确定人们的生活方式和消费倾向。

(4)财产。包括不动产和一些象征地位的物品(如汽车等)。在许多发达国家,住房及其居住地区是社会地位的一项重要指标。什么样的住房,坐落在城市中心还是郊区或是海滨,邻居由哪些人构成,这些都是必须考虑的因素。随着我国住房改革和房地产行业的发展,住房情况将成为社会阶层划分的重要因素。

5.2.3 社会阶层对消费者心理与行为的影响

1. 社会阶层方面的三种消费者心理

(1)基于希望被同一阶层成员接受的"认同心理",人们常会依循该阶层的消费行为模式行事。

(2)基于避免向下降的"自保心理",人们大多抗拒较低阶层的消费模式。

(3)基于向上攀升的"高攀心理",人们往往会喜欢采取一些超越层级的消费行为,以满足其虚荣心。

2. 不同社会阶层消费者的心理与行为差异

不同社会阶层的消费者则表现出明显差异,具体表现在以下几个方面。

(1)不同阶层的消费者对信息的利用和依赖程度存在差异。一般来说,高阶层的消费

任务5 社会文化与消费心理

者更善于比低阶层消费者利用多种渠道来获取商品信息。高阶层的消费者大都受过良好教育，他们读书、看报、翻阅杂志、上网的时间和机会较多，因而可以充分利用不同媒体获取有价值的商品信息；而低阶层的消费者受教育较少，平时较少读书看报，却比较喜欢看电视，因而电视广告往往成为他们获取信息的主要来源。

（2）不同阶层的消费者对购物场所的选择上存在差异。不同阶层的消费者喜欢光顾的商店类型明显不同。高阶层的消费者乐于到高档、豪华的商店去购物，因为在这种环境里购物会使他们产生优越感和自信，得到一种心理上的满足；而低阶层的消费者在高档购物场所则容易产生自卑、不自信和不自在的感觉，因而他们通常选择与自己地位相称的商店购物。

（3）不同社会阶层的消费者在购买指向上存在差异。美国商业心理学家和社会学家将美国社会划分为六个社会阶层，各阶层消费者的购买指向和消费内容特征如下。

上上层，由少数商界富豪或名流家族组成。他们是名贵珠宝、古董、著名艺术品的主要购买者，也是高档消遣、娱乐方式的主要顾客。

上下层，主要由工商界人士、政界显要人物或经营特殊行业而致富的人组成。他们大都经过艰苦奋斗而由中产阶级进入上流社会，因而有着强烈的显示自我的愿望，渴望在社会上显示其身份、地位。他们是私人别墅、游艇、游泳池及名牌商品的主要消费者。

中上层，由各类高级专业人员如律师、医生、大学教授、科学家等组成。他们偏爱高品质、高品位的商品，注重商品与自己的身份地位相匹配。他们大都拥有良好的住宅条件、高级时装、时尚家具等。

中下层，由一般技术人员、教师和小业主等组成。他们喜欢购买大众化、普及性的商品，对价格较为敏感，努力保持家庭的整洁和舒适。

下上层，由生产工人、技工、低级职员等组成。他们整日忙于工作和生活，很少有精力和兴趣去关心社会时尚的变化，喜欢购买实用价廉的商品。

下下层，他们属于贫困阶层，几乎没有受过教育，收入属于社会最低水平。他们通常没有固定的购买模式，是低档商品的主要消费者。

（4）不同阶层的消费者对消费创新的态度存在差异。不同社会阶层的消费者之间的差别还表现在对消费创新的态度上。

由上述分析可见，不同社会阶层的消费者无论在获取信息、购买方式、商品投向或消费态度上都有着明显差别。把握这些差异，有助于企业根据不同阶层消费者的需求偏好进行市场细分，以便更好地满足目标市场消费者的需求。

消费心理应用

知识链接

2001年12月,中国社科院《当代中国社会阶层研究报告》正式出版公布,从专家的角度,对当代中国社会阶层变化发展状况进行了分析。报告提出了新的社会阶层划分标准:依据各个阶层对组织资源(政治资源)、经济资源、文化资源的占有情况。

据研究显示,在据以划分阶层和排列位序的三种资源中,组织资源仍具有决定意义,而经济资源自20世纪80年代以来变得越来越重要,文化(技术)资源的重要性则在近十年上升得很快,它在决定人们的社会阶层位置时的重要性并不亚于经济资源。原来的流动机制是受国家控制的,而当今社会户籍身份、流动身份则比较公开地面向了所有人的流动。

在此状况下,当代中国"十大阶层"浮出水面:国家与社会管理者阶层、经理人员阶层、私营企业主阶层、专业技术人员阶层、办事人员阶层、个体工商户阶层、商业服务人员阶层、产业工人阶层、农业劳动者阶层和城乡无业失业半失业者阶层;它们分属五种社会地位等级,即上层、中上、中中、中下、底层等。

3. 同一社会阶层消费者行为的差异

如上所述,同属一个社会阶层的消费者,在价值观念、生活方式及消费习惯等方面,都表现出基本的相似性。但由于各个消费者在经济收入、兴趣偏好和文化水准上存在着具体差别,因而在消费活动中也会表现出不同程度的差异。

美国学者考尔曼通过对汽车与彩色电视机市场的分析,认为在同一阶层中,人们的收入水平存在三种情况:一种是"特权过剩"类,即他们的收入在达到本阶层特有的居住、食品、家具、服装等方面的消费水平之后,还有很多过剩部分;一种是"特权过少"类,即他们的收入很难维持本阶层在住房、食品、家具、服装等方面的消费水准,几乎没有剩余部分;还有一类,他们的收入仅能够达到本阶层平均消费水平。

考尔曼用"特权过剩"与"特权过少"的概念来解释某些消费现象。例如,在美国曾有一段时期,各阶层消费者都等量购买彩色电视机,从表面看对彩电的购买与社会阶层无关,但经认真分析后发现,购买彩电的消费者大都是各阶层的"特权"家庭;同样,购买小型汽车的人大都是各阶层的贫困族。由此可以看出,即使在同一阶层内,人们的消费行为也存在一定差异。

任务5 社会文化与消费心理

新婚一族:切忌懒人理财

汤颖是一家公司的文员,今年31岁,月平均收入4000元。老公于阳在某电脑公司做营销工作,月平均收入6000元。他们现有一套90平方米的产权住房,另外,有银行存款20万元,即将到期的国债10万元。

从家庭消费情况来看,两人能挣会花。不过,年收入12万元每年才攒18000元确有点太少了,如果继续这么"潇洒"下去,将来只能坐吃山空了。

对于理财,汤女士和先生均属于"懒人"型。这个家庭夫妇俩人发了工资一般不是存银行就是花掉,随机性较大,几乎没有任何家庭消费计划和理财规划。按说两人的收入不算低,但前几天两人静心回顾了一下从去年7月结婚以来家庭的大体收支以及理财收益情况,真是不算不知道,一算吓一跳,其结果让两人非常郁闷。张先生还编了句顺口溜对其结婚来的家庭消费理财自嘲:结余不足两万,收益更是可怜(详见下表)。

汤女士结婚一年来的家庭收支情况表 (单位:元)

收入项目	金额	支出项目	金额
汤女士工资收入	48000	生活费支出	29000
先生收入	72000	买衣服支出	29000
储蓄存款收益	3600	外出就餐、娱乐开支	23000
国债利息收益(到期后)	2300	旅游	9000
		日常交往及孝敬父母	12000
工资合计	120000	合计	102000
家庭年结余	18000		

汤女士家庭的收入应当算是中等水平,但其消费恐怕应该是"上等"了。

(资料来源:宗学哲. 钱经. 2006. 有删减.)

【问题】1. 家庭类型及家庭因素对消费行为的影响?
2. 家庭角色及决策方式?

消费心理应用

> 知识点解析

子任务 5.3　家庭因素对消费行为的影响

家庭作为社会结构的基本细胞单位,与消费活动有着极为密切的关系。据统计,大约80%的购买决策与购买行为是由家庭控制和实施的。家庭不仅对其成员的消费观念、生活方式、消费习惯有重要影响,而且直接制约着消费支出的投向、购买决策的制定与实施。为此,有必要深入研究家庭对消费者行为的影响。

5.3.1　家庭构成类型与家庭生命周期

1. 家庭构成类型

家庭是指建立在婚姻关系、血缘关系或继承、收养关系基础上,由夫妻和一定范围亲属结合组成的一种社会生活组织单位。家庭按其成员构成可分为以下几种类型。

(1) 核心家庭,即由夫妇或其中一方和未婚子女构成。

(2) 复合式家庭,也称扩大的家庭,由核心家庭和其他亲属如祖父母、叔伯姨舅、堂表兄妹等组成,即中国式的三代或四代同堂的大家庭。

(3) 本原家庭,即人们出生或被养育的家庭,也就是父母或养育者的家庭。

(4) 生育家庭,即一个人结婚、生育后组建的家庭,它标志着一个新的独立消费单位的出现。

(5) 联合家庭和不完全家庭。由两对或两对以上的夫妇以及未婚子女组成的家庭。它是核心家庭同代、横向扩大的结果。联合家庭一般是兄弟们结婚后不分家而形成的,兄弟们不分家大多是出于共同继承财产的需要。联合家庭与扩大家庭组成上有相同的地方也有区别,扩大家庭是血缘关系的纵向延伸,即数个不同代家庭在一起;联合家庭为血缘关系的横向联合,即同代家庭联系在一起。联合家庭的家庭成员同财共居,关系密切,服从相同的权威或接受一个家长的领导。在现代社会,它既不适应高度社会流动和变迁的需要,也不适应现代社会生活的需要。在现代社会中,联合家庭数量极少,已趋于消亡。"不完全家庭"是指由于天灾人祸或世故变迁所造成的不圆满家庭。

2. 家庭生命周期

家庭生命周期是指家庭随着其成员年龄逐步增长而经历的各个生活阶段。国外有研究人员将家庭生命周期描绘成八个阶段。

(1) 年轻单身汉,指年龄在35岁以下的单身汉,他们刚刚开始职业生涯,收入一般较低。但由于没有什么财务负担，因而可任意支配的收入较高。

（2）年轻夫妇，指结婚不久还没有小孩的年轻夫妇。通常夫妻双方都在工作，因此他们的可支配收入也较高。

（3）满巢第一阶段，由年幼（6岁以下小孩）小孩和年轻夫妇组成的家庭。由于照料小孩开销较大，他们的收入开支会比以前紧张。

（4）满巢第二阶段，此一阶段，最小的孩子已超过6岁，多在小学或中学读书。这一阶段夫妻双方的工资都有所增长，经济情况开始变好。

（5）满巢第三阶段，指孩子进入青少年时期的家庭。这一阶段家庭的经济条件在进一步改善，同时孩子的教育费用在上升。

（6）空巢第一阶段，指孩子已经开始独立生活，但夫妇仍在工作的家庭。由于开支缩减，家庭的可支配收入达到最高水平。

（7）空巢第二阶段，指子女独立生活，且夫妇已经退休的家庭。这时候夫妻双方凭借退休金维持生活，收人和社会地位都有所降低。

（8）老年独居者，指丧偶的老年单身家庭。这一阶段的收入水平最低，而且医疗开支增加，经济情况较差。

5.3.2 家庭购买的角色分工与决策方式

1. 角色分工

家庭成员的消费通常是以家庭为单位的，但在购买某些具体商品的决策方面，每个家庭成员所起的作用会有所不同。一般情况下，可将家庭成员在购买过程中扮演的角色概括为以下五种。

（1）提议者。首先想到或提议购买某一商品的人。

（2）影响者。直接或间接影响购买决定或挑选商品的人。

（3）决策者。有权单独或与其他家庭成员共同作出决策的人。

（4）购买者。亲自到商店从事购买活动的人。

（5）使用者。使用所购商品或服务的人。

2. 决策方式

（1）家庭的购买决策方式大致有以下几种：一是以家庭中某一成员为中心作出决策；二是家庭成员共同商定决策；三是家庭部分成员一起商定决策。

（2）影响决策方式的因素。家庭购买决策究竟采取哪一种方式，要受到以下多种因素的影响。

家庭购买力。一般来说，家庭购买力越强，共同决策的观念越淡漠，一个成员的决策更容易为家庭其他成员所接受；反之，购买力弱的家庭，其购买决策往往由家庭成员共同参与制定。

家庭的民主气氛和家庭分工。民主气氛浓厚的家庭，家庭成员经常共同参与决；相反，在专制的家庭中，通常是由父母或他们其中的一人做主。

所购商品的重要性。一般来说，价值较低的生活必需品在购买时，无须进行家庭决策；但购买高档耐用消费品及对全家具有重要意义的商品时，大多由家庭成员共同协商决策。

购买时间。购买时间越急促，越可能由一个人迅速作出决策；而全家共同商定决策通常要花费较长时间。

可觉察风险。通常，在购买那些家人比较陌生、缺乏足够市场信息、没有充分把握的商品时，由于所察觉到的购买风险较大，所以家庭成员共同决策的情况较多。

其他因素。文化知识水平、销售场所距离、家庭成员个性等也会对家庭决策有一定的影响。

5.3.3 夫妻角色与家庭购买决策

在一般的家庭中，丈夫、妻子是商品购买的主要决策者，不同的家庭中，夫妻各自在商品购买决策中的影响作用是有很大差别的。研究不同家庭夫妻在决策中的角色与地位，对企业制定相应的营销策略是非常有益的。戴维斯（H.Davis）等人在比利时作的一个研究识别了家庭购买决策的四种方式。

总体来讲，夫妻决策类型不外乎四种：

（1）丈夫决策型，一切由丈夫支配和决定；

（2）妻子决策型，一切由妻子决策；

（3）夫妻共同决策型，夫妻双方共同作出大部分的购买决定；

（4）夫妻自主决策型，即夫妻双方各自作出购买决定。

该研究发现，人寿保险的购买通常属丈夫主导型决策；度假、孩子上学、购买和装修住宅则多由夫妻共同作出决定；清洁用品、厨房用具和食品的购买基本上是妻子作主，而象饮料、花园用品等产品的购买一般是由夫妻各自自主作出决定。该研究还发现，越是进入购买决策的后期，家庭成员越倾向于联合作决定。换言之，家庭成员在具体产品购买上确有分工，某个家庭成员可能负责收集信息和进行评价、比较，而最终的选择则尽可能由大家一起作出。

戴维斯等人的研究是在20世纪70年代的欧洲作的，其结论不一定完全适合我国的情况，但它至少提示我们应当开展类似的研究。在从事这类研究时，所获信息的信度和效度是一个值得引起重视的问题。通常，丈夫有夸大其在家庭决策中的影响和参与作用的倾向，

任务5 社会文化与消费心理

而妻子则更可能低估其影响力。一项研究发现，10%～50%的夫妇对于各自在家庭决策中的相对影响存在重大的分歧。

5.3.4 子女对家庭购买决策的影响

子女在家庭购买中，也占有相当重要的地位。特别在我国的将来，子女在消费活动中居于重要地位，并对购买决策具有重大影响。子女的影响程度由下列因素决定。

1. 子女在家庭中的地位

许多研究表明，孩子说话的口气越是肯定，他们的父母就越是以孩子为中心。孩子在家庭中的地位越高，对家庭购买决策的影响也越大。

2. 子女所在家庭类型

一般来说，城市家庭中的父母比农村家庭中的父母更注意听取子女的意见；经济条件好的家庭比经济条件差的家庭更能满足子女的要求；民主气氛浓厚的家庭比专制的家庭在购买决策时受子女的影响更大。

3. 子女的年龄

年龄是影响子女参与消费决策的一个重要因素。

4. 所购买商品与子女的关系

一般来说，除不具备表达意见能力的婴幼儿以外，多数家庭在购买与子女有关的商品时会征求他们的意见。尤其是独生子女家庭，这一倾向更为明显。而随着商品知识和购买经验的积累，子女在选购一些他们熟悉的商品时，往往会取代父母而成为家庭购买的决策者。

任务导入 4

温州人过春节的习俗

过年是中国人一个非常重要的节日。各地过年习俗都有自己的特色，温州也有自己独特的过年文化。从冬至开始，温州人就纷纷筹备各种年货，像晒酱油鸡、酱油肉、炊松糕等。在这浓浓年味里，温州市民间文艺家协会常务副会长潘一钢跟记者聊起了温州一些过年习俗。这些习俗有的已经消失，有的发生了改变，还有一些至今在民间流传。

冬至吃汤圆：冬至称"至日"，俗称"冬节"。这天早晨，家家户户都要吃汤圆或麻糕。汤圆的馅为甜糖或芝麻，也有咸肉汤圆。而麻糍则要先把糯米炊熟，捣韧做成块形，然后放在加糖的豆粉中滚动使之粘满豆粉，即为麻糍，麻糍为冬至的点心，俗称"擂麻糍"。吃麻糍、汤圆，寓意着团圆和喜庆，民间有"吃了冬至丸，就算长一岁"的说法。

晒酱油肉和鳗鲞：温州人习惯大约在农历十一月份就开始晒酱油肉和鳗鱼鲞。用生瘦猪肉、生鸡鸭放在酱油中泡浸，然后晒干食用，别有风味。过去，在晒这些腊货的那个月份，每家屋檐椽上密密麻麻地扎满铁钉，上面挂着酱油肉、酱油鸭、酱油鸡。自做的酱油肉、酱油鸡味美质优，所以即使市场里有现成的卖，人们还是愿意自己动手晒。鳗鱼是温州的特产，温州人一般去菜场买些个头比较大的鳗鱼，剖开淡晒，就成了我们口中的"鳗鲞"，鳗鲞比鲜鳗还要好吃，是年夜饭中佐酒的佳品。

捣年糕：也叫"捣糖糕"。用糯米掺些籼米，加上红糖或白糖，蒸熟，放在石臼中捣韧，然后做成长方形，瑞安叫"慢食"。如放在不同花纹的印版里，可压成如牡丹、蟠桃、魁星、财神爷、状元，以及鲤鱼、麒麟等图样的甜糕，也有做成元宝状的，最大重约3公斤，插上银花可放在中堂长条桌上，每个房间也可摆上。这也叫"做年糕"，即年年高升的意思。

祭灶：农历十二月廿四，家家户户还要"拜镬灶佛"。据说这天是灶王爷上天向玉皇大帝汇报凡人功过的日子，据说灶神贪吃，只要有糖吃，他的嘴就会被封住，所以祭灶都少不了麦芽糖，为的是灶王爷在玉皇大帝面前不说坏话。

掸新：每年农历十二月廿四前后，沿袭腊月"掸新"习俗，温州全城家家户户扫尘驱垢，粉壁饰室，涤具晒物，每户人家趁此机会洗去家里一年堆积下来的污垢，准备干干净净迎春。

贴春联：过年的另一种普遍习俗是贴春联。早在宋朝，贴春联已成为流行的习俗，宋朝把春联称为桃符，古人相信桃能驱鬼辟邪，所以常在门前设置一些桃木制作的物品作为装饰，称桃饰，后来慢慢嬗变成桃符即春联。过去的春联都是用墨在红纸上写黑字，最近几年，市场上流行用金色印刷在大红纸上的春联，颇受人们青睐。除夕那天，各家大门、屋柱和房窗两边都用红纸贴上春联，俗叫"门对"。门楣上贴四个字，俗叫"横批"，单扇门贴"大吉"两字。正屋、厅堂、书斋以及猪、羊、牛栏，都贴上不同内容的春联，内容大多是祈求吉祥平安和各业丰收。

分岁酒：除夕夜合家同堂，摆酒聚餐，或邀请好友亲朋同食，开怀畅饮，称"分岁酒"。因为除夕是新旧年交替的分界线，吃分岁酒，意即新旧岁由此夜而分。因此，这餐饭不论贫富，都要尽量办得丰盛些。温州人很讲究吃"分岁酒"，又称"年夜饭"。吃分岁酒非常讲究吉祥。过去酒席上会用十只朱砂高脚红碗，盛着十样冷盘，叫"十全"。其中除鸡、肉外，要有花生（结子）、柑桔（大吉）、鲤鱼（跳龙门）、豆腐（家门清洁）等，而且每碗必须要有一块切成薄片的圆形红萝卜头盖在顶端，以示讨彩。吃过分岁酒，大家自寻

任务5　社会文化与消费心理

娱乐，往往彻夜不眠，俗叫"守岁"，也叫"望年夜"。

开门炮：正月初一凌晨，家家户户要做的第一件事是争先恐后打"开门炮"，全城一片爆竹声，象征送旧迎新和接富，俗谓"接年"。打"开门炮"也有惯例，一般是先放小鞭炮一串，称"百子炮"；再放双声大爆竹，大爆竹只放三发，意谓可解除一年的疫疠灾晦，并表示接新年。要求三发都响，声音宏亮清脆，最为吉祥。

拜年：正月初一早晨起来，先在自己家里，晚辈按顺序向长辈叩拜行礼，称"拜年"。从正月初二起，邻里和亲友之间，往来拜节。按旧习，温州人正月初一不走亲戚。拜年时间一般是初二到初十，有的还延至农历正月十五。20世纪50年代以前，拜年的礼品比较简单，大多是桂圆、荔枝、红枣、元枣、红糖、柿饼等，用特种草纸包上，上面封有红纸，故称"纸蓬包"。

穿新衣：正月初一，人们都要穿新衣，也含有送旧迎新的意思。因为民间以红色象征吉祥，儿童穿着大红色衣服，年轻妇女当然满身红艳，连老妇也系着大红裙。如今，人们在穿着上已起了很大变化，颜色已不局限于红色，变得更加丰富多彩，款式也变得多种多样。

过了农历正月十五即元宵节，年也算过完了。

近年来，市民的生活变得愈加丰富多彩，过年的方式也发生了改变，有的家庭正月选择外出旅游，部分年轻人对过年也越来越淡漠，他们对过年的热情还不及某些西方节日。对此，潘一钢仍旧认为："春节是任何节日都代表不了的，观念的改变只是证明文明程度的提高。"

（资料来源：http://wznews.66wz.com/system/2006/01/20/100058241.shtml）

【问题】1. 消费习俗的特点及对消费行为的影响？
2. 谈谈市民过年方式的改变对营销机会的影响。

子任务5.4　消费习俗与消费流行

5.4.1　消费习俗

1. 消费习俗的特点

消费习俗是指一个地区或一个民族的约定俗成的消费习惯。它是社会风俗的重要组成部分。它是指一个地区或民族的人们在长期的经济活动与社会活动中由于自然的、社会的原因所形成的独具特色的消费习惯，主要包括人们对信仰、饮食、婚丧、节日及服饰等物质与精神产品的消费习惯。消费习俗具有某些共同特征。

（1）长期性。消费习俗是人们在长期的社会生活实践中逐渐形成的，许多习俗甚至是经过世代相传而保留至今。一种习俗的产生和形成，要经过若干年乃至更长时间，而形成

消费心理应用

了的消费习俗又将在长时期内对人们的消费行为发生潜移默化的影响。

（2）社会性。某种消费活动在社会成员的共同参与下，才能发展成为消费习俗。消费习俗的形成离不开特定的社会环境，它是人们社会生活的组成部分，带有浓厚的社会色彩。消费习俗是众多的社会成员在共同的社会生活中共同参与而形成的，它的形成乃至发展变化都有着深刻的社会方面的原因，因而具有社会性特征。

（3）地域性。消费习俗通常带有浓厚的地域色彩，是特定地区的产物。例如，广州人有喝早茶的习惯，四川人有吃麻辣的嗜好，北方人喜爱喝花茶，南方人喜欢喝绿茶等，都反映了消费习俗的地区特征。随着经济的不断发展，科学技术的日益进步，信息沟通的手段、范围、速度和内容的变化，使人们的社会交往范围不断地扩大、频率不断地增加，因此，消费习俗的地区性有逐渐淡化的趋势。

（4）非强制性。消费习俗的形成和流行，不是强制发生的，而是通过无形的社会约束力量发生作用。约定俗成的消费习俗以潜移默化的方式发生影响，使生活在其中的消费者自觉或不自觉地遵守这些习俗，并以此规范自己的消费行为。

案例5—3

北京冻鸭出口科威特被拒

我国某出口公司在一次广交会上，与一家科威特公司成交了北京冻鸭700箱。科威特公司要求我方在屠宰这批鸭子时，要按照"伊斯兰教方法"屠宰，而且要由中国伊斯兰教协会出具证明。我方公司同意了科方公司的要求，并同意把这一要求写入合同。

我方出口公司在屠宰这批鸭子时，没有对"伊斯兰教方法"给予重视。因为我们已掌握了最先进的屠宰方法，即自鸭子的口中进刀，将血管割断放尽血后再速冻，从而保证鸭子的外表仍是一个完整的躯体。我方公司认为，这种最先进的屠宰方法一定会受到科方公司的欢迎。于是就采用这种最先进的屠宰方法进行屠宰，随后，未经中国伊斯兰教协会实际察看，就请该协会出具了"按伊斯兰教方法屠宰"的证明。货物到达目的地之后，由当地科威特市政厅卫生局食品部屠宰科检验。检验报告认为，该批鸭子不是按"伊斯兰教方法"屠宰的，中国伊斯兰教协会出具的是伪证。然后由买主将这批数量为700箱的北京冻鸭全部退回。这笔业务不仅造成了经济上的巨大损失，而且严重影响了中国伊斯兰教协会的信誉。

【问题】为什么中方公司采用的最先进的方法不能被科方公司接受，反而遭到科方公司退货呢？从该案例中可得到哪些启示？

2. 消费习俗对消费者心理与行为的影响

多种不同的消费习俗对消费者的心理与行为有着极大影响。

（1）消费习俗促成了消费者购买心理的稳定性和购买行为的习惯性。消费习俗是长期形成的，对社会生活的影响很大，据此而派生一些消费心理也具有某种稳定性。消费者在购买商品时往往会形成习惯性购买心理，例如，临近中秋节人们会购买月饼；临近端午节会购买粽子。

（2）消费习俗强化了消费者的消费偏好。在特定地域消费习俗的长期影响下，消费者形成了对地方风俗的特殊偏好。这种偏好会直接影响消费者对商品的选择，并不断强化已有的消费习惯。

（3）消费习俗使消费者心理与行为的变化趋缓。由于遵从消费习俗而导致的消费活动的习惯性和稳定性，将大大延缓消费者心理及行为的变化速度，并使之难以改变。这对于消费者适应新的消费环境和消费方式会起到阻碍作用。

5.4.2 消费流行

1. 消费流行的含义及特点

消费流行是在一定时期和范围内，大部分消费者呈现出相似或相同行为表现的一种消费现象。具体表现为多数消费者对某种商品或时尚同时产生兴趣，而使该商品或时尚在短时间内成为众多消费者狂热追求的对象。此时，这种商品即成为流行商品，这种消费趋势也就成为消费流行。

我国进入2000年以来，随着我国与国际市场的全面接轨以及外来文化的大量涌入，消费流行呈现出与国际潮流同步、流行模式多元化、个性化追求超越流行化、流行消费主体低龄化等新动向。

2. 消费流行的周期

消费流行的形成大都有一个完整的过程。这一过程通常呈周期性发展，其中包括酝酿期、发展期、流行高潮期、流行衰退期等四个阶段。

酝酿期的时间一般较长，要进行一系列的意识、观念以及舆论上的准备；发展期则消费者中的一些权威人物或创新者开始作出流行行为的示范；进入流行高潮期，大部分消费者在模仿、从众心理的作用下，自觉或不自觉地卷入到流行当中，把消费流行推向高潮；高潮期过去以后，人们的消费兴趣发生转移，流行进入衰退期。

消费流行的这一周期性现象，对企业具有重要意义。生产经营企业可以根据消费流行的不同阶段，采取相应的策略。酝酿期阶段，通过预测洞察消费者需求信息，做好宣传引

消费心理应用

导工作。发展期则大量提供与消费流行相符的上市商品。高潮期内，购买流行商品的消费者数量会大大增加，商品销售量急剧上升，此时企业应大力加强销售力量。进入衰退期则应迅速转移生产能力，抛售库存，以防遭受损失。

3. 消费流行的种类及方式

消费流行涉及的范围十分广泛。从性质上看，有吃、穿、用的商品的流行；从范围上看，有世界性、全国性、地区性和阶层性的消费流行；从速度上看，有一般流行、迅速流行和缓慢流行；从时间上看，有短期季节流行、中短期流行和长期流行等。

归纳起来，消费流行的方式一般有以下三种。

（1）滴流。即自上而下依次引发的流行方式。它通常以权威人物、名人明星的消费行为为先导，而后由上而下在社会上流行开来。如中山装、列宁装的流行等。

（2）横流。即社会各阶层之间相互诱发横向流行的方式。具体表现为，某种商品或消费时尚由社会的某一阶层率先使用、领导，而后向其他阶层蔓延、渗透，进而流行起来。如近年来，外资企业中白领阶层的消费行为经常向其他社会阶层扩散，从而引发流行。

（3）逆流。即自下而上的流行方式。它是从社会下层的消费行为开始，逐渐向社会上层推广，从而形成消费流行。如牛仔服原是美国西部牧牛人的工装，现在已成为下至平民百姓、上至美国总统的风行服装。领带源于北欧渔民系在脖子上的防寒布巾，现在则成为与西装配套的高雅服饰。

流行不管采取何种方式，其过程一般是由"消费领袖"带头，而后引发多数人的效仿，从而形成时尚潮流。引发流行除了上述榜样的作用外，还有商品的影响，宣传的影响，外来文化与生活方式的影响等。

4. 消费流行产生的原因分析

消费流行的出现，具有多方面的原因。

一方面，某些消费流行的发生是出于商品生产者和销售者的利益。他们为扩大商品销售，努力营造出某种消费气氛，引导消费者进入流行的潮流之中。

另一方面，有些流行现象是由于消费者的某种共同心理需求造成的。大部分消费者在这一共同心理的影响下，主动追求某种新款商品或新的消费风格，从而自发推动了流行的形成。

在解释消费流行的形成原因时，一些学者也引用了其他学科的理论和方法。例如，心理学家荣格认为群体的意识和行为可以通过"心理能"来解释。心理能量不会随发生作用而消耗或丧失，而是从一种作用形式转换为另一种作用形式，或从一个位置转移到另一个

任务5 社会文化与消费心理

位置。就消费者而言,当人们对一种商品的兴趣减少时,对另一种商品的兴趣便会等量地增加。消费流行也是如此,当一种消费流行衰落时,必然孕育着另一种消费流行的开始。

上述关于流行心理的分析表明,消费流行是有规律可循的,因而也是可以预测的。企业可以通过对流行趋势的准确预测,来制定相关营销策略,指导企业的生产经营活动。

任务5 小结

本任务着重讨论了影响消费者心理和行为的文化、社会阶层、家庭因素、消费习俗与消费流行等因素。

文化是人们在社会发展过程中形成并经世代流传下来的风俗习惯、价值观念、行为规范、态度体系、生活方式、伦理道德观念、信仰等。对于企业及营销人员来说,了解不同国家、民族的文化是重要的。文化对消费者行为及心理的影响主要表现在:文化对个人的影响、文化规范群体成员的行为、文化对消费活动的影响。中国传统文化的特点是:家庭伦理观念、"面子"思想、注重人情与关系。

社会阶层是依据经济、政治、教育、文化等多种社会因素所划分的相对稳定的社会集团和同类人群。它的划分标准受职业、收入、教育、财产等多种因素的影响。

家庭作为社会结构的基本细胞单位,与消费活动有着极为密切的关系。在营销活动中,要考虑构成类型与家庭生命周期、家庭购买的角色分工与决策方式、夫妻角色与家庭购买决策、子女对家庭购买决策的影响。

消费习俗是指一个地区或一个民族的约定俗成的消费习惯。消费流行是在一定时期和范围内,大部分消费者呈现出相似或相同行为表现的一种消费现象。在营销活动中,要注意对消费心理及行为的影响。

心理测试

心理测试5-1 餐桌效应

销售人员在与客户见面时适当提供食物和饮料,会明显地拉近你与客户的距离,有力地影响客户对你的发言所持的态度。与客户共同进餐能够有效地增加销售人员与客户交流的时间,使客户对销售人员及其所售产品的态度产生巨大改变。这一发现更说明了请客户吃饭能够有效地促进销售。人们曾进行多次研究,让参与者评价不同的人或营销口号。在测试组中,参与者边吃免费午餐边对相关对象进行评价。在对照组中,评估的进行不是在用餐时。记录的结果是,在边用餐边评估时,参与者所持的态度总是更加积极。日本很多能力超强的商人、销售人员都喜欢选择吃饭的时候和对方谈生意。这叫做"餐桌效应"。相同地,美国人也喜欢在餐厅一边吃饭一边谈生意。

当你与客户的交流正在进行中,时钟却指向了上午的 11:30 或下午的 5:30,这时你主动邀请客户吃饭,如果他们愿意的话,你的销售就成功了一多半。因为共同就餐能够使客户更加可能听取你的意见并礼貌地接受你推销的东西。共同进餐为参与者创造了一种家庭的感觉。它还能够清除买家与卖家在交流中常有的一种障碍,也就是对我们和他们做出区分。当我们共同进餐时,大家就必须放慢节奏,相互进行交流。共同就餐给人的感觉就是一家人。当然,请客户到咖啡厅或茶馆谈交易也属于这种情况。

请客户吃饭能够促成销售的另一心理原因,是人们有报答他人的需要。当别人向我们提供食物或饮料时,我们会感激对方,从而产生一种"亏欠"对方的感觉。这种"亏欠"会促使一种报答,报答的最简单的方式当然就是购买你的产品。

减少开发客户的开支和取得成效的最好方法是在工作时间招待一顿早餐或午餐。一次热闹的议程和一顿免费的午餐过后,你会惊奇地发现你的潜在客户很快会变成忠实的客户。

如果有一位你尚未赢得的潜在客户,那么可以考虑为他们提供一顿免费的美食,看看事情会发生什么样的变化。在你的邀请当中,有一些重要的话需要交流,利用免费的美食能够有力地帮助你赢得他们。需要注意的是:一定要事先检查你计划带领客户去就餐的地点,并安排好一个安静的角落或者一个不会受到过分干扰的餐桌。这件事情值得好好安排。

(资料来源:http://read.dangdang.com/content_743270)

【实训操作五】

实训名称	试调查当前的某种消费流行,分析其流行的原因。
实训目的	1. 掌握消费流行及其消费行为的影响。 2. 采取相应的营销对策。
实训组织	1. 教师介绍本次实训目的及需要提交的成果。 2. 可以以地区、全国、国际流行的某一种商品来进行调查。 3. 以小组为单位,学生利用课余时间。
实训环境	1. 上网查找资料。 2. 居民区调查。
实训成果	1. 写出分析报告。 2. 课堂汇报。 3. 教师评比考核,计入平时成绩。

任务5 社会文化与消费心理

【课后自测训练】

一、名词解释

1. 社会文化
2. 消费习俗
2. 消费流行

二、不定项选择

1. 某一文化群体所属次级群体的成员共同的价值观念、生活习俗和态度倾向（　　）。
    A．文化　　　　　B．亚文化　　　　C．区域文化　　　　D．民族文化
2. 家庭购物所做的决策中主要类型有（　　）。
    A．丈夫做主型　　B．妻子做主型　　C．共同做主型
    D．各自做主型　　E．协商型
3. 消费习俗的特征不包括（　　）。
    A．长期性　　　　B．地区性　　　　C．非强制性　　　　D．强制性
4. 具有较强的攀比炫耀消费特点的家庭是（　　）。
    A．新婚家庭　　　B．单身家庭　　　C．育幼家庭　　　　D．空巢家庭
5. 哪种人是流行的商品的主要购买者（　　）？
    A．农民　　　　　B．工人　　　　　C．知识分子　　　　D．学生
6. 就一般情况而言，消费流行具有（　　）。
    A．3个发展阶段　　　　　　　　　B．4个发展阶段
    C．5个发展阶段　　　　　　　　　D．6个发展阶段
7. 现代民族消费文化具有很强的（　　）。
    A．独特性　　　　B．包容性　　　　C．区域性　　　　　D．商品性

三、判断题

1. 社会文化和亚文化对消费心理和行为的影响是直接的。（　　）
2. 不同社会阶层的消费者在消费心理和行为上相互排斥。（　　）
3. 消费流行得以实现的前提条件是一定接受群体的存在。（　　）
4. 一个群体里影响人们行为的态度、信念、价值观、生活方式和行为规范是民族文化。（　　）
5. 雅、俗消费文化之分是基于消费者的社会等级差别造成的文化认同差异。（　　）

消费心理应用

四、思考题

1. 什么是文化和亚文化？其各自的特征有哪些？它们又是如何影响消费者的消费行为的？

2. 中国的传统文化与价值观有哪些？分析它在消费行为中的具体体现或影响。

3. 社会阶层的划分标准有哪些？

4. 在家庭购买中，购买角色的分工和决策方式各分为哪几种？结合实例，分析它们是如何发生作用的？

5. 试调查某种消费习俗，并提出利用该消费习俗的营销策略。

五、案例分析

在我国的啤酒消费中黑龙江省是首屈一指的。统计表明：黑龙江省啤酒消费量占全国总消费量的 15%，人均啤酒消费量比全国平均水平高出近 2 倍，在全国特大城市啤酒消费中排名第一，在世界大城市中排名第三，仅次于慕尼黑和巴黎。其中城市居民消费量高于县城居民消费量。

【问题】该消费习惯的主要成因是什么？对营销管理具有什么启示？

任务 6　商品品牌与消费心理

通过完成本项目，使学生具备以下基本能力：
1. 能掌握品牌的内涵与构成；
2. 能熟练分析消费者品牌心理层次；
3. 能熟练分析消费者的品牌心理与相应策略。

1. 了解品牌的起源、定义、构成及功能；
2. 掌握品牌的心理基础和消费者品牌心理层次；
3. 掌握商品品牌对消费者的作用。

子任务 6.1 品牌的内涵与构成
子任务 6.2 品牌的心理基础和消费者品牌心理层次
子任务 6.3 商品品牌与消费心理

消费心理应用

美的集团的新产品品牌策略

美的集团是广东美的集团有限公司的简称。1980年时，它还只是广东省顺德县一个小镇的小作坊。"美的"创业之初，其条件并不是很好。在全国几千家电风扇厂中，论设备和技术，美的是小弟弟；论生产风扇的历史，美的是较短的。但是，美的人并不因此而裹足不前，相反他们敢于开拓，敢为人先。该公司在全国电风扇大战中，率先采用塑料外壳代替金属外壳，大大降低成本，使其在激烈的竞争中杀出一条生路。此时，美的人在市场风浪的搏击中逐渐意识到市场需求不断发生变化，电扇产品不应是公司的唯一产品。随着人们生活水平的提高，空调必将是其替代品，应该及早开发和生产自己的空调产品。空调是高科技产品，是高层次享受的象征，自己原来的形象显然过于落后，应当树立一个全新的形象。于是，1984年公司开始全面实施它的品牌战略。首先从企业的名称"美的"入手。"美的"美在其真善美，美在巧妙。它作为企业、产品、商标"三位一体"的统一名称，用于表述产品质量优和企业形象美恰如其分，定能博得市场大众的认可。

美的决策人还充分考虑到这个名称足以涵盖各种产品、各行各业、国内国际市场。它是一种"美的事业"，它的形象给社会公众和消费者以亲切感、优美感、愉悦感，并使人产生无尽的联想。其次，美的集团在沟通策略上，提高了广告和促销活动的档次，突出品位高、质量高，目标是造就名牌和名流企业形象。它除了在全国主要报刊和中央电视台做广告外还推出巩俐电视广告片，其核心是突出美的是以"创造完美"作为企业精神，经营理念的。美的人把创造美渗透到每一空间，贯穿全员行动，见诸一切媒体，同其他企业文化水乳交融。该集团的建筑文化、广告文化、销售文化、车间班组文化均显其特色。美的CIS中的标准色为蓝、白二色，犹如蓝天白云。美的工业城的现代建筑群、写字间、标牌、名片、办公用具、事务用品、运输工具、包装设计、食堂餐具、洗手间等，皆是一体的蓝白相间的色调，同其生产的"美的风扇"、"美的空调"等产品色泽相谐，给人赏心悦目、清凉优雅的感觉。这样精心的设计对于消费者来说，不能不产生一种挡不住的诱惑，从而对该企业及其产品油然产生一种好感。

【问题】1. "美的"品牌名称有何特色？

2. 由"美的风扇"到"美的空调"，采用的是哪一种品牌决策？这种品牌决策有何优缺点？

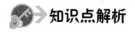

子任务 6.1 品牌的内涵与构成

6.1.1 品牌的起源

据资料记载,最早的品牌是我国北宋山东济南刘家针铺的"白兔"标记。生产手工针织用针的刘家针铺门前有一座石兔,为了避免购买者误入其他宅院,就在针的包装上印有兔的图形及"兔儿为记"的字样。而西方在19世纪初才有关于品牌的文字记载,比"白兔"牌针晚了800多年。因此,他也是历史上最早有文献记录的品牌。

6.1.2 品牌的定义

品牌的定义:"品牌"一词源于古挪威语的"brandr"意思是"打上烙印"。

国际现代营销品牌理论认为,"品牌已经不只是一个名称、一个标志或象征,而是消费者心目中的一组无形资产。品牌是一个以消费者为中心的概念。品牌不再存在于工厂或营销部门,而是存在于消费者心目中。但是品牌有一个建立过程,在品牌开发之初,它属于制造商或服务提供商。品牌建设的转折点是营销者把它'放进'消费者的心理空间。"所谓把品牌"放进"消费者心中,不是简单让消费者知晓品牌,而是让品牌牢牢占据消费者的心理空间,在消费者心目中树立牢固的地位。

6.1.3 品牌的构成

品牌的构成:成功品牌的一个重要特征就是始终如一地将品牌的功能与消费者的心理欲求连接起来,通过这种形式,将品牌信息传递给消费者,产生心理效应。品牌一般由以下三个要素组成。

1. 品牌的载体要素:品牌是附着在企业提供的产品及服务上,以产品和服务为载体的。每个品牌都对应着一定的产品和服务,如果脱离了产品和服务,品牌也就失去了意义。故产品和服务是品牌最基本的要素。其中,产品是使顾客产生信任和忠诚最直接的原因,企业只有通过好的产品满足顾客特定的利益或需求才能够使品牌具有生命力。服务是产品的延伸,是整体产品不可分割的一部分。对许多现代企业而言,服务是其竞争制胜的关键。在当今市场激烈的竞争中,服务领域的竞争最为激烈,成为构成品牌必不可少的基础要素之一。

2. 品牌的有形要素:品牌名称及标识物、标识语是品牌的有形要素,是某一品牌区别

消费心理应用

于其他品牌的重要标志。三者各具个性，统一互补，极易被消费者接受、认同和产生心理效应。

品牌名称体现了品牌的内容，通常是由文字、符号、图案或者三个因素组合而成。好的品牌名称不仅内涵深刻，而且通俗易懂，朗朗上口，具有良好的宣传、沟通、交流作用。

标识物本身能够帮助消费者对产品产生认识、联想，并使消费者产生积极的感受，喜爱和偏好。标识物直接反映品牌，同时把名称和产品类别以及服务联系在一起。如果标识物能够引起消费者的注意和兴趣，则品牌走向消费者的心中指日可待。

标识语的作用，一是给产品提供联想，如松下电器面向世界推出了"Panason-ic, ideas for life"的品牌标识语。"ideas for life"可以让人产生产品具有的巧妙的设计及独特的创意等联想。二是能强化名称和标识物，如夏普公司的"夏普的产品来自夏普的思想"，反复强调品牌名称。标识语特殊、幽默、极具个性，既可以吸引更多的消费者，又可以促进消费者理解和记忆，达到沟通、传播的最佳效果。品牌的有形要素在长时间内积累形成了一定的品牌视觉形象。品牌的视觉形象必须是统一的、稳定的，这是品牌吸引消费者的重要条件之一。美国斯坦福大学商学院1996年一份关于世界100家最知名品牌的研究报告显示，世界著名品牌中有一半历经百年，至今依然势头强劲，如宝洁（1837年）、强生（1886年）、佰米（1911年）等。

知识链接

奥迪汽车的商标的含义

奥迪汽车的商标由四个连环圆圈组成，其含义是：兄弟四人手挽手。德国大众汽车公司生产的奥迪（Audi）轿车标志是4个连环圆圈，这是其前身——汽车联盟股份公司于1932年成立时使用的统一车标。4个圆环表示汽车联盟股份公司当初是由霍希（Horch）、奥迪（Audi）、DKW和漫游者4家汽车公司合并而成的。半径相等的四个紧扣圆环，象征公司成员平等、互利、协作的亲密关系和奋发向上的敬业精神。

3. **品牌的无形要素**：品牌的无形要素是指品牌的文化和个性。一个品牌所体现的文化和个性特征实质上反映品牌的定位。凡成功品牌都有准确的定位。例如，世界级品牌"万宝路"就是在再定位后走向辉煌的。万宝路原来生产的香烟，烟味淡、香料少、没有滤嘴、白色包装、针对女性，广告诉求对象以女性为主，市场份额较低。1954年，万宝路重新界定市场，突出了产品个性。重新定位的万宝路香烟香料多、烟味重、有过滤嘴、红色包装、现代化形象、针对男性，广告诉求对象以男性为主。定位原则是强调万宝路的男性特征，代表人物以牛仔形象出现。由于牛仔象征着年轻、粗狂、独立、男性化，其内涵不受国度和文化限制，因此既受到男性认同，同时也受到女性青睐。重新定位准确独到，使万宝路一举成为世界香烟品牌领袖。

品牌这种无形的要素是消费者表达某种特定情感的载体。企业可以借助品牌附加很多文化内涵，塑造出明显的品牌个性，为顾客提供更多的情感性利益，并由此获取产品以外的品牌价值。

6.1.4 品牌的功能

1．识别：品牌自身含义清楚，目标明确，专指性强。只要提起某品牌，在消费者心目中就能唤起记忆和联想，引起相应的感觉和情绪，同时使其意识到品牌指的是什么。有些知名品牌的名称、标识物、标识语等，成为区别于其他品牌的重要特征，消费者早已铭记在心，如深蓝色的IBM标识，给人以博大精深和值得信任的联想，传遍全球。

2．信息浓缩：名品牌的名称、标识物、标识语含义丰富深刻、幽默具体，以消费者所掌握的关于品牌的整体信息的形式出现，可以使消费者在短时间内获得高度浓缩的信息。因为人的记忆力是以网络方式存储短小的块状信息，以触发、沟通和消费者的联系。

3．安全性：一个品牌，尤其是在长期市场竞争中享有崇高声誉的著名品牌，会给消费者带来信息和保证，能满足消费者所期待获得的物质功能和心理利益的满足。

4．附加价值：附加价值是指消费者所欣赏的产品基本功能之外的东西。优秀品牌一定要给客户提供比一般产品更多的价值和利益，使消费者得到超值享受。尽管不同的品牌提供的附加价值不同，消费者获得的利益享受不同，但是价值享受、功能享受、心理利益等关键利益上，起码有一种或几种利益优于其他产品。

6.1.5 品牌资产

1．品牌资产的含义："品牌资产"（Brand Equity）一词在20世纪80年代被广泛使用，品牌资产研究的著名学者凯勒（Keller，1993）提出了基于消费者的品牌资产概念（Customer-Based Brand Equity），他认为品牌之所以对企业和经销商等有价值，根本原因在于其对消费者有价值。基于消费者的品牌资产是指因消费者的品牌知识导致的品牌营销的差别化效应。

加州大学伯克利分校教授阿克（Aaker）认为，品牌资产是指"与品牌、品牌名称和品牌标识等相关的一系列资产或负债，它们可以增加或减少通过产品或服务给企业或消费者带来的价值。"其构成要素包括品牌忠诚、品牌认知、感知质量、品牌联想和其他专有资产等。

消费心理应用

2. 品牌资产的作用。(1) 提高购买品牌的兴趣和可能性。消费者的购买目的和偏好是不同的,只有当企业的品牌内涵与消费者的购买目的一致时才能引起消费者购买兴趣和欲望。因此,不同的品牌会有不同的目标消费群。(2) 保持和提高价格的能力。消费者在生活中感受最深的就是名牌的价格,在不考虑品牌效应的情况下,对于功能、质量完全相同或相近的产品,其有形价值是相近的,而一旦贴上品牌标签,则价格就完全不同了。这种差额收益就是品牌资产的附加值。(3) 提高品牌延伸的能力。品牌资产可以提高品牌延伸的能力,如海尔集团通过生产电冰箱成为著名品牌,此后海尔以品牌资产为依托向手机、电脑行业延伸,生产海尔手机、海尔电脑等。

3. 品牌资产与消费生产:品牌资产的价值就在于能够吸引消费者。我们在判断品牌资产价格时,主要看品牌的市场影响力。在市场竞争中,品牌资产越高,越有利于竞争。高资产品牌更能影响新消费者,留住老顾客。具有价值的品牌,不仅有助于消费者理解、处理和存储大量与该品牌产品有关的信息,而且会大大增强消费者购买和使用该品牌产品的信心。

 知识链接

2005中国最有价值品牌(单位:亿元人民币)

品牌	企业名称	品牌价值
海尔	海尔集团公司	702.00
联想	联想集团有限公司	470.00
红塔山	玉溪红塔烟草(集团)有限责任公司	469.00
五粮液	四川省宜宾五粮液集团有限公司	338.03
第一汽车	中国第一汽车团公司	337.10
TCL	TCL集团股份有限公司	336.66
美的	美的集团	272.15
长虹	四川长虹电子集团有限公司	271.66
KONKA	康佳集团股份有限公司	150.12
青岛	青岛啤酒股份有限公司	125.77
解放	中国第一汽车集团公司	113.67
燕京	北京燕京啤酒集团公司	11.72
长安	长安汽车股份(集团)有限责任公司	106.97
双汇	河南省漯河市双汇实业集团股份有限责任公司	106.36
哈药	哈药集团有限公司	106.35

任务 6　商品品牌与消费心理

 **任务导入 2**

鞋子惹的祸

小明考上市重点考中后，着实高兴了好一阵子，但是最近几天，他却为一件事苦恼不已！原来他被选拔进校篮球队，在球队第一次训练的时候，他发现其他队员都穿着耐克、阿迪达斯等名牌球鞋，并且相互比较着各自球鞋的优点。只有自己穿的是几十元一双的普通运动胶鞋。他突然感到有些不自在，而且在接下来的训练中总是走神，甚至上课时也难以集中注意力。

【问题】1. 品牌对消费者心理有哪些影响？
　　　　2. 品牌的心理作用有哪些？

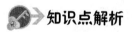 **知识点解析**

子任务 6.2　品牌的心理基础和消费者品牌心理层次

6.2.1　品牌的心理作用基础

当代社会，随着科技的进步和生活水平的提高，人们的消费需求已经上升到了尊重、自我实现等高层次的需要。消费者在购买商品时，更想获得心理和精神的满足，而这一需要是通过品牌消费来实现的。消费者对于品牌的精神诉求，可以分为以下两类。

1. 品牌的象征意义：这是人们一种认识自我、表达自我并期待得到他人或社会肯定的需要，根据表达对象的不同可分为两种。

（1）自我个性的表现。每个人内心深处都对自己有一个定位，即自我形象，它使得消费者在进行购买时总是寻求那些能表现自己个性和自我形象的商品，如 IBM 笔记本电脑可以表现主人商务精英的身份，而苹果电脑则能表现主人对潮流的敏感。

（2）自我价值的实现。是指消费者通过购买和使用商品，向外界表达自我、证明自我的价值，如使用香水的人相信能通过不同的香味和品牌来传达自己的某些想法和追求。

品牌的象征意义是这两种需要实现的基础，它是指在消费者心目中，品牌所代表的与特定身份、形象、品位相联系的意义和内涵，它能体现消费者的知识水平、生活方式、消费习惯、社会地位等。一定意义上，品牌象征是商品品牌赋予消费者表达自我的一种手段。

2. 品牌的情感意义：品牌的情感意义来源于消费者的情感需要。情感是与人的社会性需要和意识紧密联系的内心体验，具有较强的稳定性和深刻性，它对消费者的影响是长久和深远的。品牌的情感意义是指在消费者心目中与品牌相联系的审美性、情感性文化意蕴。它巧妙地构建了一种生活格调、文化氛围和精神世界，引导人们通过移情作用，在商品消费中找到自我，得到慰藉。

品牌文化是凝结在品牌中的经营观、价值观、审美观等审美形态及经营行为的总和。品牌的文化价值使其具有了人格化的魅力，从而使拥有者对其产生情感共鸣。

6.2.2 消费者品牌心理层次

我们把在消费者心目中留下的品牌印记深刻程度由浅至深依次分为：知名、认知、联想、美誉和忠诚五个层次。

1. 品牌的知名度

品牌的知名度即消费者的心灵占有率，指消费者提到某类产品时能够想到该品牌的程度。在这种情况下，消费者心目中留下有该品牌的印象，但是对品牌并没有更多的认识。例如，提到"白沙"、"大红鹰"，很多人都听说过，但却不知道它们的产品有何特色。

2. 品牌的认知度

品牌的认知度指消费者对某一品牌的整体印象，包括标识、广告、功能、特点、可信赖度、服务、品质、外观等诸多方面。此时消费者对该品牌有一定的认识，并形成对该品牌的认知。比如，"海尔"，大多数消费者知道它是国内知名的家电企业、可爱的海尔兄弟商标、海尔空调、海尔冰箱、海尔"真诚到永远"、海尔开拓国际市场等信息，这些都是消费者对海尔这个品牌的认知。对品牌知道得越多，品牌的认知度就越高。

3. 品牌的联想度

品牌的联想度指提到某一品牌时产生的许多与该品牌相关的想象和思考。对这些联想进行了有意义的组合之后，就构成品牌印象，而其中最主要的印象组成核心印象。正面的品牌联想使品牌易形成差异化，为消费者购买提供理由，并创造正面的态度及情感。而且，品牌的正向联想还可以为品牌的延伸提供重要依据。例如，"双星"鞋名扬天下，并为广大消费者所接受。提到"双星"，就想到"潇洒走世界"。双星集团巧妙地利用品牌的核心印象，把产品延伸到"双星轮胎"，使用双星轮胎，也同样可以潇洒走世界。再如，"农夫山泉"进行品牌延伸时，就考虑到品牌的核心印象，推出"农夫山泉"果汁。

4. 品牌的美誉度

品牌的美誉度指消费者心目中品牌美好形象的程度，主要源于消费者自身的感觉。消费者是评议品牌的最高权威。品牌的美誉度不是通过广告吹嘘所能建立的，也不是用大力度的广告说服所能得到的，它是经过从认知度、知名度这一层层阶梯逐步累积而成的。所以，当品牌拥有很高的美誉度时，可以说它在消费者心目中已经拥有较好的口碑。例如，提到"红旗"轿车，我们心中不由自主就会产生一种亲切感、自豪感和荣誉感。她的名贵、高档和公认的社会象征意义已经有口皆碑，加上普遍的民族意识和爱国情感，这些都会促使消费者对"红旗"轿车产生好感和喜欢，并责无旁贷地维护"红旗"轿车的声誉。因此，维护并提高品牌的美誉度，是提升品牌价值，赢得消费者忠诚的重要基础。

5. 品牌的忠诚度

品牌的忠诚度指消费者因对品牌的偏好而形成的重复购买倾向。它是品牌资产中的最重要部分，也是以上各层次的最终体现。消费者的品牌忠诚一旦形成，就很难受到其他竞争品牌产品的影响。因此，建立品牌忠诚是消费者品牌心理的最高境界，也是企业实施品牌营销的理想目标。为此，必须提高品牌在大众消费者心目中受欢迎的程度，积极建立符合消费者利益、欲望、情趣、爱好的品牌，牢牢抓住消费者的心，培养品牌的忠诚度。

课堂讨论

消费者在购买商品时，通过品牌消费能否获得心理和精神的满足？

领带"金利来"名字的由来

我国目前的著名商标中有些是从原来失败的商标修改后获得成功的。比如，领带产品的名牌"金利来"。"Goldlion"意译成中文是"金狮"，但容易让人产生"金失"、"今死"、"尽蚀"等令人忌讳的联想。经过反复考虑，在翻译成中文时，将"gold"一同保留意义，翻译成"金"，而"Goldlion"后半部分的"lion"读音很像粤语的"利来"两字，所以采取音译手法，译成"利来"。"Goldlion"就翻译成了"金利来"，具有"金来利也来"之意。这个商标不但符合人们的发财思想，而且上口好记，在市场中取得了不错的效果。

【问题】1. 商标命名的心理作用？

2. 商标命名的方法？

消费心理应用

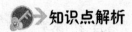

子任务 6.3　商品品牌与消费心理

6.3.1　品牌对消费者的作用

1. 识别不同产品

由于品牌与产品的一体化、品牌与品牌的差异化，使得品牌自然成为消费者识别某一产品、区别同类产品的最好线索。品牌的内涵集中了商品的属性、价值、个性、文化等内容，通过对品牌的认知，消费者可以建立品牌与产品的直接对应关系，快速、有效地识别不同企业的产品。

2. 简化购买决定

消费者在消费决策的过程中，面对数量众多的同类商品，往往要花费很多时间来搜集相关的产品信息，然后进行分析、比较、评价、选择，既费时，又费力。但依据品牌这条线索，消费者就可以直接由品牌提取大量有用的产品信息，而无需再通过其他渠道去搜集信息，这就会大大节省决策的时间，降低消费的成本。

3. 减少购物风险

一般来说，不管消费者愿意不愿意，购物风险总是存在的。因此，消费者在购物过程中，总是想方设法规避购物风险。为此就要学习鉴别商品质量、辨别商品真伪、识别商家骗局等方面的知识，但面对巨大的消费市场，消费者毕竟不能成为研究所有商品的行家。那么，选择信誉好的品牌产品进行消费，就可以帮助消费者最大限度地降低购物风险。

4. 满足社会心理需要

进行品牌消费，不仅可以满足消费者的物质需要，还可以极大地满足其社会心理需要。因为知名品牌具有极高的社会知名度，它可以体现消费者的经济实力和社会地位，可以展示消费者的生活品位和自我价值。随着生活水平的进一步提高，人们会越来越注重追求品牌消费所带来的全方位利益的满足。

6.3.2 消费者的品牌心理与相应策略

1. 品牌认知

（1）品牌认知的含义

品牌认知心理是指在消费者记忆系统中建立品牌名称与相应产品双向联系的心理活动。这种心理主要表现为消费者对某种品牌名称及其产品类别对应的再认或回忆。如提到"海尔"，消费者会想到冰箱、电视等家电产品；提到牛奶，消费者会想到"蒙牛"、"伊利"等品牌。

在品牌认知的过程中，消费者逐渐增加对品牌内涵信息的了解，使品牌成为选择商品的线索和依据，对于大多数消费者而言，品牌认知就是选择品牌产品进行消费的基础，提高品牌认知度，就会使消费者在购物时优先选择自己熟悉的品牌产品。

消费者对品牌认知的紧密程度、清晰程度和广泛程度，综合反映为品牌的知名度。品牌的知名度越高，越能强化消费者的购买行为。

（2）提高品牌认知的策略

① 品牌命名要有鲜明的个性。

品牌的名称相当于产品的身份证，消费者对产品的认知，首先来自于对品牌名称的了解和记忆。企业若希望消费者能够轻易将自己的产品与其他企业的产品区别开来，就必须避免品牌名称的雷同，以免混淆视听。因此使品牌具有鲜明的个性，体现与众不同的特点，有利于消费者建立清晰的品牌认知。如"森达"皮鞋、"美的"空调、"天堂"雨伞等。

为了更好地保护品牌的形象的差异性和独有性，企业应该及时对品牌进行商标注册。只有成为注册商标后，品牌才能受到法律的保护，从而享有对品牌的独占性。

② 品牌的表现形式要简单。

为了便于消费者识别和记忆，企业应该使自己的品牌以简明的形式呈现在消费者面前。主要包括品牌名称应该易识易记、商标图案应该简洁明了。

③ 品牌传播要广泛持久。

要想使自己的品牌从众多的产品品牌中脱颖而出，广为消费者所熟识，企业在经营品牌的过程中，必须要像"可口可乐"和"百事可乐"那样坚持长期通过多渠道的广告宣传广泛影响消费者市场，同时也要像"农夫山泉"和"鲁花"那样经常参与一些吸引公众视线的社会公益活动，这样既能够逐步树立品牌的商业化形象，也能够强化品牌良好的社会形象，使两种形象共同促进品牌知名度的提高。

④ 产品陈列要显著醒目。

产品陈列是另一种能够让人乐于接受的广告形式。这种形式的效果好坏取决于商品在

消费心理应用

商场中或货架上的位置是否醒目。研究表明,将商品摆在显眼的地方,让消费者在不经意间看到品牌,也是提高品牌知名度的有效手段。特别是针对那些喜欢逛商店的消费者来说,产品陈列对提高品牌认知的作用更大。

⑤ 增加消费者试用产品的机会。

对于某些刚刚推向市场的新品牌来说,例如化妆品、食品等,可以在卖场向消费者提供免费的试用品或试吃品,也可以主动登门向消费者提供小包装的赠品,同时征求消费者对产品的意见。这样不仅会给消费者留下品牌良好的第一印象,而且还可以节省大笔的广告支出。

2. 品牌联想

(1) 品牌联想的含义

品牌联想是指消费者在品牌认知的基础上,通过对与品牌相关内容的想象,在头脑中形成品牌综合印象的心理活动。如由"海尔"这个品牌名称,消费者会想到家用电器产品,想到良好的售后服务,还会想到举起铁锤砸冰箱的张瑞敏,想到高举"中国制造"大旗的企业文化,进而形成海尔是中国最好的家电企业的印象。

通过反复联想,消费者会不断加深其对品牌内涵的理解,逐步在头脑中树立对品牌的良好印象,这是企业赢得消费者信赖的前提。

(2) 加强品牌联想的策略

① 品牌命名要有相关暗示性。

如果品牌的名称能够暗示产品的某种或某些属性,那么当消费者听到品牌名称时,就会产生相应产品及其属性的联想,加强品牌与产品的联系,巩固品牌产品在头脑中的印象。如"蒙牛"——来自内蒙古大草原的鲜奶;"长虹"——色彩鲜艳逼真的电视画面;"黑人"——洁白的牙齿;"孔府家酒"——悠久的传统酿酒工艺等。

② 品牌命名要有美好的寓意。

如果品牌的名称能够包含美好的寓意,那么消费者就更容易对品牌及其产品产生好感,并会引发积极的想象,进而乐于消费这样的产品。如"哇哈哈"——能够让孩子快乐的食品;"舒肤佳"——令人清爽神怡的香皂;"康师傅"——手艺、口味地道的方便面等。

③ 品牌的广告语要有启发性。

通过广告语更容易直接、通俗地宣传品牌及其产品的特征,使消费者更容易联想到品牌所能给他们带来的利益和价值,准确把握品牌产品的市场定位。如"雀巢咖啡,味道好极了!"、"金利来,男人的世界!"、"海尔真诚到永远!"、"脑白金年轻态、健康品!"等。

④ 聘请名人做品牌的形象代言人。

聘请公众形象好的社会名人来宣传品牌,能够使品牌在提高知名度的同时,快速增加美誉度。消费者会通过代言人的良好形象而联想品牌产品的优良品质以及使用产品可能带来的心理满足。

3. 品牌忠诚

（1）品牌忠诚的含义

品牌忠诚是指消费者对品牌产生信任、偏爱以及重复性消费意向的心理活动。品牌忠诚是消费者对品牌的感情度量，能反映顾客从一个品牌转向另一个品牌的可能程度。

培养消费者的品牌忠诚，可以巩固品牌的市场地位，可以凝聚和提升品牌的价值。但是，顾客在某一时期忠诚于一个品牌，并不意味着其会永远对这个品牌忠诚，而不转向其他品牌。因此，企业必须采取一切可能的做法来培养、维持和加强消费者对品牌的忠诚。

（2）培养品牌忠诚和策略

① 明确品牌的市场定位。

社会大众的消费需求具有个性化的差异，不同的人群，往往只对某一特定定位的商品感兴趣。尤其在与时尚、身份、地位相关的商品领域，明确而稳定的品牌定位对培养消费者的品牌忠诚心理和行为有着巨大的影响。如"范思哲"定位于城市中追求时尚的白领女性；"劳斯莱斯"定位于男富豪；"王老吉"定位于中国大众化的保健型茶饮料等。

② 强化广告的情感诉求。

如果广告能够传达品牌所蕴涵的社会责任感、亲情、爱情、友情等情感元素，就很容易唤起消费者的情感共鸣，赢得消费者的喜爱。如"联想"在品牌广告中通过"只要你想，一切都有可能"的诉求，表达了"神舟五号"上天让中国人倍感自豪的民族情感，就获得了公众的广泛认同。

③ 提供额外的赠品或服务。

在消费者支付费用购买一定品牌产品时，如果企业向消费者提供额外的赠品或服务，就会增大顾客让渡价值，提高其消费的满意度，强化其重复消费的动机。如顾客买一瓶 BOSS 香水，能够获赠一盒巧克力。

④ 妥善解决品牌危机。

在世界经济全球化的今天，由于各种不确定性因素比较多，市场竞争日益激烈，各种监管措施不尽完善，企业经营管理不当等，很容易出现企业危机。品牌是企业最重要的无形资产，一旦企业出现经营危机，往往首先表现为品牌危机。可以说，品牌危机也是企业最严重的危机。

如果企业不能妥善处理好品牌危机，将会从根本上动摇消费者对品牌的信任，从而抵制对危机产品的购买。那么，公司应如何应对品牌危机呢？一般来说，处理品牌危机事件应遵循以下原则。

消费心理应用

承担责任原则。无论谁是谁非,企业都不要企图推卸责任。

真诚沟通原则。企业应把所做所想的,积极坦诚地与公众沟通。

速度第一原则。危机发生后,企业能否首先控制住事态,使其不扩大、不升级、不蔓延,是处理危机的关键。

系统运行原则。在逃避一种危险时,不要忽视另一种危险。企业在进行危机管理时必须系统运转,绝不可顾此失彼。

权威证实原则。企业应尽力争取政府主管部门、独立的专家或机构、权威的媒体及消费者代表的支持,而不是自己去解释或自吹自擂。

 知识链接

2005年中国市场的主要国际品牌危机事件

1. 惠普恶意攻击竞争对手事件。
2. 西门子涉嫌抢注海信商标事件。
3. 肯德基食品中含苏丹红事件。
4. 宝洁SK-II含"烧碱"风波。
5. 强生婴儿油涉嫌含石蜡油事件。
6. 高露洁牙膏被疑含致癌物事件。
7. 肯德基、麦当劳炸薯条含致癌物事件。
8. NEC涉嫌广告误导事件。
9. 戴尔"邮件门"事件。
10. 雀巢儿童奶粉含碘超标事件。

任务6 小结

该项目介绍了商品品牌与消费者的心理关系。品牌是一个复杂的集合概念,是企业最重要的无形资产。品牌对企业来说是区分竞争对手、促进产品销售、凝聚无形资产和便于宣传形象的作用。针对消费者的品牌消费心理介绍了提高消费者品牌认知、加强消费者品牌联想和培养消费者品牌忠诚的心理策略。

任务6 商品品牌与消费心理

心理测试6—1 不同类型品牌心理效果的测试

大学生,作为青年消费群体中的一支重要力量,是各类商品销售争相竞逐的对象。本调查研究试图通过相关问卷调查与个案访谈,了解并分析当代大学生这一消费群体的消费心理以及不同商品品牌对其造成的心理效果。

本调查通过问卷,了解三类不同产品的品牌针对大学生这一消费群体产生的心理效果。制订的问卷主要从以下几个方面进行了解:(1)品牌标志的设定;(2)各类商品中受欢迎的品牌及其在大学生消费者心中的品牌形象;(3)大学生期望的理想品牌形象;(4)大学生在消费中考虑的因素;(5)名人代言对构建品牌形象的作用;(6)大学生主要接收广告的途径。

本调查挑选了三类最能反映大学生消费心理状态的商品:手机、笔记本电脑和洗发露。对263名年龄在20~22岁之间的大学生进行了问卷调查。问卷填写者男生117人,女生146人。

本问卷的调查结果如下。

(1)在手机产品中,最受欢迎的品牌依次是诺基亚(45.3%)、摩托罗拉(24.1%)、三星(17.3%)、索爱(9.7%),其余品牌占3.6%。大学生最青睐的品牌形象特点主要是:诚信质量有保证、技术含量高、时尚。而他们最不满意的品牌形象特点主要是:没有独特风格、不够人性化、不够时尚和缺乏男/女性气质。而在大学生眼中,最完美的手机品牌形象是诚信、技术含量高、人性化。

大学生最认可的手机代言人是娱乐明星和成功人士。

大学生获知手机品牌的最主要途径是电视广告(45.6%)、从朋友或同学处得知(34.2%)、和网络广告(13.4%)。

在购买手机时,大学生消费者考虑的首要因素是性能(35.3%),其他依次为:潮流时尚(26.7%)、产品知名度(21.3%)、价格(14.1%)。产品是否国产这一因素几乎不被考虑到(1.3%)。

(2)在笔记本电脑当中,最受青睐的品牌依次是IBM(36.8%)、索尼(21.1%)、联想(19.3%)、惠普(14.7%),其余品牌占8.1%。大学生最青睐的笔记本电脑品牌形象特点主要是:技术含量高、诚信质量有保证、人性化。而他们最不满意的品牌形象特点主要

消费心理应用

是：生硬不够可爱、不能彰显身份和不够时尚。而在大学生眼中，最完美的笔记本电脑品牌形象是蕴涵尖端科技、有良好信誉。

大学生最认可的笔记本电脑代言人是娱乐明星、成功人士和学者专家。

大学生获知笔记本电脑品牌的最主要途径是电视广告（45.6%）、从朋友或同学处得知（34.2%）和网络广告（13.4%）。

在购买笔记本电脑时，大学生消费者考虑的首要因素是性能（52.6%），其它依次为：信誉（28.9%）和价格（15.7%）。产品是否国产这一因素亦几乎不在考虑范围之内（2.3%）。

（3）在洗发露产品中，最受青睐的品牌依次是海飞丝（31.2%）、飘柔（23.7%）、潘婷（19.3%）、伊卡璐（17.9%），其余品牌占7.9%。大学生最青睐的洗发露品牌形象特点主要是：有独特风格、体现男/女性气质和时尚。而他们最不满意的洗发露品牌形象特点主要是：不够可爱、过于大众化和缺乏男/女性气质。而在大学生眼中，最完美的洗发用品品牌形象是体现男/女性气质和时尚。

大学生最认可的洗发用品代言人是娱乐明星。

大学生获知洗发露品牌的最主要途径是电视广告（69.2%）、从朋友或同学处得知（16.1%）、时尚杂志（13.7%）。

在购买洗发露时，大学生消费者考虑的首要因素是产品知名度（47.3%），其次为潮流时尚（43.9%）。产品是否国产这一因素同样几乎不在考虑范围之内（1.1%）。

作为量化的调查问卷的补充，对一些大学生又进行了个案访谈，力图以质化的方式，更为全面、更为详尽地了解当代大学生心中完整的和所欣赏或期待的品牌形象，以及品牌形象的设计宣传给他们造成的心理效果。共采访了35位大学生，其中男生14位，女生21位。

通过这些个案访谈，我们总结了当代大学生品牌消费心理的几种具有代表性的特点及趋势。

（1）品牌对大学生的消费行为具有重要影响，对不同类型，尤其是不同档次商品的消费需求不同，因而所期望的品牌形象、购买时品牌形象对其影响程度也不同。

（2）能够吸引大学生的品牌首先并不是单纯造成视听美感的形象，而是与其内心情感与理性需求相符的形象。

（3）一味表面美化的品牌形象至多吸引消费者的注意，不能使其信服，继而影响其消费行为。

（4）在品牌形象构建过程中，明星代言具有一定作用，但不具决定性的影响力，企业自身的经营能力也是重要方面。

（5）大学生因为自身是消费群体而非收入群体，对价格，或者性价比的考虑比较多。

这些结果与前面的问卷调查分析基本是一致的。

任务6 商品品牌与消费心理

【实训操作六】

实训名称	大学生品牌消费问卷调查
实训目的	1. 了解当代大学生品牌消费需求情况。 2. 培养学生市场分析能力。 3. 培养学生团队合作能力。
实训组织	1. 教师介绍本次实训目的及需要提交的成果。 2. 学生分为5人一组,选出组长。 3. 设计调查问卷。 4. 调查100位同学。不同院校、不同年级、男女各占一定比例。 5. 利用业余时间或周末进行,两周内完成。
实训环境	大学城各院校
实训成果	1. 写出调查分析报告。 2. 课堂汇报。 3. 教师评比考核。(1)能够按时完成;(2)资料来源真实;(3)发挥团队作用。

【本任务过程考核】

一、名词解释

1. 品牌的知名度
2. 品牌联想
3. 品牌忠诚

二、不定项选择

1. 品牌一般由哪三个要素组成(　　　)。
    A. 品牌的载体要素　　　　B. 品牌的有形要素
    C. 品牌的无形要素　　　　D. 品牌名称
2. 一般来说处理品牌危机事件应遵循的原则是(　　　)。
    A. 承担责任原则　　B. 真诚沟通原则　　C. 速度第一原则
    D. 系统运行原则　　E. 权威证实原则
3. 以下属于品牌有形要素的是(　　　)。
    A. 品牌名称　　B. 标识物　　C. 标识语　　D. 品牌文化
4. 品牌的功能包括(　　　)。
    A. 识别　　B. 信息浓缩　　C. 安全性　　D. 附加价值

消费心理应用

三、判断题

1. 一般来说，只要消费者自己不愿意，购买风险就不存在了。（　）
2. 进行品牌消费，可以满足消费者的物质需求，但不可能满足社会心理需要。（　）
3. 研究表明，将商品摆在显眼的地方，让消费者在不经意间看到品牌，也是提高品牌知名度的有效手段。（　）
4. 培养消费者的品牌忠诚，可以巩固品牌的市场地位，可以凝聚和提升品牌的价值。（　）

四、思考题

1. 培养消费者的品牌忠诚有哪些策略？
2. 品牌对消费者有何作用？
3. 试述品牌的内涵，以及消费者品牌心理层次。
4. 除了本章介绍的途径外，你认为还可以从哪些途径来提高消费者品牌忠诚度？

五、案例分析

SK-II品牌危机

2006年9月14日，中国国家质量监督检验检疫总局向社会通报SK-II品牌的3种化妆品含有禁用物质铬和钕，要求厂家停止销售这些商品。SK-II的母公司——宝洁公司却不认可质量总局的检查结论，并公开声明"SK-II产品在生产过程中并未添加所涉及的两种成分。"

面对消费者退货和商家要求撤柜的双重压力，SK-II才开始同意接受退货。但SK-II不仅列出必须同时具备四大退货条件，还公然要求与消费者签订"霸王条款"，约定"尽管产品本身为合格产品，不存在质量问题，但本着对消费者负责的态度，我们决定为您做退货处理……此处理方案为本案例一次性终结处理。"此举引起消费者的质疑和不满。9月18日，宝洁公司主动与中国卫生主管部门及检验检疫机构进行了正面接触，但未"求"到希望得到的答复。9月19日中国国家质量监督检验检疫总局再次向社会通报SK-II品牌又有9种化妆品含有禁用物质铬和钕，要求全面暂停从日本进口化妆品。此时，SK-II在国内各大商场突然撤柜，消费者退货无门。9月22日，宝洁公司的网站遭到黑客袭击，全面瘫痪。当天，SK-II品牌发表声明，决定暂停其在中国的产品销售，并暂时停止SK-II专柜的运作，直至确认符合中国有关在售化妆品所含微量铬和钕的规定。至此，SK-II品牌危机算是告一段落。但消费者还在继续向SK-II索赔。

【问题】1. 请分析宝洁公司在处理SK-II品牌危机的过程中有哪些失误？
　　　　2. 分小组讨论国际品牌危机事件在中国市场频繁发生的原因是什么？

任务 7　商品价格与消费心理

通过完成本任务的教学,使学生具备以下基本能力:
1. 能熟练分析消费者价格心理功能;
2. 掌握价格变动对消费者心理和行为的影响;
3. 能运用价格心理策略进行定价和价格调整。

1. 了解消费者的商品价格心理功能;
2. 掌握消费者购买的价格心理;
3. 掌握商品定价的心理策略。

子任务 7.1 商品价格的心理功能
子任务 7.2 消费者的价格心理
子任务 7.3 商品定价的心理策略

消费心理应用

丹尼斯——营销的感觉是温馨

2008年5月1日—14日，某百货公司为庆祝"母亲节"，开展了一次公关促销活动，活动的全名是"温馨五月天·康乃馨·温暖妈妈的心"。

此次系列酬宾活动的主要内容包括：

1. 全馆流行服饰惊喜8折起，超市除生鲜外，全面9折；

2. 凡当天累计购物满200元，凭购物发票送精美礼品，赠品多多，买多送多，任您挑选，机会难得，敬请把握；活动期间累计购买超过2000元还可参加抽奖，去"母亲河"——黄河游览。

【问题】1. 分析丹尼斯百货公司的价格策略是什么？

2. 商品价格的心理功能有哪些？

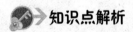

子任务7.1 商品价格的心理功能

价格是营销组合的重要因素，是影响消费者购买行为最灵活，也是最具刺激性的因素之一，许多消费者对价格较为敏感。因此，深入研究价格对消费者心理的影响，把握消费者的心理特征，抓住消费者的价格心理制定价格策略，是商家制胜的良策之一。

市场上商品成千上万种，商品的种类和规格非常复杂，价格也各不相同。有时，商品生产者、经营者认为某种商品价格在理论上合理，但消费者在心理上不接受，究其原因，是价格的制定者忽视消费者价格心理。

商品价格对消费心理的影响，以及影响过程中消费者所产生的价格心理现象，称之为商品价格的心理功能。

7.1.1 商品价值认识功能

价格是价值的货币表现；或者说，用货币来表现商品的价值，就是价格。价格是衡量商品品质和内在价值量尺度。企业主要是根据商品的成本、质量、效用和市场关系来确定商品价格。因而成本高、效用大、质量好、需求急的商品，其价格自然也较高一些。消费

任务 7　商品价格与消费心理

者在现实购买活动中把商品价格当作衡量商品价值高低和品质优劣的尺度，认为价格高的商品价值高、品质优良；价格低的商品价值低、品质也差。所谓"一分钱，一分货"、"便宜没好货，好货不便宜"等，这样就让价格具有了衡量商品价值和品质的心理功能。

7.1.2　自我意识比拟功能

消费者在购买中，通过联想把购买商品的价格同个人的愿望、情感、人格特点联系起来，让价格成为反映他的经济实力、社会地位、文化水平、生活情趣和艺术修养的工具，以获得自尊需要和社会心理需要的满足，这就是商品价格的自我意识比拟功能。

1. 社会经济地位比拟

现实生活中，一些高收入消费者通过追求高档、名牌或进口商品，他们率先拥有高价的私人汽车、豪宅以显示自己的社会地位和经济实力，并获得一种心理的满足。也有一些消费者在消费活动中总是喜欢选购廉价商品或打折商品，认为价格昂贵的商品只有那些有钱人才能买得起，这也是消费者将自己的经济地位与商品价格联系起来的具体表现。

2. 文化修养和生活情趣比拟

有些消费者喜欢购买名人字画、古董等，即使自己没有欣赏能力、鉴别能力，但希望通过昂贵的艺术品来显示自己的文化修养，从而在心理上得到慰藉。而有些消费者缺乏音乐修养，又没有特殊兴趣，却购置钢琴等，以期待别人给予"生活情趣高"的评价，这是一种生活情趣比拟。

总体而言，消费者对商品价格进行自我意识比拟时，一般都是从满足社会需求出发，更多地重视价格的社会价值象征意义。

7.1.3　调节消费需求功能

价格对消费需求影响甚大。一般来说，在其他条件不变的情况下，商品价格上涨，需求量下降；商品价格下降，需求量会上升。价格与需求量呈反方向变化。当然，这只是一般的说法，具体到某种商品时，还要看这种商品的需求弹性如何。不同种类的商品，需求弹性也不同。一般来说，消费者日用生活必需品的需求弹性小，非必需品的需求弹性大。当价格弹性小的商品价格变动时，需求量变动的幅度一般小于价格变动的幅度；当价格弹性大的商品价格变动时，需求量变动的幅度一般大于价格变动的幅度。

价格与需求量之间这种向相反方向变化的现象也不是普遍的、绝对的。在有些情况下，例如，在消费者购买时的紧张心理或购买前的迫切期待心理影响下，价格与需求量之间这种反向变化的倾向也会出现例外，即出现涨价抢购、降价观望不买的现象。或者对特殊商

消费心理应用

品出现"非规则性函数关系"。例如,黄金、珠宝首饰等物品,价格越昂贵,消费者的热情越高,需求量越大。

越贵越畅销的绿宝石

美国亚利桑那州一家珠宝店采购到一批漂亮的绿宝石。此次采购数量很大,老板很怕短期卖不出去,影响资金周转,便决定减价销售,以达到薄利多销的目的。但事与愿违,原以为会抢购一空的宝石,很多天过去,消费者却寥寥无几。老板谜团重重,是不是价格定得还高,应再降低一些?

就在这时,外地有一笔生意要老板洽谈,已来不及仔细研究那批宝石降价多少,老板临行前只好匆匆写了一个纸条给店员:"我走后绿宝石仍销售不畅,按1/2的价格卖掉"。由于着急,关键的字体1/2没有写清楚,店员把其读成按"1~2倍的价格"。店员们将绿宝石先提价一倍,没想到购买者越来越多;又提价一倍,结果,没几天,被一抢而空。老板从外地回来,见宝石销售一空,一问价格,大吃一惊,当知道原委,老板、店员同时开怀大笑,歪打正着。

(资料来源:杨海莹. 消费心理学(第二版)[M]. 北京:高等教育出版社,2006.)

【问题】为什么宝石提价反而抢购一空?企业定价时应注意什么问题?

由此可见,商品价格的心理功能比商品价格的一般功能要复杂得多。对于企业来说,不仅要认清消费者的价格心理功能对购买行为的重要影响,还要把握消费者价格的心理特征。

我们是全市最低价

当你到了家电零售现场,只要在某个品牌产品面前多站上半分钟,马上就有推销员来到你的身边告诉你:"该品牌十分畅销,昨天刚到的货,而且卖不了几天……"。如果你对价格犹豫不决，推销会接着对你说："我们是厂家直销，是全市最低价，已经很实惠了。"如果你犹豫不决，他会主动提出请示经理，看看能否为你争取更优惠的价格。通常的结果是，几分钟他会满面春风地告诉你，一开始的时候经理不太乐意，经过他的努力，经理终于同意再优惠一些，因此你得到的是迄今为止的最低价。你还能不买吗？其实他只是回到休息室喝了几口水。

【问题】推销员利用消费者的哪一种价格心理？

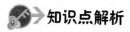知识点解析

子任务7.2　消费者的价格心理

7.2.1　消费者的价格心理特征

1. 习惯性心理

习惯性心理是指消费者根据以往的购买经验和对某种商品价格的反复认知，来决定是否购买的一种心理定势。消费者在长期、多次购买某些商品后，形成对某些商品价格的认知。这种习惯心理一旦形成，就会直接影响消费者的购买行为。以至于当这些商品调价初期，难以接受新价格。因此，对于超出习惯价格的商品调价时，要慎而又慎；必须调整时，要把调整幅度限定在消费者可以接受的范围内。

2. 感受性心理

感受性心理是指消费者对商品价格及其变动的感知强弱程度。它表现为消费者对于通过某种形式的比较所出现的差距，对其形成的刺激的一种感知。价格的高与低，昂贵与便宜，都是相对的。一般来说，消费者对价格高低的判断，总是在同类商品中进行比较，或是在同一售货现场中对不同类商品进行比较而获得的。但是消费者的价格判断常常出现错觉。

3. 敏感性心理

敏感性心理是对商品价格变动的反应程度。由于商品价格直接影响消费者的生活水平，所以消费者会对价格的变动作出不同程度的反应。对生活必需品，特别是需求弹性系数较小的商品，消费者对其价格变动，反应最敏感，如肉类、蔬菜等。对非生活必需品，特别是需求弹性系数比较大的商品，反应较迟钝，如钢琴、名表等。

4. 倾向性心理

倾向性心理，是消费者在购买商品时，对商品价格选择所表现出的倾向。商品价格有高、中、低档的区别，一般说来，价格高的品质好、价值高；价格低的品质低、价值低。通常情况下，消费者对于同类商品进行比较时，如果没有发现明显的差别，往往倾向于购买价格较低的商品。但由于社会地位、经济收入、文化水平、个性特点的差异，不同类型的消费者在购物时表现出不同的价格倾向。

7.2.2 影响消费者心理价格的社会因素

1. 价格预期心理

价格预期心理是指在经济运行过程中，消费者群体或消费者个体对未来一定时期价格水平变动趋势和变动幅度的一种心理估算。从总体上看，这是一种主观推测，它是以现实社会经济状况和价格水平为前提的推断和臆想。如果形成一种消费者群体的价格预期心理趋势，就会较大地影响市场某种商品现期价格和预期价格的变动水平。

2. 价格攀比心理

攀比是人的一种常见的心理活动。价格攀比心理常表现为不同消费者之间的攀比和生产经营者之间的攀比。消费者之间的攀比会导致盲目争购、超前消费，乃至诱发和加重消费膨胀态势，成为推动价格上涨的重要因素。同时，不同经营者之间的价格攀比会直接导致价格盲目涨跌。

3. 价格观望心理

这是价格预期心理的又一种表现形式，是主观臆断为基础的心理活动。它是指对价格水平变动趋势和变动量的观察等待，以期达到自己希望达到的水平后，才采取购买或其他消费行动，从而取得较为理想的对比效益，即现价和期望价格之间的差额。

4. 价格倾斜和补偿心理

倾斜心理在心理学中反映某种心理状态的不平衡。补偿心理则反映掩盖某种不足的一种心理预防机制。两者都是一种不对称心理状态的反映。这种心理状态来自利益主体对自身利益的强烈追求。如消费者购买商品时，在讨价还价中，总希望以自己给出的最低价成交，这就是价格倾斜心理的一种反映。如果消费者在购买某种商品时，其价格未达到他预期的最低价格阈限，则他希望能够在购买其他商品时得到补偿，这是价格补偿心理的一种显现。

任务 7　商品价格与消费心理

7.2.3　消费者的价格判断

1. 消费者判断价格的途径

消费者的价格判断既受其心理制约，又受到某些客观因素，如销售场地、环境、商品等因素的影响。价格判断同时具有主观性和客观性的特点。

（1）与市场上的同类商品价格进行比较。这是最简单、明了，并且普遍使用的一种判断商品价格高低的方法。

（2）与同一商场中的不同商品价格进行比较。

不同商品价格的比较

在某商场，50元一件的商品，把它摆放在大多是50元以上商品的甲柜台，与摆放在50元以下的乙柜台，消费者的价格感受和判断是不一样的。多数消费者会认为甲柜台标价50元的商品便宜，乙柜台标价50元的商品贵。这种现象，是消费者在判断价格的过程中，受周围陪衬的各种商品价格的影响而产生的一种错觉。

【问题】怎样利用商场中的不同商品价格的比较进行促销？

（3）通过商品自身的外观、重量、包装、使用说明、品牌、产地进行比较。例如，同样质量的月饼，放在精美包装盒中的和散装的，消费者的价格判断截然不同。

2. 影响消费者判断价格的因素

（1）消费者的收入。这是影响消费者价格判断的主要因素。例如，对同样一套标价2000元的时装，一个公司经理和一个家政服务员对价格的感受和判断完全不同。

（2）消费者的价格心理。习惯性价格心理、倾向性价格心理、敏感性价格心理等都会影响消费者在购买商品时的价格判断。

（3）出售场地。同样一件标价100元的睡衣，在精品店和地摊上销售，消费者会认为，精品店的那件便宜，地摊上的那件价格太高。

（4）商品类别。同一种商品因不同的用途、功效，可归入不同的商品类别。消费者对不同类别的商品价格判断标准不同，因而对价格的感受也不相同。一块香皂如卖 1 元而只有清洁作用，消费者会认为太贵；但如果可以美白、嫩肤，还可以减肥，那么消费者可能

消费心理应用

会认为该香皂很便宜。

（5）消费者对商品的急需程度。当消费者急需某种商品时，价格即使高些，消费者也可能接受。

课堂讨论

商品价格的"比照效应"。

打折出新招，商家获利丰

日本东京银座"美佳"西服店，为了打开销路，采用"优惠折扣价格"颇获成功。

该店规定：本店所有西服一律折价，第一天九折，第二天八折，第三、第四天打七折，第五、第六天打六折……第十五、第十六天打一折。

开始一两天，顾客不多，大多是探听虚实，第三、四天逐渐增多，第五、六天人满为患，争相购买。以后，日日爆满，不到"一折"期限，西服早已销完。

这是一则运用成功的优惠折扣价销售法，它妙在抓住了消费者的求实求廉心理，争得了顾客，提高了市场占有率。

【问题】1. 商品定价心理策略有哪些？
2. 该案例采取的是什么策略？

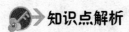

子任务7.3　商品定价的心理策略

7.3.1　新产品定价心理策略

1. 撇脂定价策略

又称高价策略。这种定价策略利用消费者的求新、猎奇和追求时尚的心理，在新产品进入市场初期，将价格定得很高，大大超出商品的实际价值，以便在短期内尽快收回投资，减少经营风险。当最初的销量下降时，或者产品竞争者纷纷出现时，企业就会逐步降低价格，以便吸引对价格敏感的新顾客。采取撇脂价策略，产品必须是科技含量很高，享有专利，竞争对手难以迅速进入市场的，而且高价仍会有较大需求的耐用消费品。

任务7　商品价格与消费心理

苹果公司的定价"高招"

苹果公司的iPod产品是近年来最成功的数码类消费产品，一推出就获得成功。第一款iPod零售价高达399美元，属于高端高价产品，对于消费者来说此价格是比较昂贵的，但是有很多"苹果迷"还是纷纷购买。距第一款iPod推出不到半年苹果公司又推出了一款容量更大的iPod，当然价格定得更高，零售价499美元，但在市场上仍然卖得很好。而苹果公司的主要竞争对手索尼公司，于iPod mini在市场上热卖两年之后，推出了针对这款产品的A1000，而且只是预告，新产品正式上市还要再等两个月。而此时，苹果推出了iPod shuffie 这款大众化的产品，价格降到99美元一台，原来的高价格产品并没有退出市场，而是略微降低了价格而已，结果在市场上大获成功。

【问题】苹果公司采取的是什么定价策略？满足消费者什么心理？索尼公司应采取什么样定价策略才能满足消费者的需求？

2. 渗透定价策略

渗透定价策略又称低价策略。这种定价策略利用消费者求实惠、求价廉的心理。先采取低价出售，借以迅速打开销路，扩大市场份额，然后步步渗透，逐步提高，最后把价格涨到一定高度的策略。这种策略能够迎合消费者追求价廉物美的心理。适用于一些低档的生活必需品，其专用性不强，消耗性强，容易发生重复性购买。这种策略当然不适合于高科技的耐用消费品。

3. 满意定价策略

满意定位策略是介于撇脂定价策略和渗透定价策略之间的一种定价策略。是根据消费者对该种新产品所期望的支付价格，将其定在高价和低价之间，兼顾消费者和生产者的利益，使两者均满意的价格策略。这种定价策略适用于那些日常生活消费品和技术含量不高的新产品。

7.3.2　商品销售过程中的定价心理策略

1. 非整数定价策略

非整数定价策略也称尾数定价心理策略，是最典型的心理定价策略，是运用消费者对

消费心理应用

价格的感觉、知觉的不同而刺激其购买欲望的策略,其具体做法是给待销售商品定一个带有零头数结尾的非整数价格。

据一些商业心理学家研究,标价有尾数的商品,其销售量远比全是整数的要多。这是因为尾数价格对顾客心理产生积极作用所致。能给消费者以货真价实的感觉,认定有尾数的价格准确合理,从而产生信任感。例如,98元一双的鞋要比100元一双的鞋好销。

那么,应用尾数价格术时究竟定哪个尾数比较合适呢?国外的市场学家曾有专门研究。在美国,认为5元以下的商品,尾数定在"9"较为合适;5元以上的商品,尾数定在"5"较佳。在英国,一些商品的标价往往以"99"作为尾数。

案例7-4

目前在国内外的零售商店中有很多名称各异的廉价商店。比如,美国纽约的"99商店"专营日用杂品、家用小五金等,所有商品均定价99美分。我国昆明有家商店经营各种小工艺品,全部定价0.19元,广告用语是:"1角9,任君求"。其他还有2元店、8元店、10元店等。这些商店的经营状况一般都不错,靠薄利多销,利润也算不低。

【问题】这些廉价店的目标顾客是谁?它利用了目标顾客的什么消费心理?

2. 整数定价策略

整数定价策略是指商品的价格定为整数,不带尾数,这种策略又叫方便价格策略。适合于高档消费品,也适合于价格比较低廉的商品的定价。例如,一架钢琴标价为8000元与标价为7999.55元相比,后者会令消费者产生不可思议的感觉;而对于某些价值小的日用小商品,如定价0.20元较之0.19元对消费者在购买时会显得更方便。

3. 习惯定价策略

有些商品在消费者心目中已经形成了某种习惯的价格,这种商品的价格有变动消费者就非常敏感,甚至产生不满。厂家宁肯在商品的内容、包装和分量上进行调整,也要保持习惯的价格。适合于为消费者广泛接受的、销售量大的商品。

4. 声望定价策略

声望定价策略也称炫耀定价术,是企业利用自己在消费者心目中树立起的声望,通过制定较高的价格,来满足消费者的求名心理和炫耀心理的一种定价策略。多数消费者购买商品时不仅看重质量,更看重品牌所蕴含的象征意义,如身份、地位、名望等。该策略适用于知名度较高、广告影响力大的名牌或高级消费品,如劳力士表、LV 包、茅台酒等。

5. 招徕定价策略

商家拿出一种或几种顾客普遍需要的商品加以降价,有时甚至只卖进货价或超低价,借此吸引顾客在买这些商品的同时购买其他商品。

"创意药房"的招徕定价

日本"创意药房"在将一瓶200元的补药以80元超低价出售时,每天都有大批人潮涌进店中抢购补药,按说如此下去肯定赔本,但财务账目显示出盈余逐月骤增,其原因就在于没有人来店里只买一种药。人们看到补药便宜,就会联想到"其他药也一定便宜",促成了盲目的购买行动。

【问题】创意药房采用什么定价策略?有何意义?

6. 折扣定价策略

企业在一定范围内,以目标价格为标准,为维持和扩大市场占有率而采取的减价求销的价格策略。在商品的价格上给顾客以优惠的定价策略。例如节日打折、换季打折、数量折扣等。

"法林联合公司"的"自动降价商店"

美国波士顿一家"法林联合公司"就开发了一种"自动降价商店"。例如,如果一件衣服在货架上陈列了13天还未售出,就自动降价20%,过了6天仍未售出,再降50%,再过6天,降价75%。到第25天还无人问津,就将衣服从货架上取下来送到慈善机构。这家商店的商品大多数属于中档商品,种类齐全,物美价廉。加上美国人生活节奏快,所以往往不等商品降到最低价格就已被抢购一空。

【问题】分析该案例的借鉴意义。

消费心理应用

7. 分级定价策略

这种定价策略是指把不同品牌、规格和型号的同一类商品划为若干个等级，对每个等级的商品制定一种价格。这种定价策略的优点在于不同等级商品的价格有所不同，能使消费者产生货真价实、按质论价的感觉，能满足不同消费者的消费习惯和消费水平，既便于消费者挑选，也使交易手续简化。在实际运用中，要注意避免各个等级的商品标价过于接近，以防止消费者对分级产生疑问而影响购买。

8. 觉察价值定价策略

这种方法以消费者对商品价值的感受及理解程度作为定价依据。消费者在购买商品时，总会在同类商品之间进行比较，选购那些既能满足消费需要又符合其支付标准的商品。企业应该突出产品的差异性特征，综合运用市场营销组合中的非价格因素来影响消费者，使他们在头脑中形成一种觉察价值观念，然后据此来定价。

7.3.3 商品调价的心理策略

商品价格调整是营销企业的经常做法，调价的原因是多方面的，除营销企业自身的原因外，还有商品供求变化、市场需求变化等原因。营销企业在商品调价和制定商品调价心理策略时，既要考虑上述因素对商品价格的影响，又要考虑消费者对商品价格调整的心理要求，使调整后的价格既实现企业利润目标，又符合消费者的要求。

1. 商品降价的心理策略

商品降价是企业的一件大事，必须认真对待，否则将会给企业带来不利影响。而对企业的降价，消费者做出的认识与了解非常关键。例如，有的消费者认为，商品降价是由于这些商品自身品质下降或质量过低造成的，因而不愿购买降价商品；有的消费者认为，商品降价刚开始，还应等到再跌时再购买；而有的消费者认为，购买降价商品无法满足其求名心理和炫耀心理，有损消费者的自尊心的满足感，因此不会购买降价商品。由此可见，企业采取商品降价时应考虑全面，选择适当的心理策略，真正达到降价的目的。

（1）明确降价的原因

影响企业的降价原因主要有以下几种。

① 市场的商品供大于求。遇到这种情况，营销企业首先应当考虑千方百计改进商品，努力推销。如果不见成效，只能考虑降价。

② 竞争压力大。营销企业的市场占有率下降，不得不降价与行业竞争。

③ 营销企业的成本费用较低，企业通过降价来掌握市场，提高市场份额。

（2）掌握消费者的降价心理

商品降价是有条件的，只有消费者具有下面心理才适合采取降价策略。

任务7 商品价格与消费心理

消费者（如成熟期的消费者和衰退期的消费者）对商品注重实际性能与质量，而较少把购买商品与自身的社会形象相联系。

消费者（如重复购买的消费者和认牌购买的忠诚消费者）对商品的质量和性能非常熟悉，降价后仍然对商品保持足够的信心。

消费者在营销企业充分说明商品降价的理由后，感到能够接受降价商品，如营销企业拆迁等。

（3）把握降价的时机

营销企业在选择降价时机时，应准确判断、综合考虑营销企业的实力和营销季节等多种因素的影响，并根据商品和营销企业的具体情况而定。例如，一般商品进入成熟期后期及衰退期时应降价。季节性商品，在换季时需降价；重大节假日，可实行降价优惠。时尚商品和新潮商品，在进入流行后期就应降价。

（4）控制降价的次数和幅度

商品降价应贯彻"一步到位"的原则，不能过于频繁地降价，否则会使消费者对商品产生不信任心理，或者等待继续降价的观望心理。降价时，降价幅度要适宜，以引起消费者的关注、使之动心、刺激消费者产生购买行为为目的。过大的降价幅度，可能给消费企业造成亏本或者使消费者产生怀疑心理，而过小的降价幅度，难以激发消费者的购买欲望。一般而言，营销企业的降价幅度以 10%～40% 为宜。

（5）宜主动降价和直接降价

主动降价是指营销企业先于竞争对手降价，而不是在竞争对手降价之后的被动降价。在市场竞争激烈的情况下，营销企业的商品质量与竞争对手相当或优于对手，可以首先采取降价，以争取主动，获得较大的市场占有率，使竞争对手处于不利态势。有时即使营销企业的经济实力和竞争力稍差，采取主动降价也可使营销企业占据主动，带来一线生机。

直接降价是指营销企业直接降低商品价格的策略，不是采取折扣、返还现金等间接降价策略。它能为消费者带来明显的实惠，使消费者购买方便，尤其适合求便心理的消费者，对于刺激消费需求效果显著，避免了间接降价的弊端。

 案例7-7

动车开通 长运接招

动车组以更快的速度和更低的价格成了不少市民出行的首选。对此，温州市长运集团终于重磅出击，从2009年10月9日起，首批14条班线近200班次票价将执行优惠票价，上海

消费心理应用

快客票价最低降了四分之一。

部分票价比动车便宜

温州长运集团率先执行优惠票价的14条班线近200个班次中，上海原票价是200元，现在只需150元，降价四分之一，降幅最大；杭州152元，调整后为128元；宁波原价128元，调整后为85元；福州原价145元，调整后为110元。

据长运集团介绍，在14条票价调整的班车中，部分票价比动车便宜，比如动车温州到上海，二等车厢票价是192元，而调整后的快客只要150元，比动车还便宜42元。

少量特价票价格低至4折

温州长运集团还推出了部分特价票，上海88元、杭州78元、福州68元、宁波58元……这些票仅为原来票价的4折多。这样的票价难免会让旅客在选择乘坐动车还是乘坐快客之间举棋不定。不过，特价票1人限购1张，须凭个人身份证购买，检票也需核对身份证，只要提早到车站购票，就有可能买到令人惊喜的特价票。

10月7日起开通下沙专线

考虑到过完黄金周需返校的在温学子，从2009年10月7日起，温州长运集团专门为"学生流"量体裁衣开通直达杭州下沙的大学城班线。这样免去学生到杭后还要拎着大包小包去挤车的麻烦，同时120元的票价也非常具有吸引力。另外，温州始发班车延伸至茶山温州大学城发班，为广大学生旅客提供"门对门"服务。

票价打折服务不打折

温州长运集团负责人说，虽然客车票价下调，但服务却丝毫不打折。票价下降幅度较大的上海、宁波、杭州、福州等几条班线，车内均采用航空式真皮座椅，舒适程度与动车组一等票价座位相似。并且确保班次密度大于动车组，能随到随走，使得旅客出行效率和费用两方面得到最大优化。

此外，新南站与新城站之间，新南站、牛山客运中心与双屿客运中心之间均有免费的接送车辆运行。旅客在一个站买票可以直接由站内接送车送至班线始发站，同等于几个站之间已形成无缝衔接网络。

（资料来源：温州商报）

【问题】1. 请分析温州市长运集团价格调整的市场背景？
2. 根据本案例，分析温州市长运集价格调整的原因？

任务7 商品价格与消费心理

2. 商品提价的心理策略

一般来说,商品提价会对消费者利益造成损失,引起消费者的不满,从而减少需求。但在营销实践中,成功的提价可以使消费者需求上升,增加营销企业的利润。例如,有的消费者认为,商品提价可能是因为商品具有优越的性能或特殊的使用价值,所以购买;有的消费者购买提价商品,是担心价格会再度提高等。可见,营销企业采取商品提价是可行的,只有选择适当的心理策略,才可达到商品提价的目的。

(1) 明确提价的原因

商品提价一般有下面几个原因:

由于通货膨胀等原因,造成营销企业的生产成本提高,商品被迫提价;

劳动力成本上升,导致营销企业的商品提价;

营销企业的商品畅销,"物以稀为贵",营销企业可以适当提价。

(2) 掌握消费者的提价心理

正如商品降价一样,商品提价也是有条件的,消费者具有下面心理才适合采取提价策略:

消费者是营销企业商品的忠实购买者,不会因商品提价轻易改变消费习惯;

消费者的消费心理是求新、猎奇、追求名望及好胜攀比,愿意为自己喜好的商品支付高价;

消费者认为,营销企业的商品性能、质量等是其它商品无法取代的,因此对营销企业商品提价不在意。

(3) 把握提价的时机

商品提价时机的选择,关系营销企业是否能达到提价的目的。商品提价过早或过晚,都会给营销企业带来不利影响。通常选择在以下几种情况下提价:

营销企业的商品进入成长期,或者处于竞争优势的商品;

季节性商品到了销售旺季;

竞争对手的商品提价。

(4) 控制提价的幅度

商品提价的幅度不宜太大,应信守"走钢丝"的原则,循序渐进,谨慎行事。商品提价幅度大、速度快,可能会使消费者产生抱怨、不满,甚至恐惧心理,从而失去一大批消费者。一般而言,商品提价幅度宜小不宜大,国外以5%为提价幅度。

(5) 宜被动提价和间接提价

被动提价是营销企业在竞争对手提价后采取的提价策略。好处是容易使消费者理解和接受,巩固了老顾客,还有可能吸引来新客户。间接提价是在保持商品原价不变的情况下,采取诸如更换商品花色、型号、包装等方法变相提价,这种方法多用于家用电器,如减少

消费心理应用

一些不必要的功能等,也可用于换简包装为精包装的商品。另外还可以采用减少商品数量而价格不变的方法,例如,减少食品的净含量。商品间接提价把提价的不利因素降到最低,使消费者比较容易接受,对营销企业的销售和利润影响也不大。

任务7　小结

商品价格的心理功能:商品价值认识功能、自我比拟功能、调节需求的功能;消费者价格心理有消费者的习惯性心理特征、消费者的敏感性心理特征、消费者的倾向性心理特征、消费者感受性心理特征。价格阈限是消费者心理上所能接受的价格界线。针对消费者的不同心理,采取相应的定价策略。

心理测试7-1　红酒越贵喝酒者满足感越大

贵的酒就比较好喝吗?也许事实并非如此,但美国科学家却发现,付较多钱买同一种红酒的人,会获得较多的满足感。

美国加州理工学院经济学助理教授兰热尔为首的一组研究人员,为了测试行销手法如何影响消费者的感觉,以及如何提高消费者享用该产品的满足感,而对21个志愿者进行了心理测试。

小组让志愿者品尝5瓶价格不一的本内苏维浓酒(Cabernet Sauvignon),然后要他们列出自己最喜欢那一种酒。除了红酒的价格之外,研究人员没有为志愿者提供,有关该红酒的其他资料。不过,研究人员在志愿者不知情的情况下,让他们品尝同一种酒两次,其中一次标上真实的价格标签,另一次则换上假标签。

研究结果显示,志愿者会给"较贵"的酒打更高的分数,而且脑部扫描也证实,志愿者脑中与愉悦感相关的区块,会在他们品尝高价酒时,出现更活跃的神经反应。

兰热尔说,科学家和经济学家普遍相信,消费者的经验素质,与该产品的性质,以及消费者本身当时的状况,如是否口渴有关。但这项研究却显示,大脑的奖励中枢在评估经验素质时,也把主管看法考虑在内。

(资料来源:中国新闻网,2008-01-17.)

任务 7 商品价格与消费心理

【实训操作七】

实训名称	为某超市策划一份某一节日的价格促销方案。
实训目的	1. 了解消费者的价格心理。 2. 掌握商品定价心理策略。 3. 掌握价格变动对消费者心理的影响。 4. 不同消费群体对价格促销的态度。
实训组织	1. 教师介绍本次实训目的及需要提交的成果。 2. 搜集相关商场节日的价格促销案例作为参考。 3. 到当地超市、商场调查关于价格促销的情况。 4. 学生以小组为单位,制订出策划方案。
实训环境	超市、商场 网络资源
实训成果	1. 写出分析报告。 2. 做出 PPT,课堂汇报。 3. 教师评比考核,计入实训成绩。

【本任务过程考核】

一、名词解释

1. 倾向性心理
2. 撇脂定价策略
3. 声望定价策略

二、不定项选择

1. 由于消费者长期、多次购买某些商品,以及对价格的反复感知,形成了消费者对某种商品价格的（　　）。
   A. 习惯性心理　　B. 倾向性心理　　C. 观望性心理　　D. 逆反性心理
2. 认知价值定价的关键,在于准确地计算产品所提供的全部（　　）。
   A. 市场平均价格　　　　　　　B. 市场认知价值
   C. 市场现行价值　　　　　　　D. 市场预期价值
3. 需求对价格变动反应敏感,则表明（　　）。
   A. 需求价格弹性大　　　　　　B. 需求价格弹性小
   C. 需求缺乏弹性　　　　　　　D. 需求无弹性

消费心理应用

4．比较适宜于消费者地位显示心理的定价策略是（　　）。
　　A．反向定价策略　　B．组合定价策略　　C．尾数定价策略　　D．整数定价策略
5．迎合消费者求廉心理的定价策略是（　　）。
　　A．整数定价　　　　B．尾数定价　　　　C．招徕定价
　　D．习惯定价　　　　E．撇脂定价
6．消费者价格心理的基本特征有（　　）。
　　A．习惯性心理特征　　　　　　　　　　　B．敏感性心理特征
　　C．主观性心理特征　　　　　　　　　　　D．客观性心理特征
　　E．倾向性心理特征

三、判断题

1．消费者对某种商品的心理需求越强烈，该商品价格的调节作用越强。（　　）
2．"买涨不买落"是感受性心理特征。（　　）

四、思考题

1．商品价格具有哪些心理功能？
2．描述你近期的一次贵重商品和日常商品的购买过程，分析你做出购买决定时最主要的价格心理？
3．新产品定价策略有哪些？以下商品刚上市适合采取哪种定价策略？为什么？Mp4、电动牙刷和新型口香糖。

五、案例分析

桂格麦片公司的提价风险

桂格麦片公司是目前世界上最大的麦片公司。由于通货膨胀、原材料、添加剂价格以及雇员工资的上涨，使产品成本急速上升。桂格麦片公司生产了一种称为"桂格麦片天然食品"的产品，这个新产品的几种配料如杏仁、葡萄干和麦粉的价格，因通货膨胀分别上涨了20%～30%。桂格麦片公司这时有3种选择：一是提高麦片产品的销售价格；二是减少杏仁和葡萄干等配料的分量，以降低成本，从而维持销售价格不变；三是使用较便宜的代用品作为配料，以降低成本，销售价格仍然不变。

【问题】1. 一般情况下,提价应注意什么?
2. 如果桂格麦片公司选择提高麦片的产品价格,结果会怎样?
3. 桂格麦片公司如果选择降低成本(即第二种和第三种选择),会有什么风险?
4. 请你就新产品的定价为桂格麦片公司出谋划策,提出可行性方案。

任务 8　营销服务与消费心理

 **能力目标**

通过完成本任务的教学，使学生具备以下基本能力：
1. 能够掌握营销服务心理特征和效应；
2. 分析营销人员语言、仪表对顾客心理的影响；
3. 运用一定的方法和技巧解决营销服务过程中冲突。

 知识目标

1. 掌握营销服务心理特征和心理效应；
2. 掌握售前、售中、售后服务心理特征及相应的策略；
3. 掌握消费者抱怨与投诉心理特征及解决消费者抱怨与投诉的方法和技巧。

 任务分解

子任务 8.1 营销服务心理特征
子任务 8.2 售前、售中、售后服务心理特征及相应的策略
子任务 8.3 消费者抱怨与投诉心理特征及解决消费者抱怨与投诉的方法和技巧

任务8 营销服务与消费心理

麦当劳服务理念

麦当劳的可口可乐均为4℃,因为这个温度的可乐味道最为甜美,所以全世界麦当劳的可口可乐,统一规定保持在4℃。而面包均厚17毫米,面包中的气泡均为在0.5毫米,那样的面包在口中咀嚼时味道最好、口感最佳。

在中国开设的几乎所有麦当劳连锁店都设有儿童乐园,甚至设有儿童专用的洗手池,孩子们在享受食品和饮料的同时,还可以在麦当劳获得共同娱乐以及集体归属感。让大人吃得放心,小孩玩得尽兴,感受麦当劳的关怀。

麦当劳公司要求员工在服务时,应做好以下几条:

顾客排队购买食品时,等待时间不超过2分钟,要求员工必须快捷准确地工作;

服务员必须按柜台服务"六步曲"为顾客服务,当顾客点完所需要的食品后,服务员必须在1分钟以内将食品送到顾客手中;

顾客用餐时不得受到干扰,即使吃完以后也不能"赶走"顾客;

它向前来就餐的顾客提供满足其基本需要和延伸欲望的一切服务,包括快速、整洁、卫生、方便、质量、价值、雅致高尚、家庭风格等,并且每一项服务做得都用心。

【问题】麦当劳是怎样将其"全程营销服务理念"融入到其经营活动中的?迎合了顾客哪些心理?

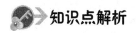

子任务8.1 营销服务心理特征

8.1.1 营销服务的特点

1. 营销服务的含义

从市场营销学看,营销服务是凝结在实体商品营销中,并表现为多层次的综合性的无形产品。营销服务不仅仅是有价值的附赠品,又融于商品中,是商品增值的一种附加值。营销服务包含以下两层含义。

（1）服务给用户带来满足感。

市场营销学界对服务概念的归纳大致是从五六十年代开始，全美市场营销学会（AMA）最先给服务定义："用于出售或者是同产品连在一起进行出售的活动、利益或满足感"。

任何产品都凝结了许多价值满足感，从市场营销学的角度来讲，"服务"即是以劳务来满足生产者或消费者的需求。服务并非仅限于接受订单、送货、处理投诉以及维修，任何能提高顾客满意程度的项目都属于服务。营销大师李维特给服务下的定义是："能使顾客更加了解核心产品或服务的潜在价值的各种特色行为和信息"；按照ISO9000 标准的术语定义："服务是为满足顾客需要，供方和顾客之间接触活动以及供方内部活动所产生的结果"；海尔集团总裁张瑞敏则认为："用户满意是永恒的追求"。由此看来，服务是将商品和顾客联系起来的桥梁，是企业与顾客之间的情感纽带。服务即关心顾客，是在营销过程中了解顾客心理，采用有效的方式为顾客提供多种服务或劳务，从而打动顾客、使他们心情愉快，感觉舒适和便利，以满足其情感的需要，而不仅仅是提供单纯例行性的劳务。

（2）服务是用户在产品使用前后感到满意的一种"产品"。

服务是"产品"。不仅限于服务性企业的服务，还应包括生产性企业的服务。实物产品和服务产品的区别随着时代进步愈见缩小。一件实体产品和一项服务之间唯一的差别在于一项服务总不会变成一种物品的形态。区别于经济学界的研究，市场营销学界把服务作为一种产品来进行研究，经济学家萨伊认为："凡是存在效用，能使消费者得到满足的活动，比如工人轧钢、医生治病等，都是生产性的。"某项产品从狭义的角度来看，只是一组实体性和非实体性的具有物理和化学属性并以某种形式聚合而成的集合；从广义的角度，也就是从市场营销的观点看，产品除了实体属性组合之外，还是买主所接受的可以满足的欲望和需要。营销服务是非实体性的，即"商品=产品实体+服务"。如果商品的实体部分性能相同，但随同产品提供的服务的不同，那么从顾客的角度看则是两种不同的产品，它们在满足顾客需要的程度上有差别，因而销量也会不一样，消费者所考虑的不仅仅是产品本身，而且包括了所能获得的全部附加服务和利益。

2. 营销服务的特点

在营销服务活动中，营销人员与消费者的关系本应该是对等的，但由于营销人员的特定角色以及消费者所处的特定地位，在双方的交往过程中两者的关系却又是迥然不同的，由此决定了营销服务活动具有一系列的特点，具体表现为以下几方面。

（1）服务性

服务性是营销人员的重要职业特征。营销人员所从事的是不仅与物打交道、而且与人打交道的服务性工作。因此，营销服务是一种劳务交换，是一种信息传递，是一种感情交流，是一种心理沟通，是在服务过程中实现的商品向消费领域的转移。

任务8 营销服务与消费心理

（2）短暂性

营销服务中的人际交往是一种短暂性和公务性的交往。在一般情况下，营销人员与消费者的接触只限于满足消费者购物活动的服务需要。双方都立足于各自眼前的利益，完全是一种商品买卖关系。

（3）主导性

营销人员服务活动的对象是人，消费者有着千差万别的消费行为与心理，营销人员不可能采用单一的标准模式进行接待。在双方交往过程中，营销人员要注意观察消费者的行为，揣摸分析消费者的心理，了解消费者的需要，解答消费者关心的问题，并对消费者进行提示与诱导，这些活动都使营销服务工作具有了主导能动作用。

（4）不对等性

营销服务中的人际交往通常是一种不对等的交往过程。中国企业已开始从最早提出的"质量第一，用户至上"向"一切为用户服务、以顾客为中心"的理念转变。企业经营者意识到产品生产全过程质量的重要性，没有过硬的产品质量，就没有市场，没有用户。海尔、格力等名牌企业率先实施现代服务理念，以适应市场经济发展的要求，赢得了市场、赢得了用户，充分证实了企业服务竞争在市场营销中的决胜地位。

3. 现代营销服务新理念

市场经济的特点就是竞争，而市场竞争的表现形式则是多方面、多层次的。理性的竞争带来的是进步与发展，是企业规模的扩大，积累的增加和生产要素的进步，是行业的整体实力的提高。服务竞争不是某一个层次、某一领域的竞争，而是企业综合实力的较量，是企业参与市场竞争的重要方面。

（1）服务竞争是价格战后的唯一选择。

近几年来，在市场经济条件下，企业的营销环境发生了巨大的变化，高科技的广泛应用，信息高速流动，产品硬件标准趋同；公平、有序的市场竞争环境逐渐形成；商品的品种、质量和价格大体相当；利润已低到接近成本，这一切使价格竞争达到极限。所以，谁能为顾客提供优质服务，谁就能赢得顾客，赢得市场。服务竞争正是适应这一规律应运而生的，它是对传统的竞争模式的变革。

（2）营销服务是留住顾客的有效办法。

在买方市场中，求生存的最佳途径是提高顾客满意度。首先，顾客所购买的不是产品，而是期望，他们不是仅要获得冷冰冰的实体产品，更多的是要在获得实体产品的同时获得心理满足。根据《美国营销策略谋划》的研究结果：91%的顾客会避开服务质量低的公司，其中80%顾客会另找其他方面差不多，但服务更好的企业，20%的人宁愿为此多花钱。美国哈佛商业杂志1991年发表的一份研究报告显示，"再次光临的顾客可为公司带来

消费心理应用

25%～85%的利润,而吸引他们再次光临的因素首先是服务质量的好坏,其次是产品本身,最后才是价格",因此,做好服务工作,以真诚和温情打动消费者的心,培养"回头客",刺激重复购买,才是谋求企业长远利益的上策。

其次,不满意的顾客将带来高成本。调查表明,企业失去的客户有 68%是因为对服务质量的不满意,每 1 位投诉的用户背后都有 26 位同样不满但却保持沉默的用户,而他们会把自己的感受告诉 8 至 16 个人,所以走掉一位老顾客的损失是要争取 10 多位新客户才能弥补的,不满意的顾客会带来高成本。换句话说,良好的服务所节省的最大成本就是换回老顾客要投入的成本。

(3)服务成为能带来巨额利润的新型投资。

服务是商品的附加价值。向高附加值产品发展,市场将无穷尽。消费者往往认为服务应该是免费的,但实际上从来没有免费的服务,一个企业要想提供好的服务,必须有财力支持。所以说,服务免费只是把服务的价格"包"在产品里同产品一起卖出。如果服务不能带来一些附加价值,不让客户觉得物有所值,客户上一回当,不会再上当,用户的需求决定了这种服务的价格。从对顾客的利益来说,服务是投资,它能够取得丰厚的回报。

8.1.2 营销服务的心理效应

在营销服务中,营销人员与消费者的关系是一种双方相互作用的人际知觉关系,营销人员的主体形象对消费者的行为和心理将产生一定的影响。这种影响作用所产生的心理效应表现在以下几个方面。

1. 首因效应

首因效应是指在双方接触很少的情况下,最初的认知起决定性作用。首因效应对人们后来形成的总印象具有较大的决定力和影响力。在现实生活中,先入为主和首因效应是普遍存在的,例如,消费者到某商场购物时,第一次和某位销售人员接触,由于双方的首次接触,总有一种新鲜感,都很注意对方的仪表、语言、动作、表情、气质等,并喜欢在首次接触的瞬间对一个人做出判断,得出一种印象。如果这种印象是积极的,则会产生正面效应;反之,则会产生负面效应。市场营销活动中,如果商品展示陈列丰富,购物环境舒适宜人,销售人员礼貌热情,会使消费者产生"宾至如归"的积极情感。良好的第一印象为营销沟通和消费行为的实现创造了条件;反之,则会使消费者产生消极的情绪,影响购买行为的进行。消费者许多重要的购买决策和购买行为,都与对服务人员的第一印象有关。

首因效应在人际交往中对人的影响较大,是交际心理学中较重要的名词。人与人第一次交往中给人留下的印象,在对方的头脑中形成并占据着主导地位,这种效应即为首因效应。我们常说的"给人留下一个好印象",一般就是指的第一印象,这里就存在着首因效应的作用。因此,在陌生拜访活动中,我们可以利用这种效应,展示给人一种极好的形象,

任务8 营销服务与消费心理

为以后的交流打下良好的基础。当然,这在社交活动中只是一种暂时的行为,更深层次的交往还需要您的硬件完备。这就需要您加强在谈吐、举止、修养、礼节等各方面的素质,不然则会导致另外一种效应的负面影响,那就是"近因效应"。

2. 近因效应

近因效应是指在双方接触较多的情况下,最近的认知起决定性作用。消费者完成购买过程的最后阶段的感受,离开零售点之前的所见所闻和印象及评价,最近一次购买行为的因果等都可能产生近因效应。与首因效应类似,近因效应也有正向与负向之分,对下次购买行为也会产生积极或消极的影响。优质的服务所产生的近因效应,是促使顾客经常光顾的动因。

近因效应与首因效应相反,是指交往中最后一次见面给人留下的印象,这个印象在对方的脑海中也会存留很长时间。多年不见的朋友,在自己的脑海中的印象最深的,其实就是临别时的情景;一个朋友总是让你生气,可是谈起生气的原因,大概只能说上两、三条,这也是一种近因效应的表现。利用近因效应,再给予客户节日或生日良好的祝福,你的形象会在他(她)的心中美化起来,有可能这种美化将会影响您的业绩。

 知识链接

心理学实验之一

不仅仁人志士有"先天下之忧而忧,后天下之乐而乐"之大志,常人亦有"先忧后乐"的偏好。Princeton大学的心理学教授 Daniel Kahneman在1993年做过一个实验,实验的内容是让受测试者在两种痛苦经历间做出选择。第一种痛苦经历是让受测试者把手放在57华氏度(相当于13.9℃)的水中泡一分钟,第二种是让受测试者先把手放在57华氏度的水中泡一分钟,而后再把手放在59华氏度(相当于15℃)的水中泡30秒钟,尽管第二种经历把被测者的痛苦时间延长了30秒,可当问及他们愿意重复哪种经历时,竟有70%的人选择了第二种。

由此可见,当服务组织必须从事一些令顾客不满的活动时,应该让它们及早发生,譬如,人满为患的超市必须让顾客排队等待时,不应让顾客在结账和出口处排队,而应就此让顾客在入口处排队。餐厅在不能及时提供饭菜时,可让顾客在第一道菜上多等待些时间,以后逐渐加快,并力保最后一道菜的及时提供。这就是"近因效应"在营销中运用的例子。

3. 晕轮效应

晕轮效应也称为光环效应或印象扩散效应,是指人们在观察事物时,由于事物所具有

消费心理应用

的某些特征从观察者的角度来看非常突出，使他们产生了清晰、明显的知觉，由此掩盖了对该事物其他特征的知觉，从而产生了美化或丑化对象的印象。人们常说的"一俊遮百丑"、"一好百好，一坏百坏"的知觉偏差，即是晕轮效应的典型例子。晕轮效应发生在消费者身上，表现为消费者根据对企业某一方面的突出知觉做出了对整个企业优劣的判断。如企业对售后服务的承诺兑现程度如何、接待顾客投诉的态度及处理方式是否认真负责等，这些都会使消费者产生晕轮效应，使之形成对整个企业的总体形象的知觉偏差。

俄国著名的大文豪普希金曾因晕轮效应的作用吃了大苦头。他狂热地爱上了被称为"莫斯科第一美人"的娜坦丽，并且和她结了婚。娜坦丽容貌惊人，但与普希金志不同道不合。当普希金每次把写好的诗读给她听时，她总是捂着耳朵说："不要听！不要听！"相反，她总是要普希金陪她游乐，出席一些豪华的晚会、舞会，普希金为此丢下创作，弄得债台高筑，最后还为她决斗而死，使一颗文学巨星过早地陨落。在普希金看来，一个漂亮的女人也必然有非凡的智慧和高贵的品格，然而事实并非如此，这种现象被称为晕轮效应。

市场营销中应注意名人广告、品牌、包装晕轮效应的运用。在营销中，品牌的晕轮效应是强大的，要避免一切有损于品牌形象的发生和广告晕轮效应的形象代言人个性和产品个性的和谐统一。

4. 定势效应

所谓定势效应，是指人们因为局限于既有的信息或认识的现象。人们在一定的环境中工作和生活，久而久之就会形成一种固定的思维模式，使人们习惯于从固定的角度来观察、思考事物，以固定的方式来接受事物。消费者对不同的营销人员的个体形象及其评价也有一些概念化的判断标准。这种印象若与消费者心目中的"定势"吻合，将会引起消费者的心理及行为的变化。例如，仪态大方、举止稳重的营销人员，给消费者最直观的感受是"真诚"、"可信赖"，与消费者的心理定势相吻合，消费者则愿意与其接近，征询他们的意见和接受他们的指导，容易促成交易。反之，消费者对于闪烁其词、解答问题含糊不清、急于成交的营销人员的最直观感受是"不可信赖"，与消费者的心理定势相吻合，消费者则会产生警觉、疑虑、厌恶的情绪并拒绝购买。

顾客来到商场最关心的就是商品，所以一进门就会把目光投向柜台货架，这时候，如果柜台货架上商品琳琅满目，非常丰富，他的精神就会为之一振，产生较大热情。无形中他会产生一种下意识：这儿的商品这么多，一定有适合我买的。因而购物信心大增，购物兴趣高涨。相反，如果货架上商品稀稀拉拉，营业大厅空空荡荡，顾客就容易泄气，他会觉得商品这么少，能有啥好货。一旦产生这种心理，便会对解囊消费造成极大阻力。因此，商品陈列的基本要求就是商品摆放要丰满。

任务8 营销服务与消费心理

知识链接

心理学实验之二

阿伯特·卡米洛先生是一位著名的心算家,不管你给他出一个多么复杂的难题,他都能立即得出正确的答案。在他的心算历史上,还从来没有被人难倒过。

这天,一位年轻的心理学家从远方慕名而来,他要亲自考一考这位著名的心算家。许多人知道了都前来观看。

年轻的心理学家微笑着和心算家打过招呼后,心算家很客气地请他随便出题。

"一辆载着285名旅客的火车驶进车站,这时下车去35人,又上来85人",心理学家不紧不慢地开始出题了。心算家听后微微一笑。"在下一站上来101人,下去69人;再下一站下去17人,上来15人;再下一站下去40人,只上来8人;再下一站又下去99人,上来54人。"这时主考人已说得喘不过气来。"还有吗?"心算家非常同情地问主考人。"还有"主考人透了口气说:"请您接着算。"他又加快速度说:"火车继续往前开,到了下一站……再下一站……再下一站……",这时他突然叫道:"完了,卡米洛先生!"

心算家轻蔑地笑着说:"您马上要知道结果吗?"

"那当然",心理学家点点头,同样微笑着说:"不过,我现在并不想知道车上还有多少乘客,我想知道的是这趟车究竟停靠了多少站?"

这时著名的心算家一下子呆住了。

心算家为什么答不出主考人的问题呢?这位心理学家又是怎样把心算家难住的呢?原来心理学家巧妙地利用了思维定式的规律和特点,钻了心算家的空子。

所以说,成见是误导的前提。无论你是谁,如果你不留心的话,都可能被误导。

课堂讨论

请各举一个例子说明营销服务中的心理效应。

任务导入2

"塑胶大王"王永庆的第一桶金

15岁的王永庆,听了祖父的话,决心走出山区,去寻找一个能挣到钱的地方,帮助母亲养活一家人。他一个人孤零零地来到台湾南部的嘉义县县城,在一家米店里当上了小工。聪明伶俐的王永庆,除了完成自己送米的本职工作以外,处处留心老板经营米店的窍门,

消费心理应用

学习做生意的本领。第二年,他觉得自己有把握做好米店的生意了,就请求父亲帮他借了些钱做本钱,自己在嘉义开了家小小的米店。

米店新开,营业上就碰到了困难。原来,城里的居民都有自己熟识的米店,而那些米店也总是紧紧地拴住这些老主顾。王永庆的米店一天到晚冷冷清清,没有人上门。16岁的王永庆只好一家家地走访附近的居民,好不容易,才说动一些住户同意试用他的米。为了打开销路,王永庆努力为他的新主顾做好服务工作。他主动为顾客送上门,还注意收集人家用米的情况;家里有几口人,每天大约要吃多少米……估计哪家买的米快要吃完了,他就主动把米送到那户人家。他还免费为顾客提供服务,如掏出陈米、清洗米缸等。他的米店开门早,关门晚,比其他米店每天要多营业4个小时以上,随时买随时送。有时顾客半夜里敲门,他也总是热情地把米送到顾客家中。

经过王永庆的艰苦努力,他的米店的营业额大大超过了同行店家,越来越兴旺。后来,他又开了一家碾米厂,自己买进稻子碾米出售,这样不但利润高,而且米的质量也更有保证。

【问题】1. 服务心理内容有哪些?
2. 服务心理策略的运用?

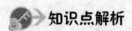

知识点解析

子任务8.2 售前、售中、售后服务心理

8.2.1 售前服务心理

1. 售前服务

一个完整的销售流程应当至少包括售前服务、售中服务和售后服务三个部分。在当前市场环境下,售后服务被放到特别突出的位置,很少有人研究分析销售中的售前服务问题。在整个营销和销售系统链条中,售前服务是营销和销售之间的纽带,作用至关重要,不可忽视。

售前服务是企业在顾客未接触产品之前所开展的一系列刺激顾客购买欲望的服务工作。售前服务的内容多种多样,主要是提供信息、市场调查预测、产品定制、加工整理、提供咨询、接受电话订货和邮购、提供多种方便和财务服务等。售前服务的主要目的是协助客户做好工程规划和系统需求分析,使得我们的产品能够最大限度地满足用户需要,同时也使客户的投资发挥出最大的综合经济效益。售前服务的重要性表现在以下几个方面。

任务 8 营销服务与消费心理

（1）售前服务是企业经营策略之一。

如果没有售前服务，企业就会相对缺乏消费者信息，造成市场信息不完全，企业的经营决策也就不理想，甚至走上相左的路线。通过售前服务，我们可以了解消费者和竞争对手的情况，从而设计出符合消费者的产品，可以制定出适当的促销策略，这样就会有事半功倍的效果。

（2）售前服务是决定产品销售与企业效益的最基本因素。

现在的市场是买方市场，产品供大于求，消费者有充分的选择余地。如果企业的售前服务没有做好，消费者根本就不会理会你的产品；如果没有好的售前服务——高质量的产品，消费者在使用产品时就会麻烦不断，再好的售后服务也不能从根本上解决问题，从而导致人们不会购买该产品。总之，一切问题都应该解决在产品销售之前。因此，优质的售前服务是产品销售的前提和基础，是提高企业经济效益的关键。

（3）加强售前服务可以扩大产品销路，提高企业的竞争能力。

企业通过开展售前服务，加强双方的了解，为消费者创造购买产品的条件，消费者也就信任该企业及产品，从而也就愿意购买；赢得消费者的支持，赢得市场，也就是提高了企业的竞争能力。

2. 售前顾客心理分析

顾客由于需要产生购买动机，这种购买动机受时空、情境等因素的制约，有着各种各样的心理取向。

（1）顾客认知商品的欲望。

售前，顾客最关注的是有关商品的信息。他们需要了解商品的品质、规格、性能、价格、使用方法，以及售后服务等内容，这是决定是否购买的基础。

（2）顾客的价值取向和审美情趣。

随有社会经济的发展，人们的价值取向和审美情趣往往表现出社区消费趋同的现象。所以，通过市场调研了解社区顾客的价值取向和审美情趣，并以此作为标准来细分市场，对销售大有帮助。

（3）顾客的期望值。

顾客在购买以前，往往对自己要购买的商品有所估量。这种估量可能是品牌，可能是价格，可能是性能，也可能是其他因素。这种估量就是所谓的期望值。随着时代的发展，人们对产品的要求越来越高，企业生产与销售产品，一方面要满足顾客的物质需要，另一方面要满足顾客的心理需要。顾客的购买从生理需求占主导地位正逐渐转变为心理需求占主导地位，心理需求往往比物质需求更为重要。因此，服务除了要考虑产品的质量等各项

消费心理应用

功能外，还要考虑人们引申的需求。营销人员在售前服务中应根据顾客的心理特征，有效地把握顾客的期望值。

（4）顾客的自我意识。

自我意识并非与生俱来，它是个体在社会生活过程中与他人相互作用、相互交往、逐渐发展所形成的。所以，要了解顾客的自我意识，为进一步开展营销活动奠定基础。

3. 售前服务心理策略

（1）提供情报，服务决策。

提供情报是售前服务的首要目标，它具有双重性。一方面沟通企业和顾客的联系，为企业提供目标市场的顾客的有关情报，引导企业开发新产品，开拓新市场；另一方面，通过沟通企业和顾客的联系，企业可以为目标市场的顾客提供有关情报，让顾客更好地了解企业的产品或服务，诱导消费。许多企业或企业家正是成功地运用了提供情报的策略，从而使企业作出了准确的经营决策，开拓了新的市场。

（2）突出特点，稳定销售。

突出特点，既是售前服务的功能，也是售前服务沟通的有效策略。在同类产品竞争比较激烈的情况下，许多产品只有细微的差别，消费者往往不易察觉。企业通过富有特色的一系列售前服务工作，一方面可以使自己的产品与竞争者的产品区别开来，树立自己产品或劳务的独特形象；另一方面可以使消费者认识到本企业产品带给消费者的特殊利益，吸引更多消费者。这样，就能创造经营机会，占领和保持更多的市场。

突出特点常用的一种方法是广告宣传。在广告宣传上要做到互不雷同，表现自己的特色，就要正确地把握和表现产品的不同特点，深入了解并针对消费者的需求心理进行广告策划。

公共关系是突出特点的又一种有效方法。企业通过一系列的公关活动，如宣传企业经营宗旨，举办社会性赞助活动等，来显示企业某一方面的行为，塑造企业某一方面的特别形象，以求得公众的理解和赞誉，赢得顾客。

（3）解答疑问，引发需求。

企业要在激烈的竞争中不断开拓新的市场，吸引更多的顾客，就要解除顾客的后顾之忧，一般的顾客在决定购买某一种产品而尚未决定购买某种品牌之前，在很大程度上取决于顾客对某种品牌熟悉的程度。因此顾客在购买决策之前，就要搜集该品牌产品的性能、结构、技术、功能等情报，甚至要求掌握产品的操作使用规则或技巧。企业只有满足了顾客的这些供其决策之用的情报需要，才能使他们从准顾客转化成现实的顾客。

任务8 营销服务与消费心理

旅行社的售前服务

1. 旅游广告

旅行社在投放广告之前,通常会先研究竞争对手的广告,以便研究同行的线路和价格。旅行社投放广告在媒体选择、线路设计和价格上日渐趋同,但还有很多改进和创意的地方。

(1)旅行社把"漫天撒网"的广告投放模式改为"精确打击",对细分市场有针对性地投放广告。如在汽车广告旁投放自驾游的线路广告,在超市广告旁边投放家庭度假的广告,在儿童用品广告旁边投放亲子游广告。

(2)相关报纸、网络媒体的旅游版面将目前的旅行社分类改为线路分类:突出人性化——因为消费者并不在乎哪家旅行社,搜索的时候还是以目标出游地的线路广告为主,给游客带来了方便的同时也就给旅行社带来了客源。

(3)北京、上海旅行社一些门市有明星店员,一些专线、特色的旅行社不妨在报纸广告上突出个人品牌,主打你的明星员工:"要旅游、找小芳!"敢把头像和名字打到报纸上,质量错不了;也利于增强员工的归属感。效果如何?看看"老干妈"、"金嗓子"等就知道了。

(4)常规旅行社的报价一般就是一页纸,但如果一家旅游公司的报价有封面、目录、公司简介、活动介绍、景点介绍、游程设计思路、时间安排、活动保障、游客须知等,可以想象客户看了这样的旅行社报价之后,首先作出的评价就是:专业!

新的广告模式有针对性地为游客提供个性化的资讯,创意个性地表达品牌魅力,便于他们选择喜爱的旅游线路和旅行方式,更少的广告费用赢得更多的客户。

2. 电话咨询

对于与消费者面对面或是电话服务的应对,笔者自己也经历了好几种惊人的服务震撼;有些公司甚至会主动告诉你,我们会在你拨打服务电话与服务员通话时录音,确保你在跟接线员对话时的意见或需求受到立即的处理(当然啦,也是警告消费者:我们录音存证,你不要乱诬赖服务人员);还有一种是在你跟接线员通话完毕之后,要求你不要挂电话,然后你便进入计算机语音进行的服务员评估问答当中。

一个没有发展的企业不会在意服务细节,一个刚起步发展的公司也不会想到这方面,落后的更无暇顾及。交广传媒旅游策划营销机构认为：只有这家公司发现有持续高峰状态的大好契机与把握时，才会愿意花钱花时间花心力，从软件方面着手改进起。

3. 门市咨询

国旅新景界打出了"明星店长"的概念，不仅在公司内部展开了"明星店长"评选活动，更在每周的综合信息广告中开辟"明星店长风采"专栏，展示店长风采风貌。

交广传媒旅游策划营销机构认为：营业门店是展现公司服务最直接的窗口，"明星店长"是门店工作人员的精英，代表着门店的服务水准与品质，是公司"新时代，人性化的专业旅游"品牌形象的直接宣导者。

选出"明星店长"能让市民知道明星企业是由明星员工支撑起来的；同时也是巩固企业统一形象、统一品牌、统一服务标准的一种模式，彰显直营店的优越性。同时，也激励了员工，让他们在自己的工作岗位上更加注重提升自己。

【问题】旅行社是如何搞好售前服务的？有何借鉴意义？

8.2.2 售中服务心理

1. 售中服务

售中服务是指在产品销售过程中为顾客提供的服务。如热情地为顾客介绍、展示产品，详细说明产品使用方法，耐心地帮助顾客挑选商品，解答顾客提出的问题等。售中服务与顾客的实际购买行动相伴随，是促进商品成交的核心环节。

售中服务的目标是为客户提供性能价格比最优的解决方案。针对客户的售中服务，主要体现为销售过程管理和销售管理，销售过程是以销售机会为主线，围绕着销售机会的产生、销售机会的销售控制和跟踪、合同签订、价值交付等一个完整销售周期而展开的，是既满足客户购买商品欲望的服务行为，又是不断满足客户心理需要的服务行为。

优秀的售中服务为客户提供了享受感，从而可以增强客户的购买决策，融洽而自然的销售服务还可以有效地消除客户与企业销售、市场和客户关怀人员之间的隔阂，在买卖双方之间形成一种相互信任的气氛。销售、市场和客户服务人员的服务质量是决定客户是否购买的重要因素，因此对于售中服务来说，提高服务质量尤为重要。

售中服务是零售企业在商品销售过程中直接或间接为顾客提供的各项服务。接待服务是售中服务的中心内容。营业人员在接待顾客时，通过主动、热情、耐心周到的服务，把顾客的潜在需求变为现实需求，达到商品销售的目的。可以说，在商品销售过程中，接待服务对销售成败具有决定的作用。营业人员服务质量的高低，直接关系企业声誉的好坏，因此，企业应实行接待服务规范化，分别规定具体的内容和要求。

阿里巴巴网络技术有限公司客户支持（售中服务）职位描述

职位描述：
通过电话和邮件的方式，与客户及销售人员保持良好的沟通与协作，独立完成合同执行。
主要职责：
1）负责供应商客户及销售人员在制作过程中的产品制作咨询，协助客户完成页面资料提交，提供制作过程中的操作建议；
2）负责正确地合同执行，保证合同在最短时间内完成发布，并完成团队发布业绩；
3）负责将客户信息反馈，维护客户关系。

2. 售中顾客心理分析

顾客在接受售中服务的过程中，大致有以下期望希望得到满足。

（1）希望获得详尽的商品信息。

顾客希望营销人员能对顾客所选购的商品提供尽可能详细的信息，使自己准确了解商品，解决选购的疑惑与困难。期望主要表现在：营销人员提供的信息是真实可靠的，不能为了推销而搞虚假信息；提供的信息够用、具体、易于掌握。

（2）希望寻求决策帮助。

当顾客选购商品时，营销人员是他们进行决策的重要咨询和参与者。特别是在顾客拿不定主意时，非常希望营销人员能提供参谋建议，帮助顾客做出正确的购买决策。期望主要表现在：营销人员能站在顾客的角度，从维护顾客利益的立场出发帮助其做出决策；能提供令顾客信服的决策分析；能有针对性地解决顾客的疑惑与难题。

（3）希望受到热情的接待与尊敬。

顾客对售中服务的社会心理需要，主要是能在选购过程中受到营销人员的热情接待，能使受人尊敬的需要得到满足。这种期望主要表现在：受到营销人员的以礼相待；营销人员满怀热忱，拿递商品不厌烦，回答问题耐心温和；在言谈话语之间，使顾客的优势与长处得到自我表现。

（4）追求方便快捷。

顾客对售中服务期望的一个重要方面是追求方便、快捷。这种期望主要表现在：减少等待时间，尽快受到接待，尽快完成购物过程，尽快携带商品离开；方便挑选，方便交款，方便取货：已购商品迅速包装递交，大件商品能送货上门。

了解顾客心理对于售中服务至关重要，只有顾客对他们在销售过程中受到的接待完全满意，销售活动才算成功。

3. 售中服务心理策略

现代商业销售服务观念的重要内容之一，就是摒弃过去那种将销售行为视为简单的买卖行为的思想，将销售过程看做是既满足顾客购买商品欲望的服务行为，又是不断满足消费者心理需要的服务行为。

优秀的售中服务显然为顾客提供了享受感，从而可以增强顾客的购买欲望；融洽而自然的销售服务还可以有效地消除顾客与营业员之间的隔阂，在买卖双方之间形成一种相互信任的气氛，营销专家认为这通常是最有利的成交时机。

在日本，销售服务往往被店铺经理认为是商业竞争的有效手段。一位店铺经理曾说："如果一个营业员在销售过程中没有能够体现出优秀的服务业绩，那么他给店铺带来的损失，就不仅仅是一笔买卖未能做成，而是损害了店铺的整体信誉。这样做，企业丧失的利润可能微不足道，但是这样做的后果将使企业丧失竞争力，这是令人不能容忍的。"

营业员的服务质量是决定顾客是否购买的重要因素，一个成功的营业员所应具备的素质，是每一个企业都必须非常重视的问题。如果说售前服务只是使潜在顾客产生购买欲望，做出初步购买决定，那么售中服务就是使这种意向和决定转为购买现实。因此，对于售中服务来说，提高服务质量尤为重要，其要点是要实现精细服务和超值服务。

（1）精细服务。服务无小节，顾客的事再小也是大事；小处最能体现服务的精神和功底。这就是精细服务的出发点和指导思想。

从小事着眼，为顾客创造舒适而温馨的服务感受，才能使品牌昌盛不衰。两家企业可能在服务环境、服务项目和服务手段方面99%是一样的，只有1%不一样，而这1%的物质恰恰是形成高品质服务的特殊材料。所谓高品质服务大多不是由企业为顾客所做的99件有形的大事决定的，而是由企业提供的、在顾客最需要的时候那种无形的微不足道的小事决定的。

（2）超值服务。按照现代服务营销理念，顾客对服务质量的评价取决于服务感受质量与服务预期质量的比较，如果感受质量超过预期质量，那么顾客会觉得物超所值，其满意度会大大提高，同时，顾客对企业和品牌的印象也会更加深刻。所谓超值服务就是尽一切可能让顾客亲身感到的服务比想象的好，给顾客一个惊喜。超值服务主要通过三种途径来实现：①超越顾客的心理界限，即在顾客对服务的心理预期仅限于国家"三包"范围内的情况下，企业不以此为满足，而是提供超常规的服务；②超越时空界限，即让顾客感到你的服务无处不在、无时不有；③超越经济界限，即为了使顾客满意，不惜牺牲眼前的经济利益。正如日本一位企业家所说"金钱即使损失了还能挽回,一旦失去信誉就难以挽回。守信誉就要不惜付出任何代价,亮出真心。"

8.2.3 售后服务心理

1. 售后服务

售后服务是指产品出售以后,企业或销售人员应该提供的服务。

售后服务,是产品生产单位对消费者负责的一项重要措施,也是增强产品竞争能力的一个办法。售后服务的内容主要包括:

(1) 代为消费者安装、调试产品;

(2) 根据消费者要求,进行有关使用等方面的技术指导;

(3) 保证维修零配件的供应;

(4) 负责维修服务;

(5) 对产品实行"三包",即包修、包换、包退。现在许多人认为产品售后服务就是"三包",这是一种狭义的理解;

(6) 处理消费者来信来访,解答消费者的咨询,同时用各种方式征集消费者对产品质量的意见,并根据情况及时改进。

2. 售后顾客心理分析

顾客在进行购买以后,无论是要求退换商品,还是咨询商品的使用方法,或是要求对商品进行维修等,他们的心理活动是各不相同的。其心理状态表现为以下几个方面。

(1) 评价心理

顾客在购买商品后,会自觉不自觉地进行关于购买商品的评价,即对所购商品是否满意进行评估,进而获得满意或后悔等心理体验。

(2) 试探心理

由于主观和客观的多种因素,顾客对所购商品的评价在购买的初期可能会出现不知是否合适的阶段,尤其以大件和新产品居多,甚至有些顾客希望退换商品。但他们来到商店提出要求退换商品的问题时,往往具有试探的心理状态。先来试探商店的态度,以便进一步做出决断。

(3) 求助心理

顾客在要求送货安装、维修商品、询问使用方法和要求退换商品的时候,多会表现出请求商场给予帮助的心理状态。

(4) 退换心理

当购买的商品被顾客确定为购买失误或因产品质量出现问题时,顾客就会产生要求退换商品或进行商品维修的心理状态。

3. 售后服务心理策略

良好的服务体现在售后服务的主动性上。什么是主动式服务？比如，商品售出后，服务人员应每隔一段时间打电话或上门向顾客询问一下商品的使用状况如何、是否有什么问题或建议，而不是等到顾客遇到了麻烦，怀着不愉快的心情找上门来求助时，才给顾客提供帮助，这就是主动式售后服务。它可减少顾客的抱怨，特别容易使新顾客成为老顾客，还有利于赢得顾客对品牌的口碑。然而在笔者调查的几家企业中，主动式售后服务几乎为零。这种现象同企业天天高唱"顾客至上"相矛盾。随着市场由卖方市场向买方市场的转变，售后服务必将成为企业竞争的关键因素之一，从而对顾客的心理产生深远的影响。

（1）全面售后服务策略

指企业为消费者提供所需要的产品售后全过程的所有服务，这种策略几乎适用于所有经济价值高、寿命周期长、结构复杂和技术性强的产品，同时，能够最大范围地获得消费者的满意，增强企业的竞争能力，扩大市场占有率，给企业带来良好的经济效益和社会效益。

在市场经济条件下，迫使企业间采取激烈的人才、质量、价格等方面的竞争，售后服务的竞争必然是企业采取有效竞争策略的重要手段。全面售后服务策略能够收到部分服务所收不到的意想效果，最大限度地发挥产品的功效和促进销售。因此，是企业产品服务策略的发展方向。20 世纪 70 年代初，日本的汽车厂商急于打开广大的欧洲市场，为了提高日本汽车的知名度，赢得欧洲顾客的青睐，采取了积极的广告宣传攻势，优质价廉的营销组合策略等一系列营销手段，却忽视了售后服务，因此始终达不到意想的效果，市场占有率仅为 12%。过了一段时间，聪明的日本商家调整了产品策略，在欧洲各地建立了数万个汽车服务和维修网点，采取全面售后服务策略，消除顾客的不满情绪，提高日本汽车的知名度和美誉度，使市场占有率一下达到 43%，收到了预想的效果。

（2）特殊售后服务策略

指企业向消费者提供大多数其他企业所没有的售后服务。最大限度地满足消费者的需要，这种策略适用于经济价值比较高，寿命周期不太长的产品，特别是季节性和专利性产品。这种策略往往具有这样几个特点。

① 反映企业优良的产品特色和独特的服务项目，在满足顾客物质需要的同时，在心理上也获得充分的享受。

② 满足特殊消费者的特殊需要。由于生理、心理和文化背景的不同，一部分消费者具有特殊服务的要求，企业应通过特殊服务来予以满足，产品售后服务的竞争，是经营者智慧和创新的竞争，精于思考，独出心裁，必然使产品销路不断拓宽，赢得消费者的欢迎。

任务 8　营销服务与消费心理

我国南方的一个空调器生产厂家，曾在春节期间别出心裁也搞 3 个 "我心中的最佳产品" 大奖赛，在报纸上刊登，印发几万张宣传单，同时，派销售人员挨户上门讲解，并免费进行空调器的维修服务活动，这样，生产厂家的形象不仅深深扎根在消费者的心目中，还扩大了影响，消费者众多，在当年的夏季，给企业带来颇好的经济效益和社会效益。

（3）适当售后服务策略

指企业根据经营目标、市场环境，产品特点和消费者需求，仅仅对购买者的某些服务项目提供特定的服务，这种策略普遍适合中小型企业采用。这些企业由于受到人力、物力、财力的限制，为了控制生产成本和服务成本，只能为大多数消费者提供适当的最好的售后服务项目。否则产品的服务成本和价格将会大幅度提高，产品的销售量和企业的经济效益趋于下降。由于这种售后服务策略只提供消费者所提出的、适当的售后服务项目，将其他服务项目舍弃，这样使消费者得不到希望的全面服务，产生不满情绪，甚至不满情绪比较强烈时会转而购买竞争者的产品，导致企业产品销售量、市场份额和经济效益的下降。因此，这种策略仅在消费者十分看重产品的质量和价格方面，不十分重视产品的售后服务，且服务的项目和内容不多时才可以采用。有些制衣厂、制鞋厂等都是采用这种服务策略。

总之，适当售后服务策略的优点是可以有效地减少和控制生产和服务成本，将企业有限的人力、物力、财力投入到开发和生产领域，从而扩大了生产规模，开拓了市场，缺点是有可能引起消费者的不满，削弱竞争力。

因此，在运用这种策略时，需要小心谨慎地确定服务项目、服务内容和服务对象，同时随着企业实力和市场需求的不断变化适时地改善售后服务策略。

三招应对客户抱怨

星期五的黄昏，叮铃铃……手机铃响了，舒德琪看了一眼来电显示，这个熟悉的号码今天已响了不下十次他也接听了不下十次，令他十分的烦恼。在手机铃声持续了半分钟后，舒德琪勉强的按了接听键，耳边立刻传来浙江代理商叶老板闹哄哄高频率宁波口音，舒德琪把手机从耳边移开，真想把手机甩掉但是他不能，因为叶老板是 A 公司在浙江最大的代理商，而舒德琪恰好是 A 公司浙江省的地区销售经理。叶老板的生意做得很大，像所有的大客户一样脾气也很大，在舒德琪的记忆中叶老板的电话几乎都是对厂家的抱怨和各种不合理的要求。那今天叶老板的电话又为哪般呢？

事情是这样：A 公司一直严格奉行总部制定的三不政策（不直销；不赊账；重点城市不设总代理），因此在宁波市还有直接供货的另一家代理商林老板，经营规模比叶老板小一

消费心理应用

些,当然也无法享受比叶老板更优惠价格和扣点,这本是商业秘密,舒德琪当然不会向叶老板公开。但叶老板多方打听并由此也成为一块心病,怀疑舒德琪给了林老板更优惠政策。所以监视林老板的一举一动,向舒德琪投诉对方搞低价促销抢他的客户,几乎是家常便饭,过一段时间就要发作一次。但叶老板多半拿不出证据,舒德琪的调查也表明 90%是无中生有。虽然做了不少协调工作如规定市场最低限价等,但收效不大。舒德琪的手机照样响起叶老板的投诉,最终叶老板提出由其宁波市独家代理,林老板的货他可以平价调拨不赚对方一分钱。舒德琪当然不能答应但也搞的他不胜其烦,这不今天叶老板又来投诉林老板低价抢他的客户了。

但叶老板一天十几个电话,舒德琪真的要被搞得崩溃,有时想想干脆将整个宁波的销售目标与叶老板签个总代理协议,自己也落个清闲少操心,却违反了公司重点城市不设总代理的政策。不得已舒德琪拨通他的上司中国区销售总监陆明的电话寻求帮助,虽然他极不愿意这么做。因为除显示他的无能搞不掂外,也有将难题上交之嫌。

陆明A公司的中国区销售总监,接到舒德琪的电话后陷入了沉思。这样的状况不单单舒德琪会碰到,其实还是很有些普遍性。我们的销售人员也包括像舒德琪这样的地区销售经理,有很好的教育背景,熟悉产品也接受了完善的销售培训,但恰恰在基本的商业意识上与我们的代理商相差悬殊,不是他们的对手,虽然他们可能出身农民连小学也没有毕业。

客户为什么抱怨?这看似简单的问题其实并不简单。

答案一:厂家的服务无法满足客户要求,送货不及时、货物短缺或产品的质量问题等,引起客户的不满和抱怨。

答案二:有些商家对厂家销售人员的抱怨已形成了一个习惯,这些客户可能生意不顺利或碰到其他个人等原因,没有明显的动机也许抱怨只是一种发泄。

答案三:商家喜欢把A产品服务与B产品相比,然后把你说的一无是处,其实明天他碰到B产品的销售人员,同样也会把B产品贬得一文不值;更有些心怀巨测的商家抓住厂家一些鸡毛碎皮的小事或者干脆无中生有造成事端,给厂家的销售人员造成心理压力,其实抱怨只是手段,目的只有一个,增加谈判的筹码,从厂家获取更多优惠条件如价格付款条件或要达到某种特别的目的。

分析和认清客户抱怨背后的真正的动机和他的潜台词,对于销售人员来说尤为重要。如果是属于第一种情况,则应虚心接受,及时向公司反馈,限期整改,给客户一个交代。如果属于第二类情况,销售人员不需过多解释,只需做一个倾听者,因为这个人其实是找一种发泄的方式,碰巧遇到你了。但遇到第三种情况的,应该大声对客户说不,这才是一个优秀销售人员所为。部分销售人员尤其对大客户的态度过分谦卑,对他们的一些无理要求和指责只会点头称是,从不提出反驳意见;或者像舒德琪那样采取躲避的办法。

一个没有勇气大声反驳客户无端指责的销售人员，肯定会在生意中甘拜下风，最终向客户作出种种让步，损害到公司的利益。

从舒德琪反映的情况来看，叶老板的抱怨大致属于第三类情况，但毕竟是大客户慎重起见还是需要进一步调查再下结论。陆明想到这里，决定牺牲周末休息的时间到宁波跑一趟，与舒德琪一起拜访叶老板，不单单去解决问题，其实也是对下属最好的培训机会。

【问题】1. 顾客抱怨的原因是什么？
2. 怎样处理客户的抱怨？

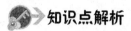知识点解析

子任务 8.3　消费者抱怨与投诉心理特征及解决方法和技巧

8.3.1　消费者抱怨与投诉心理特征

鲁迅先生说过："人最悲哀的时候是多次询问后没有答复？仿佛一人置身沙漠……"。客户投诉毕竟是对产品或服务的一种反馈，尽管大多是抱怨。这说明客户在一定程度上还是对我们的产品或服务有期望值的。客户满意就是给客户一种意想不到的惊喜。因此，如果掌握了消费者抱怨与投诉心理特征，抓住机会，将客户的投诉转化成赞扬。这个客户在未来的一段时期内会给我们带来持续的现金流。消费者抱怨与投诉心理特征主要表现在以下几个方面。

1. 期待问题尽快解决

对企业来说，如果顾客期待问题尽快解决，这意味着顾客心理没有达到信任危机的状态，只要企业的相关部门能密切予以配合，在顾客可以容忍的时限内解决了问题，那么顾客的满意度和忠诚度不会受到影响。所以，把握住顾客期待问题尽快解决的心理后，应立即采取措施。如果是常见的可控问题，那么应该给顾客承诺，提出一个解决问题的期限，以安抚顾客。如果是不可控的问题，或者需要进一步确认的问题，那么应更灵活地对顾客表示企业会尽力尽快地解决问题，并会及时与顾客联系，也欢迎和感谢顾客主动来进一步沟通。

2. 渴望得到尊重

人们通过各种途径表达自己丰富的情感，在接受企业的服务时，情感的力量往往超过

理性的力量。如果他们在接受企业营销人员直接提供的服务过程中发现有令人不满意的地方，是不愿意隐瞒的。事实上，顾客投诉服务质量问题，对于企业来说并不是坏事，通过自我审视才能提高服务质量，但只有顾客满意才是最终标准，所以顾客对营销人员服务的监督和投诉能有效地提供客户服务的改进点。

任何顾客自我尊重的心理都非常强，他们在服务过程中的不愉快绝大多数情况都是由于营销人员的失误而表现出对顾客不够尊重，所以需要把握住顾客渴望得到尊重的心理来处理服务类型的投诉事件。顾客总希望他的投诉是对的和有道理的，他们最希望得到的是同情、尊重和重视，处理投诉的工作人员及时向其表示歉意，承诺进一步追查，并感谢顾客的建议和支持，是化解顾客因为自尊心理受损导致不满的有效途径。

3. 希望得到适当补偿

在许多投诉事件中，特别是关于费用的投诉事件中，顾客投诉的目的在于得到补偿。这是顾客意识到自己权益受到损害后的要求，在很多情况是属于误解，也有一些是有理投诉。例如在电信服务中，顾客反响最强烈的短信息服务业务中的知情权问题，建立和终止短信息服务业务的条件、方式的不透明，特别是短信息服务的收费标准模糊不清、乱收费等。这不仅给顾客造成了财产上的损失，而且无法知道如何终止短信启用服务的方式，有持续蒙受损失的可能。因此，在这类投诉处理的过程中，接待人员必须给顾客合理而规范的解释，给予其知情权，并且在有理投诉中提供补偿。

一般来说，顾客希望得到适当补偿的心理越急切，而又无法得到补偿，投诉升级的可能性就越高。投诉升级后，顾客的满意度和忠诚度都会严重下降，因而，从一开始把为什么没有补偿，在何种情况下可以得到补偿，怎样补偿等问题一一解释明白，远比处理投诉升级来得快捷有效。

4. 发泄不满情绪

顾客在带着怒气和抱怨进行投诉时，有可能只是为了发泄不满情绪，使郁闷或不快的心情得到释放和缓解，来维持心理上的平衡。直接发泄不满情绪的情况多见于重复投诉。在处理这类心理的顾客时，接待人员的耐心尤为重要，以恰当的语词和和善的态度安抚顾客，并需要及时与相关部门联系确认问题所在，分清责任，给予合理解释。顾客投诉较多的情况下，极易流失顾客，对此应加强顾客回访，充分沟通。

5. 和他人交流投诉经历

任何顾客都在和他人交流投诉经历的心理，所谓好事不出门，坏事传千里。调查表明，当顾客无法从企业那里得到满意的投诉处理结果时，他会同10个以上的人说起此事，对企业的品牌形象绝对不利。据统计，在不满意的顾客中，只有4%会正式提出投诉，其余的人没有表示出他们的不满，但大约有90%感到不满意的顾客不再光顾那家企业。从数字上看，每有1名通过口头或书面直接向企业提出投诉的顾客，就会约有26名感到不满但保持沉默的顾客。更重要的是，这26名顾客每人都会对另外10名亲朋好友宣传这家企业的恶名，造成消极影响，而这10名亲朋好友中，约有33%的人会把这一坏消息再传递给其他20个人。这样：26+26×10+26×10×33%×20＝2002，即每一名投诉的顾客背后，有2002个潜在顾客对企业不满，他们有可能转向竞争对手，从而削弱企业的存在基础。

8.3.2 解决消费者抱怨与投诉的方法和技巧

即便是最优秀的企业也难免出现服务上的失误，因而，及时采取补救失误的服务措施，消除对顾客的不良影响，是重新赢得顾客对品牌忠诚的有力武器。据美国学者的研究结论，如果投诉得不到企业的重视，2/3的顾客会"投诚"其他企业；如果投诉最终得到了解决，70%的顾客会继续光顾该企业；如果投诉得到了妥善、及时的解决，继续光顾的顾客比重会上升到95%。一项有效的服务补救策略应包括这样几个方面：鼓励并培训顾客向企业投诉；设立专门机构、配备专职人员接受和处理顾客投诉；培训一线员工做好顾客投诉工作；培育乐于接受顾客投诉、善于从补救失误中学习的企业文化。

1. 处理客户抱怨与投诉的方法

（1）确认问题

认真仔细，耐心地听申诉者说话，并边听边记录，在对方陈述过程中判断问题的起因，抓住关键因素。

尽量了解投诉或抱怨问题发生的全过程，听不清楚的，要用委婉的语气进行详细询问，注意不要用攻击性言辞，要用例如"请你再详细讲一次"或者"请等一下，我有些不清楚……"，把你所了解的问题向客户复述一次，让客户予以确认。

了解完问题之后征求客户的意见，如他们认为如何处理才合适，有什么要求等。

（2）分析问题

在自己没有把握情况下，现场不要下结论，不要下判断，也不要轻下承诺。

最好将问题与同行服务人员协商一下，或者向企业领导汇报一下，共同分析以下问题：问题的严重性，到何种程度？你掌握的问题达到何种程度？是否有必要再到其他地方作进一步了解？如听了代理商陈述后，是否应到具体用户，如修车店那儿了解一下。

如果客户所提问题不合理，或无事实依据，如何让客户认识到此点？

解决问题时，抱怨者除求得经济补偿外，还有什么要求？如有些代理商会提出促销，开分店帮助等要求。

（3）互相协商

在与同行服务人员或者与公司领导协商，得到明确意见之后，由在现场的服务人员负责与客户交涉协商，进行协商之前，要考虑以下问题：

公司与抱怨者之间，是否有长期的交易关系？

当你努力把问题解决之后，客户有无今后再度购买的希望？

争执的结果，可能会造成怎样的善意与非善意口传（即口碑）的影响？

客户的要求是什么？是不是无理要求或过分要求？

公司方面有无过失？过失程度多大？

作为公司意见的代理人，要决定给投诉或抱怨者提供某种补偿时，一定要考虑以上条件，如果属公司过失造成的，对受害者的补偿应更丰厚一些；如果是客户方面不合理且日后不可再有业务来往，你可明确地向对方说："NO"。

与客户协商时同样要注意言词表达，要表达清楚明确，尽可能听取客户的意见和观察反应，抓住要点，妥善解决。

（4）处理及落实处理方案

协商有了结论后，接下来就要作适当的处置，将结论汇报公司领导并征得领导同意后，要明确直接地通知客户，并且在以后的工作中要跟踪落实结果，处理方案中有涉及公司内部其他部门的，要将相关信息传达到执行的部门中，如应允客户补偿油品的，要通知仓管及发货部门，如客户要求油品特殊包装的或附加其他识别标志的，应通知相应的生产部门，相关部门是否落实这些方案，售后服务便一定要进行监督和追踪，直到客户反映满意为止。

2. 处理顾客抱怨与投诉的技巧

（1）耐心多一点

在实际处理中，要耐心地倾听客户的抱怨，不要轻易打断客户的叙述，还不要批评客户的不足，而是鼓励客户倾诉下去让他们尽情渲泄心中的不满，当耐心地听完了客户的倾诉与抱怨后，当他们得到了发泄的满足之后，就能够比较自然地听得进服务人员解释和道歉了。

（2）态度好一点

客户有抱怨或投诉就是表现出客户对企业的产品及服务不满意，从心理上来说，他们会觉得企业亏待了他，因此，如果在处理过程中态度不友好，会让他们心理感受及情绪很差，会恶化与客户之间关系；反之若服务人员态度诚恳，礼貌热情，会降低客户的抵触情绪。俗话说："怒者不打笑脸人"，态度谦和友好，会促使客户平解心绪，理智地与服务人员协商解决问题。

（3）动作快一点

处理投诉和抱怨的动作快,一可让客户感觉到尊重,二表示企业解决问题的诚意,三可以及时防止客户的负面污染对企业造成更大的伤害,四可以将损失减至最少。一般接到客户投诉或抱怨的信息,即向客户以电话或传真等方式了解具体内容,然后在企业内部协商好处理方案,最好当天给客户答复。

（4）语言得体一点

客户对企业不满,在发泄不满的言语陈述中有可能会言语过激,如果服务人员与之针锋相对,势必恶化彼此关系,在解释问题过程中,措辞也十分注意,要合情合理,得体大方,不要一开口就说"你怎么这么简单也不会用！"、"你懂不懂最基本的技巧"等伤人自尊的语言,尽量用婉转的语言与客户沟通,即使是客户存在不合理的地方,也不要过于冲动,否则,只会使客户失望并很快离去。

（5）补偿多一点

客户抱怨或投诉,很大程度是因为他们采用该企业的产品后,他们利益受损,因此,客户抱怨或投诉之后,往往会希望得到补偿,这种补偿有可能是物质上如更换产品,退货,或赠品使用等,也可能是精神上的,如道歉等。在补偿时,企业认为有发票进行补偿才能满足客户的,应该尽量补偿多一点,有时是物质及精神补偿同时进行,多一点的补偿金,客户得到额外的收获,他们会理解企业的诚意而对企业再建信心的。

（6）层次高一点

客户提出投诉和抱怨之后都希望自己和问题受到重视,往往处理这些问题的人员的层次会影响客户的期待解决问题的情绪。如果高层次的领导能够亲自到客户处处理或亲自给电话慰问,会化解许多客户的怨气和不满,比较容易配合服务人员进行问题处理。因此处理投诉和抱怨时,如果条件许可,应尽可能提高处理问题的服务人员的级别,如本企业领导出面（或服务人员任职为某部门领导）或聘请知名人士协助等。

（7）办法多一点

很多企业处理客户投诉和抱怨的结果,就是给他们慰问、道歉、赠小礼品等,其实解决问题的办法有许多种,除上所述手段外,可邀请客户参观成功经营或无此问题出现的客户,或邀请他们参加企业内部讨论会,或者给他们奖励等。

3. 处理顾客抱怨与投诉的程序

（1）建立客户意见表（或投诉登记表）之类表格。

接到客户投诉或抱怨的信息,在表格上记录下来并及时将表格传递到售后服务人员手中,负责记录的人要签名确认,如办公室文员、接待员或业务员等。

（2）售后服务人员接到信息后即通过电话、传真或到客户所在地进行面对面的交流沟通,详细了解投诉或抱怨的内容,如问题产品名称规格、生产日期、生产批号、何时使用、问题表现状况,在使用此品牌前曾使用何种品牌,最近使用状况如何等。

(3) 分析这些问题信息,并向客户说明及解释,与客户沟通协商。

(4) 将处理情况向领导汇报,服务人员提出自己的处理意见,申请领导批准后,要及时答复客户。

(5) 客户确认处理方案后,签下处理协议。

(6) 将协议反馈回企业有关部门实施,如需补偿商品的,通知仓管出货,如需送小礼物的,通知市场管理人员发出等。

(7) 跟踪处理结果的落实,直到客户答复满意为止。

案例8-3

某公司客户投诉处理制度

1. 目的及适用范围

1.1 为更好的配合客户投诉处理流程的编制、修订与执行,特制定本制度文件。
1.2 本制度文件适用于经销商直接向总部进行投诉的处理。
1.3 本制度文件由公司市场部拟定,公司市场副总初步审定,公司总经理最终审定,其解释权及修改权属公司市场部。
1.4 本制度文件从2009年1月1日起执行。

2. 职责

2.1 市场部信息课负责客户投诉的受理、分类上报、处置情况跟踪、处置效果分析工作。
2.2 分销中心经理负责对本地区发生的客户对产品、服务的投诉进行处理。
2.3 市场部经理负责客户对推广工作的投诉处理。
2.4 产品部经理负责客户对产品质量、物流配送的投诉的处理。
2.5 市场副总负责对整体的投诉情况的处置进行监督。
2.6 总经理负责客户对区域分销中心经理相关投诉的处理。

3 客户投诉处理流程

3.1 市场部信息科接到客户投诉后,填写客户投诉记录表,需要根据相关信息与客户共同明确投诉的内容和可能的解决方案,并告知客户投诉问题的解决时间。
3.2 信息课汇总客户投诉,并及时将其分发给相关领导与部门进行决策和处理。
3.3 客户投诉的需求:如果属于退换货的要求则进入退换货管理流程;如果属于服务要

求则进入服务管理流程。

3.4 负责处理的人员在处理完成后,反馈处理信息给信息课,形成处理结果记录。

3.5 信息课负责跟踪客户对处理结果的满意程度和工作建议,进一步填入处理结果记录。

4. 相关文件与记录

4.1 《客户投诉流程》

4.2 《退换货流程》

4.3 《服务投诉处理流程》

4.4 《客户投诉记录》

4.5 《客户投诉处理结果记录》

任务8 小结

从市场营销学看,营销服务是凝结在实体商品营销中,并表现为多层次的综合性的无形产品。营销服务活动具有一系列的特点,具体表现为:服务性、短暂性、主导性和不对等性。营销服务的影响作用所产生的心理效应表现在以下几个方面:首因效应、近因效应、晕轮效应和定势效应。营销服务由售前、售中、售后服务三阶段构成。售前顾客心理主要表现为:顾客认知商品的欲望、顾客的价值取向和审美情趣、顾客的期望值、顾客的自我意识等。售中顾客心理表现为:希望获得详尽的商品信息、希望寻求决策帮助、希望受到热情的接待与尊敬、追求方便快捷等。售后顾客心理表现为:评价心理、试探心理、求助心理、退换心理。企业应根据不同阶段顾客的心理特点采取相应的策略。消费者抱怨与投诉心理特征主要表现在:期待问题尽快解决、渴望待到尊重、希望得到适当补偿、发泄不满情绪、和他人交流投诉经历。分析消费者抱怨与投诉产生的原因,采取适当的方法,及时采取补救失误的服务措施,消除对顾客的不良影响,是重新赢得顾客对品牌忠诚的有力武器。

心理测试 8-1 罗森塔尔实验

美国心理学家罗森塔尔1960年在波士顿的一个私立中学做了一个心理实验,目的是测验学生的潜能。

罗森塔尔请校方找几个班的学生帮助做实验,谎称使用先进的科学仪器可以测出学生

消费心理应用

中将来有多少人可以成才,但条件是不能让被测的学生本人知道。实验期定为12个月。

在测试正式开始前,罗森塔尔派助手暗中偷到了将要被测学生的花名册,就按花名册名单的顺序,不分男女性别,每隔一定的间隔挑选一人作为成才人选。正式测试时,摆放许多高级仪器作样子,实际上就是为被测学生做了诸如身高、血压、体重等常规的身体检查,然后就把预先挑好的成才学生名单交给校方。

当学校老师拿到被选中的成才学生名单后,发现许多被选学生的学习成绩并不是太好,平时基础并不出众,有些甚至是学习比较差的学生,大为怀疑。但罗森塔尔向学校保证所挑出的学生一定都可以成才,并要求学校老师千万不要把名字告诉学生本人。

6个月后,学校老师主动找到罗森塔尔说:"教授,我们真服了你了,你所挑出的学生在这半年中真的大有长进。"但同时也表示抱歉,因为学校并未听罗森塔尔的话,他们把挑出的学生名单都告诉了学生本人。

罗森塔尔告诉学校老师,真正应该抱歉的是自己,因为挑出的学生名单并没有什么科学依据,也从未进行过什么心理测试,而且自己也早已把被挑学生名单私下告诉了学生本人。

实际上,当罗森塔尔把被挑学生名单告诉学生本人后,被挑中的学生就会产生巨大的自豪感,因为自己可能是天才,大大地激发了本身的潜能,学习的主动性会大大提高。当学生把自己经科学家认定将来可以成才的消息告诉家长后,家长也会在各方面大力配合,所以学习成绩提高是必然的。

所以,最有效的激励方法是心智激励。心智激励的作用就是把人的潜能激发起来,使其变成显能。

【实训操作八】

实训名称	综合营销服务
实训目的	1. 能够运用不同阶段的营销服务心理特征。 2. 掌握营销服务技巧。
实训组织	1. 教师提出活动前的准备及注意事项。 2. 学生分为5人一组(其中1人为推销员,1人为观察员,3人为顾客) 3. 对照综合实训题逐题进行情景模拟。 4. 各组通过情景模拟,每题只能选择一个答案。
实训环境	市场营销模拟实训室
实训成果	1. 学生观摩评比。 2. 教师讲评。

任务 8　营销服务与消费心理

【营销服务综合实训题】

1. 在现代推销环境里，你认为一位优秀的推销人员应该是：
   a. 善于聊天的人。
   b. 能说会道的人。
   c. 满脸微笑的人。
   d. 知识渊博的人。
   e. 讨人喜欢的人。
   f. 精于世故的人。
   g. 帮助顾客解决问题的人。
   h. 喜欢旅游活动的人。
   i. 不怕困难的人。

2. 你按响准顾客办公室的门铃后，听到室内有人走动，这时你应该
   a. 站在原处不动，等待主人开门。
   b. 高声叫喊起来，催促主人开门。
   c. 埋头看小说，等待主人开门。
   d. 继续按门铃，直到主人开门。
   e. 在门外徘徊，等待主人开门。
   f. 后退两步，等待主人开门。
   g. 用手指轻叩门板，催促主人开门。
   h. 在门外吸烟，等待主人开门。
   i. 站在门外主人开门时看不到的地方，等候主人开门。

3. 你知道准顾客一定在办公室里。你按响门铃之后，室内没有任何动静……你又一次按响门铃，室内仍然没有人走动……你再一次按响门铃，
   a. 继续按门铃。
   b. 高声叫喊。
   c. 改用手指叩门。
   d. 守候在门口不走。
   e. 大骂主人，决心不再登门拜访。
   f. 用拳头猛击门板。
   g. 悄悄离去，改日再登门拜访。
   h. 通过有关知情人进一步了解这位准顾客的有关情况，另拟接近方案。

消费心理应用

i. 先在旁边躲起来，等主人出门时再上前质问为何不闭门不开。

4. 大江公司是你的 A 级准顾客，你与该公司业务负责人约定好了批发业务面谈时间，你准时赴约，可负责人却迟迟不来，他的秘书告诉你再等一等。在这种情况下你应该

  a. 对他的秘书大发牢骚。
  b. 问秘书到底这是怎么回事。
  c. 告诉秘书你没有时间再等了。
  d. 跟秘书聊天，发展人际关系。
  e. 通过秘书进一步了解那位负责人的有关情况。
  f. 要求秘书重新安排面谈时间。
  g. 整理推销记录。
  h. 告诉秘书等会儿再来。
  i. 请秘书转交你的留言条，改日再来。

5. 在你与顾客交谈时，一位陌生人走过来打断你的发言，把顾客拉到旁边讨论其他事。10 分钟过去了……20 分钟过去了……30 分钟过去了……顾客还是让你一个人等着。这时，你应该

  a. 不辞而别。
  b. 走过去问那人有完没完。
  c. 耐心等待。
  d. 不时朝那边看。
  e. 高声咳嗽。
  f. 对那位陌生人投去不满的眼光。
  g. 告诉顾客你的时间也同样宝贵。
  h. 整理顾客资料卡。
  i. 气呼呼地走掉。

6. 在接见准顾客时，你说今天天气很热；而顾客却不以为然，认为今天很冷。在这种情况下，你应该

  a. 问顾客是否已经感冒。
  b. 说也许自己衣服穿得太多了。
  c. 改口说今天的确很冷。
  d. 劝顾客多穿点衣服。
  e. 请旁人证实今天的确很热。
  f. 拿出袖珍温度计给顾客看一看。

任务 8　营销服务与消费心理

　　g．保持沉默。

　　h．改变接近话题。

　　i．说今天既冷又热。

7．你坐火车旅行，来到一个新的推销区域里访问几位 A 级准顾客。当你走出目的地火车站之后，你应该

　　a．马上购买回程车票。

　　b．就近拨电话约见准顾客。

　　c．携带全部行李，立即闯进见准顾客。

　　d．乘上游览大客车，先去观光。

　　e．就近寄存行李，立即闯进见准顾客。

　　f．先找个旅店住下来，养精蓄锐，作好接近准备。

　　g．立即乘上准顾客派出的接待专车。

　　h．先找个环境幽雅的地方住下来，看看电影，逛逛商场，买点东西。

　　i．乘出租汽车，住进高级饭店，立即拨电话约见准顾客。

8．你来到一位准顾客的办公室门前，发现房门半开半掩，室内有人在讲话，这时你应该

　　a．破门而入。

　　b．轻叫门板。

　　c．大声叫喊。

　　d．站在门外等候。

　　e．悄悄离去。

　　f．请教附近有关人员，弄清室内是否正在召开会议，再作去留决定。

　　g．在门外哼流行歌曲，引起室内人员的注意。

　　h．一手扶门框，一手握门把，轻轻推开房门，双脚站立门外，伸头倾身向室内探视。

　　i．假装咳嗽，引起室内人员的注意。

9．当你来到一家准顾客的办公室里，只见里面摆着一排办公桌，坐着十几位办公人员。你问了几位办公人员，有的默不作声，有的摇摇脑袋，有的根本不理会……没有人告诉你谁是负责人，这时你应该

　　a．气呼呼地走掉。

　　b．说："我怎么闯到聋哑医院来了？"

　　c．痛骂这些人。

　　d．继续问其他人。

　　e．给每人递上香烟。

消费心理应用

f. 退出办公室，再做接近准备。
g. 不请自坐，埋头看小说。
h. 给每人递上一张公司名片。
i. 放弃这家准顾客。

10. 当你与顾客本人交谈时，顾客的一位同事走过来向你提出许多有关推销品的问题，这时你应该

a. 给他白眼。
b. 说他完全不懂。
c. 不予理会。
d. 请他不要激动。
e. 把产品说明书递给他。
f. 劝他不要多管闲事。
g. 问他："您贵姓？"
h. 请顾客本人做相互介绍，然后认真地回答他的问题。
i. 直接回答他的问题。

11. 当你成功地处理了顾客所提出的有关购买异议之后，你应该

a. 立即请求成交。
b. 保持沉默，等待顾客开口说话。
c. 交换话题，继续介绍推销品。
d. 继续举证，支持你的观点。
e. 跟顾客聊天，调节面谈气氛。
f. 问顾客还有什么意见？
g. 指出顾客的无知。
h. 问顾客到底买不买？
i. 洋洋得意，批评顾客。

12. 在产品销售业务的正式洽谈过程中，顾客问："产品要是坏了怎么办？"这时你应该

a. 说："我们负责保修。"
b. 不予理会，继续提示产品的特点。
c. 说："不会过期的！"
d. 请他放心购买。
e. 问他："您说该怎么办？"

f. 请他看价目表。

g. 转移话题，谈点无关问题。

h. 谈谈产品维修方面的问题。

i. 提示有关成交保证条件，请求成交。

13. 你是一位上门推销的业务员，在与顾客的会谈过程中，顾客无意中说错了一句与生意无关的话，这时你应该

a. 说他是外行。

b. 打断他的发言，指出他的错误。

c. 证实他的错误。

d. 嘲笑他的错误。

e. 放过他的错误，听他讲下去。

f. 追问他的错误。

g. 暗示他的错误。

h. 客气地纠正他的错误。

i. 请他慢慢讲，不要着急。

14. 外出推销产品时，免不了会受到顾客的冷遇和拒绝。当你碰到这种情形，你总是

a. 强装笑脸。

b. 不以为然。

c. 大骂一顿。

d. 暗中叫骂。

e. 拉下脸来。

f. 赞美顾客。

g. 一走了之。

h. 一笑了之。

i. 说句笑话。

15. 在产品推销的面谈过程中，顾客发表自己对你公司产品的意见。你认为这些意见毫无道理，这时你应该

a. 认真听取顾客的意见。

b. 紧锁双眉。

c. 整理顾客资料卡。

d. 请顾客不要太激动。

e. 附和顾客的意见。

f. 让顾客休息一下。
g. 赞美顾客的意见。
h. 对顾客的发言表示有兴趣。
i. 翻阅杂志。

16. 你跟顾客交谈了两个多小时,顾客毫无买意,在你起身告别时,顾客问道:"什么时候可以交货?"这时你应该
a. 给他点颜色看看。
b. 气呼呼地走掉。
c. 保证及时交货。
d. 说:"你到底买不买?"
e. 说:"您要求什么时候交货?"
f. 说:"您要买多少?"
g. 不予理会,转身就走。
h. 说:"不买少废话!"
i. 告诉他交货时间可以商量。

17. 你是一位新型产品的营销员。在向顾客介绍产品时,你的双眼应该注视
a. 产品的资料。
b. 室内的陈设。
c. 窗外的美景。
d. 手中的铅笔。
e. 顾客的眼睛。
f. 自己的双脚。
g. 顾客的上衣。
h. 顾客的皮鞋。
i. 天花板。

18. 在正式营销面谈过程中,顾客不时地看自己的手表,这时你应该
a. 问他现在几点钟。
b. 问他是不是手表不走了。
c. 告诉他现在几点钟。
d. 劝他买一块高级手表。
e. 问他是不是手表坏了。
f. 继续跟他讨论昨日新闻。

g. 给他递上一支香烟。

h. 赞美他的手表。

i. 继续发言，迅速结束这次面谈，约定下次见面时间。

19. 在顾客把签过字的订货单交给你之后，你应该先仔细地检查一遍，确认有关手续完整无误，收起订货单，然后

a. 转身就走。

b. 赞美顾客的决定，扼要重复有关业务重点。希望以后加强双方的联系和合作，抓紧离去。

c. 继续跟顾客聊天，沟通双方感情。

d. 谢谢顾客的合作，匆匆离去。

e. 给顾客递上一支高级香烟，抽完烟再离去。

f. 说声"再见！"，夹起公文包就走。

g. 马上请顾客到附近酒家去喝一杯。

h. 给顾客递上一张精美的公司名片，祝贺顾客的决定。

i. 再次详细介绍推销品的特点、功能和顾客所能得到的利益，并重复售后服务对顾客的承诺。

20. 新华贸易公司是你的一家A级常顾客。为了执行顾客固定化策略，你应该

a. 给该公司有关人员送年历。

b. 请他们参观你的公司。

c. 给有关人员送生日礼物。

d. 招待他们看电影。

e. 请他们喝酒。

f. 保持业务联系，注意沟通双方的信息，及时消除误会。

g. 提供全面的售后服务。

h. 定期直言顾客，征求顾客意见。

i. 举办联欢活动。

【本任务过程考核】

一、名词解释

1. 营销服务
2. 首因效应

消费心理应用

二、不定项选择题

1. 消费者在受了一定的损失而向有关部门投诉时,希望能补偿他们的损失,这是（　　）。
   A. 求尊重的心理　　　　　　　　B. 求发泄的心理
   C. 求补偿的心理　　　　　　　　D. 求实用的心理
2. "一俊遮百丑"是（　　）的典型例子。
   A. 首因效应　　　　　　　　　　B. 近因效应
   C. 晕轮效应　　　　　　　　　　D. 定势效应
3. 下列属于引起消费者投诉的客观方面原因有（　　）。
   A. 设备损坏,没有及时修好　　　B. 地震　　　C. 无根据地怀疑消费者
   D. 工作不主动、不认真　　　　　E. 冲撞消费者
4. 消费者投诉时的一般心理是（　　）。
   A. 期待问题尽快解决　　　　　　B. 渴望待到尊重
   C. 希望得到适当补偿　　　　　　D. 发泄不满情绪
   E. 和他人交流投诉经历
5. 售后顾客心理主要表现为（　　）。
   A. 评价心理　　B. 试探心理　　C. 求助心理
   D. 退换心理　　E. 审美情趣

三、判断题

1. 企业要把客户投诉当成是送给企业的厚礼。（　　）
2. 顾客服务是不可以外包的。（　　）
3. 售前服务的主要工作是市场调查。（　　）
4. 营销服务是留住顾客的有效办法。（　　）
5. 处理客户索赔总的的原则是快速解决,避免客户对本企业印象恶化。（　　）
6. 企业关于退换货制度的实施细则没必要写进合同。（　　）
7. 顾客满意是销售服务理念的核心理念。（　　）

四、思考题

1. 举例说明营销活动中的心理效应。
2. 举例说明售前服务中顾客有哪些心理需要？应采取怎样的心理策略？
3. 举例说明售中服务中顾客有哪些心理期望？应采取怎样的心理策略？
4. 举例说明顾客购买商品后有哪些心理？应采取什么心理策略？
5. 消费者抱怨与投诉有哪些心理特点？如何处理消费者抱怨与投诉？

任务 8 营销服务与消费心理

五、案例分析

奔驰服务培养忠诚

德国奔驰公司是享誉世界的汽车制造商,它只所以能屹立汽车业界长盛不衰,除了领导潮流的创新技术,推出新卖点(大打"安全牌"、环保至上)之外,与其无处不在的服务促销是分不开的。

奔驰公司的服务促销从生产车间开始。一般的服务促销都是售后的,而奔驰公司的服务从生产车间已经开始了。厂里在未成型的汽车上挂有一块块的牌子,写着顾客的姓名、车辆型号、式样、色彩、规格和特殊要求等。不同色彩、不同规格、乃至在汽车里安装什么样的收录机等千差万别的要求,都能一一满足。据统计,奔驰车共有 3700 种型号,极大满足顾客要求。

奔驰公司十分重视争取潜在客户。它瞄准未来,心理争夺战从娃娃抓起。每个来提车的顾客驱车离去时,奔驰赠送一辆可作为玩具的小小奔驰车,使车主的下一代也对奔驰车感兴趣,争取一代代都成为奔驰车的客户。这样,顾客买奔驰首先买到了满意的质量和服务。

【问题】1. 结合本案例分析营销服务在企业核心产品中起着什么作用?
　　　　2. 奔驰公司的营销服务分别满足了消费者哪些心理?

任务 9 营销环境与消费心理

 能力目标

通过完成本任务的教学,使学生具备以下基本能力:
1. 能通过营销外部环境对消费心理的影响,正确进行商店选址和门面装潢以及橱窗设计;
2. 能通过营销内部环境对消费心理的影响,正确进行商品陈列和照明、温度、音响设计。

 知识目标

1. 掌握商店选址、店面橱窗与消费心理;
2. 掌握商品陈列、音响、照明、色彩等与消费心理。

 任务分解

子任务 9.1 营销外部环境与消费心理
子任务 9.2 营销内部环境与消费心理

任务 9　营销环境与消费心理

肯德基的选址策略

肯德基选址决策一般是两级审批制，分别为地方公司与总部，要经过两个委员会同意。选址成功率百分之百，是肯德基核心竞争力。肯德基选址主要按以下几个步骤进行。

1. 划分商圈。肯德基计划进入某城市，首先派专业人员收集该地区的详细资料，商圈规划采取记分的方法。例如，这个地区有一个大型的商场，营业额在 1000 万元算 1 分，5000 万算 5 分；有一条公路加多少分，有一条铁路加多少分，这些分值是各年平均的一个较准确的经验值。通过打分把商圈分为几类。以北京为例，有市级商业型、区级商业型、定点（目标）商业型、社区型、旅游型等。

2. 选择商圈。即确定目前在哪个商圈开店，主要目标是哪些？在商圈选择的标准上，一方面要考虑自身的市场定位，另一方面要考虑商圈的稳定性和成熟度。餐馆的市场定位不同，吸引的顾客群不同，商圈的选择也不同。肯德基多数情况下能确定风险，采取比较稳健的原则，保证开一家成功一家。

3. 确定聚客点。要确定这个商圈内主要聚客点在哪里，如北京西单是很成熟的商圈，但不可能西单的任何位置都是聚客点，肯定有主要聚集客人的位置。肯德基选址的原则是：努力争取开在最聚客的地方。

【问题】肯德基成功的因素有哪些？

子任务 9.1　营销外部环境与消费心理

营销环境又称购物环境，是购买行为发生的主要场所。心理学认为，销售环境的优劣直接影响消费者在购物过程中的心理感受，进而影响其购买行为。因此营销企业应充分重视、适应消费者的心理特点，为消费者创造良好、舒适的销售环境。营销环境通常包括营销外部环境和营销内部环境两个层面。

9.1.1　商店选址与消费心理

商店选址是指在组建商店之前对店铺的地址进行论证和决策的过程。具体而言，商店

消费心理应用

选址包含两个方面的含义：首先是指店铺设置的区域以及区域的环境和应达到的基本要求；其次是指店铺设在具体的哪个地点、哪个方位。商店选址是一个综合决策问题，是一项大的、长期性的投资，由于资金投入量大，投入后不易变动，而被认为是零售商战略组合中最缺乏灵活性的要素。同时，它也影响着企业对其他战略的制定，比如，经营目标和经营策略的制定，所以商店位置的重要性是不可低估的。因此在筹建商店时，应慎重而科学地进行地址选择。

（一）区域与选址心理

1. 商场集聚心理

相关店铺的聚集有助于提高相同目标消费群的关注，人们一想到购买某商品就会自然而然想起这条街，比如北京的西单、王府井等。因此，选择同类商品中知名度较高的品牌比较集中的商业区，消费者的购买目标很明确，既能够提升店铺的形象，又有助于提高店铺人气。

2. 购买便捷心理

购买便捷主要是指要方便消费者购买，让消费者能够在最短的时间内购买到所需商品。为便于消费者购买商品，商业企业设点应分布在交通最便捷的区位，即最容易进入的区位。商店的位置应位于人流集散最方便的地区，一般以吸引行车10—20分钟以内的人流最为理想。因此，商场在选址时要考虑以下因素：一是交通要方便；二是要靠近影剧院、商业街、公园名胜、娱乐、旅游地区等人群聚集的场所，可方便顾客随机购物；三是要靠近人口居住稠密区或机关单位集中的地区，符合客流规律和流向的人群集散地段。

3. 最佳地段心理

一般来说，商场的最佳地段主要是指客流量较大的场所，如城市的商业中心、火车站、长途汽车站、公交站点附近、商业步行街、大学校园门口、人气旺盛的旅游景点、大型批发市场门口和大中型居民区等。由于这些地方属于商业集中地段，在车水马龙、人流熙攘的热闹地段开店，成功的几率往往比普通地段高出许多。

另外，在一条商业街内，其两端购物的人要明显少于其他地段，其他一些地段则相对比较优越。例如，上海十里南京路上的第一百货商店生意兴隆、享誉全国，云集了来自各地的顾客。从上海外滩到静安寺的十里南京路段中，它正好处在1/3距离处，接近黄金分割。有人从顾客心理角度分析，认为人们从外滩到达此地，购物的欲望恰好达到了高潮。

任务 9　营销环境与消费心理

（二）商品与选址心理

1. 商品性质与消费心理

营业地点的选择与主营商品和潜在客户群息息相关，各行各业均有不同的特性和消费对象，商业繁华区并不是唯一的选择。经营者在选址时，要对自营的产品及目标消费群体有一个清醒的认识，知己知彼方可制胜。比如便利店和中小型发廊适宜开在社区居民区附近，而酒吧和茶坊则可以开在闹市区附近。销售日常生活用品的超市应设在靠近居民区中间的地段，以方便居民日常购物消费的需要，而黄金饰品、钢琴等贵重物品则应设在与高档商店相毗邻的地段，以适应顾客购买高档物品时对商场档次、商场信誉、外部环境的心理要求。

2. 商品价格与消费心理

商业企业利润是建立在消费者购买力基础上的，而购买力水平取决于消费者的消费水平。一般来说，商业企业的存在，是以服务一定的人口为前提的，这种维持一个商业企业存在的最低人口数量称之为该企业的"人口门槛"，因而商业企业选址必须考虑该区域的人口密度和人口数量及其购买力。因此，应根据顾客对商品价格的需求心理及购买力水平选择地址。例如，高档文化艺术类商品、豪华生活消费品的商场应设在高收入顾客群生活地区或商业街。

顾客定价餐馆

澳大利亚堪培拉市郊有一家餐馆，他们搞了一个创举，让顾客定价。他们打出广告，说你用餐后，想给多少就给多少。很多人都感到奇怪，还有这样做生意的吗？奇怪归奇怪，也有许多愿意尝新的顾客来到店里。服务员殷勤备至，菜品也新鲜可口，环境也雅致宜人，一切都令人满意！顾客心里觉得既然对方能够坦诚相对，如果自己少给钱，感觉也不好。于是，多半都给得超过"标准"。

店里统计了一下，来此就餐的顾客，有80%的顾客超"标准"付款，14%的顾客按"标准"付款，明显少付的只占6%。该餐馆的生意超过其他的餐馆，而且利润不薄。

【问题】你对顾客定价餐馆有何看法？对你有何启示？

消费心理应用

3. 消费习俗与消费心理

消费习俗是指一个地区或一个民族的约定俗成的消费习惯。它是社会风俗的重要组成部分。消费习俗具有某些共同特征，如长期性、社会性、地域性和非强制性。约定俗成的消费习俗以潜移默化的方式发生影响，使生活在其中的消费者自觉或不自觉地遵守这些习俗，并以此规范自己的消费行为。

因此，商场选址也要根据商品的特性，考虑人们消费习俗的不同，因地而异。例如北方毛皮商店兴盛，南方则不宜开设；西部地区的贵州、四川等地广设辣味专营店，而在其他地区则不宜多设。

 知识链接

形色各异的风俗习惯

中东地区严禁带六角形的包装。
英国忌用大象、山羊做商品的装潢图案。
阿拉伯人对熊猫很反感。
墨西哥人视黄花为死花，红花为晦气，而喜爱白花，认为可以避邪。
德国人忌用核桃，认为核桃是不祥之物。
匈牙利人忌13单数。
日本人忌荷花、梅花图案，忌绿色，认为不祥。在数字上忌用4和9。
南亚有些国家忌用狗做商标。
在法国，仙鹤是蠢汉和淫妇的代称，还特别厌恶墨绿色，这是基于对二战的痛苦回忆。
新加坡对红、绿、蓝色都比较喜好，但视黑色为不吉利。
港台商人忌送茉莉花和梅花，因为茉莉和"末利"相近，梅花和"霉花"相似。

（三）商场类型与选址心理

1. 业态分布与消费心理

在进行商店选址时，并非是闹市、商业区就好，而是应该遵循"合适就好"的原则。不同的零售业态在实际操作中进行店址选择时会呈现不同的特点。例如，日用品店或便利店的店址一般设在居民小区或学校等人口集中的地方，其顾客定位为附近的居民，商店所处地点是目标顾客经常经过之地，商店服务内容应该是与该地区居民生活饮食起居息息相

任务 9　营销环境与消费心理

关的。另外，很多人购买牛奶、油等日用品有定点购买的心理倾向，第一次决定从某一商店购买后，在今后的购买中，就不会轻易改变了。

土特产店、箱包店、旅店、娱乐性书店、代办托运店、快餐店、旅游纪念品店、出租相机等店的店址的选择最好在车站附近，零售店最好是在车站出口或可以方便进出车站的路线上。经营的商品须具备符合价位不高、旅游需要、方便携带的特点。

工艺品店、书画店等店址的选择最好是在这些店集中的地方。来这些店的顾客因为购买此类商品时希望有较多的挑选和比较余地，但一个店又不可能经营齐全，因此，这些店最好集中在一起。

大型综合超市和仓储超市等店一般商品的品种比较齐全，价格低，有很多还采用会员制，顾客比较固定，档次比较高，一般都有车，顾客每次购买时购买的东西比较多，也比较齐全，所以，要选择交通方便、车位多的地方，可以独立存在。

大型百货商店或商业广场是城市的主要购物中心，以大众为消费对象，一般建在区域商业中心、人口密集的地区较好，同时最好是接近人们聚集的场所，如公园、电影院、游乐场、舞厅等娱乐场所附近，交通方面要以公共交通为主，步行客流量要大。

  知识链接

如何寻找开店"黄金宝地"？

随着创业热的不断升温，如今想投资开店当小老板的人越来越多。但开店并非像"春天播种，秋天结果"那么简单，而要牵涉到选址、融资、进货、销售等诸多环节，其中选址是关键的第一步。专家指出，开店不同于办厂开公司，以零售为主的经营模式决定了其店面选择的重要性，它往往直接决定着创业的成败。那么，如何选择开店的"黄金宝地"呢？对此，专家提出了5条"良策"。

1. 广开渠道寻找商铺。现在有许多创业者喜欢通过报纸广告、房屋中介、房地产交易会、互联网等了解商铺信息。其实，商铺市场有个"2：8法则"，即公开出租信息的店铺只占总数的20%，而以私下转让等方式进行隐蔽交易的却占80%。所以，寻找商铺一定要广开渠道，多管齐下。

2. "客流"就是"钱流"。商铺选址一定要注意周围的人流量、交通状况以及周围居民和单位的情况。对经营商铺的创业者来说，"客流"就是"钱流"，千万不要因为怕竞争而选在偏远地区。其实，商业区店铺比较集中，反而有助于积聚人气，但要注意经营错位问题。

消费心理应用

3. 选址要有前瞻性。并不是所有的"黄金市口"都一定赚钱,有时遇到市政规划变动,热闹的地段也有可能变成冷僻之地。因此,创业者在选址时要眼光放远些,多了解该地区将来的发展情况。除了市政规划外,还要注意该地区未来同业竞争的情况。

4. 注意租金的性价比。不同地理环境、交通条件、建筑物结构的店面,租金会有很大出入,有时甚至相差十几倍。对创业者来说,不能仅看表面的价格,而应考虑租金的性价比问题。举例来说,对月收入在2万元左右的饮食店,其月租金在3000元-5000元比较合适,能保证一定的毛利率。

5. "团租"方式经济实惠。目前,十几平方米的小商铺很抢手,租金因此水涨船高,而一二百平方米的大商铺却因滞租而身价下跌。在这种情况下,建议几个创业者以团体租赁的方式低价"吃"下大商铺,然后再进行分割,细算下来能节省不少费用。

2.竞争环境与消费心理

商店选址时要充分考虑竞争对手的情况。如连锁商店的网点选择应有利于发挥企业的特色和优势,形成综合服务功能,获取最大的经济效益。大型百货商店可以设在区域性的商业中心,提高市场覆盖率;而小型便利店越接近居民点越佳,避免与中大型超级市场正面竞争。

但在具体选择铺位时,应注意商圈内的竞争对手不宜过多,最好同类商品专营商店不要超过三家。

报喜鸟抢占第一

20世纪90年代,定价在四五千元的"观奇洋服"是乌鲁木齐消费者心目中最高档的西服品牌,在当地最繁华的街道中山路上有一个铺位;曾经有一段时间店铺被围挡住,进行装修,而当装修完毕拉开围挡后,消费者看到熟悉的高档男装"观奇洋服"变为陌生的"报喜鸟",不为人熟知的"报喜鸟"的店面甚至比"观奇洋服"还要大,来势汹汹、装修到位、场面宏大。这时,"报喜鸟"占领了在消费者心目最好位置品牌的店铺,瞬间这只鸟也以高档品牌的形象飞进了人们心里。"报喜鸟"以小城市开大店、抢占第一原则赢得了乌鲁木齐高档男装市场。

【问题】报喜鸟是如何赢得乌鲁木齐高档男装市场的?对你有何启发?

3. 配套场所与消费心理

随着市场竞争日益激烈，顾客在商场购物中除要求获得所需商品外，还要求获得相应的配套服务，配套服务和设施是否完善直接决定了商场的竞争力。因此，商场在选址中要同时考虑配套场所。例如，仓储式会员店一般停车场面积与营业面积之比为1∶1，以方便频繁的进货与顾客大批量购物后的用车停放。大型综合购物中心除应配有相应面积的停车场外，还必须配备如餐饮、娱乐等场所，让顾客能够享受一站式购物体验。以低廉价格销售商品的大卖场则可设在市郊结合部，以便在配备与营业面积相适应的宽敞的停车场的同时，承受较低的低价。尽管路途远一些，但它可以以低价取胜，满足顾客的求廉心理。

雅芳选址分析

关于雅芳专卖店选址主要分析三个方案：

A. 大学周围　　B. 中档小区　　C. 商业中心

在分析雅芳专卖店选址之前我们先来对雅芳做一些了解。

雅芳公司简介：

雅芳公司，1886年创立于美国纽约。目前在45个国家和地区有直接投资，拥有300余万名独立营业代表，业务遍及137个国家和地区，年销售额达52亿美元。全美500家最有实力的企业之一，是一家属于女性的公司。雅芳深信，女性的进步和成功，就是雅芳的进步和成功。

雅芳公司产品简介：

它主要生产的是女性产品，也有少部分的男性产品。以美容护肤品生产为主的雅芳，产品多达两万余种，包括护肤品、化妆品、个人护理品、香品、流行饰品、内衣、健康食品等。而雅芳在中国销售的产品主要是以中低档商品为主。但他的低档商品在我国也要卖几十，中档商品要卖到几百元甚至上千元，所以他所面对的顾客主要是大城市的白领女性。

选址要求：

（1）使用面积在30m²以上的独立一楼临街店铺，或商场内的独立商铺；

（2）有3.5米以上宽的门面、门头可做招牌；

（3）店铺与其他现有产品专卖店应保持相当距离；

（4）周边环境卫生、清洁、美观避免与杂货店、食肆、机械修理店等为邻。

消费心理应用

各选址方案比较分析：

A. 大学周围

在好多人看来大学是一个很不错的投资场所，这里聚集的人很多，解决了人流量多少的问题，在这个客户群体中我们来分析一下购买雅芳产品的潜在客户。雅芳主要生产的是女性产品，也有少部分的男性产品。以美容护肤品生产为主的雅芳，产品多达两万余种。在大学里有大量的女性，由此这里存在着大量的潜在客户，但是潜在客户不代表就是要购买雅芳产品的。因此我们要看它的可能客户。

在校的大学生多半是在18岁到24岁的年龄，也开始保护皮肤的时候，而对于化妆品的消费人数大概有2/3，剩下的1/3并不是不消费化妆品，而是还没有消费化妆品，也就是剩下的1/3女生就是化妆品的可能的消费人群。

大学女生的收入大多都是由家里父母提供，一般在800元左右。所以就决定了大学女生的一般消费水平，也就是中低档化妆名牌。雅芳的产品的价格有几十和上百的，因此在校的大学生是可以购买雅芳的产品，但是购买的次数和品种并不多，一般是购买一些打折产品，再则在校的大学生的消费水平本来就不是很高，他们的经济来源基本上上父母，他们要保证在生活的条件下，才能去购买一些生活用品。

如果商家要在学校周围开设雅芳专卖店，这并不能获得较大的利润，它的发展空间也不大，因此在大学周围开设雅芳专卖店并不是一个理想的决策。

B. 中档小区

在中档小区开设雅芳专卖店是一个比较理想的地方，这主要是因为在中档小区居住的人多数是中等消费人群，虽然雅芳是一个国际品牌，但是它的销售价格多半是中低档消费品的价格，所以雅芳适合这部分消费人群。

其次我们再来分析一下，雅芳专卖店开设在这里的外部环境：

第一，有人说女性最美好的时光是18到28岁，岁月催人老，女生在逼近30岁大关的时候如何留住自己的青春容颜，我想除了保持一个乐观的心态以外，大多数人第一想到的肯定是借助化妆品来维持自己的美丽，办公室女性尤其如此！

第二，虽然女性喜欢逛街，但随着生活节奏的加快，如果能在自己家门口就可以做美容护理，就可以买到自己喜欢的化妆品的话是没有人愿意花费自己宝贵的时间去挤商场的！

因此商家在这里开设雅芳专卖店获利的可能性比较大。在小区是最理想的！

C. 商业中心

商业区虽然是人口积聚最多的地方，很有发展空间。但商业区品牌竞争激烈，你要做好你的品牌，投资较大。而且，商业区流动人口多，不固定。在商业中心购买雅芳产品的潜在消费者比较多，但是它的可能客户比较少。

因此，在商业中心开设雅芳专卖店不是很理想。

【问题】雅芳公司在选址时考虑了哪些方面的因素？

9.1.2 商店招牌与消费心理

商店招牌，顾名思义，就是商店招徕顾客的牌号，也就是商店的名称，是用以识别商店、招揽生意的标志。商店的声誉、形象固然取决于它的历史、规模和服务质量等，然而同时也与商店招牌的名气大小关系密切。

1. 招牌命名的心理作用

在我国，随着社会主义市场经济的确立，商业日益繁荣，市场竞争日益激烈，商店招牌也就日益为经营者所重视。艺术化、立体化和广告化的商店招牌不断涌现；一些以标语口号、隶属关系和数字组合而成的店名也不乏见。但一些新设计的商店招牌，也未能注意招牌命名的心理功能。有的难以识别和记忆；有的与行业属性和主营商品不和谐；有的与经营规模或经营特色名实不符；有的还违背消费者心理，令人反感，从而导致商店关门倒闭。

由此可见，商店招牌除了要注意在形式、用料、构图、造型、色彩等方面给消费者以良好的心灵感受外，还应在命名上多下工夫，力求言简意赅，清新不俗，易读易记，赋予美感，使之具有较强的吸引力，促进消费者的思维联想，达到理想的心理要求。

同仁堂的金字招牌

"同仁堂"是我国中药行业的金牌老店，迄今为止已有300多年的历史。在长达3个多世纪的岁月里，"同仁堂"历经风风雨雨，逐渐发展壮大，并在1997年在深圳证券交易所上市。

"同仁堂"的创始人是清代名医乐显扬，他崇尚"可以养生，可以济世者唯医药为最"的信条，把行医卖药作为养生、济世事业，创办了"同仁堂"药室。他说："同仁，二字可以明堂名，我善其公而雅"。也就是无论贫富贵贱，一视同仁。

"同仁堂"地处北京大栅栏内，地理位置不理想，为了方便顾客，扩大影响，在大栅栏胡同口树立一座金光闪闪的铜楼牌，上面写着斗大的字"同仁堂药店"。

【问题】同仁堂的命名对你有何启发？

消费心理应用

2. 招牌命名的心理方法

从适应消费者心理这个角度来说,招牌命名的心理方法大致可以归纳为以下几种。

(1) 与经营特色或经营商品属性相联系的命名方法。

这种方法通常能反映经营者的经营特色或反映主营商品的优良品质,使消费者易于识别店铺的经营范围,并产生跃跃欲试的心理活动,从而达到招徕生意的目的。例如"一元饱"饭店,标榜的是经济实惠;"舒步皮鞋店"反映主营商品皮鞋具有穿着舒适、便于行走的优良品质。

(2) 与服务精神或经营格言相联系的命名方法。

这种方法通常能反映经营者文明经商、讲求信誉、全心全意为消费者服务的商业道德和服务精神,使消费者产生信任的心理感觉,如"薄利百货店"、"平价商场"等。"薄利"、"平价"的命名主要就是根据消费者购买东西喜欢物美价廉这一心理,主动迎合,并寓意经营者实行薄利、平价经营的宗旨。

(3) 引发联想,予人愉悦的命名方法。

这种方法不直接叙写商品特色与服务项目,而是以富有诗意的名称引发人们的联想,比如"阳光酒家"、"消闲书店"等。

(4) 运用逆反,以贬寓褒的命名方法。

天津"狗不理"包子店,其招牌看起来俗气乃至奇特,贬斥达到极点,但该店早已名扬四海。除了以质佳味美为取信之本外,这一运用逆反心理命名的招牌也为它插上了飞翔的翅膀。

(5) 以人命名,让顾客产生敬慕、兴趣和信任感。

这种命名方法大体有两种情况:一是以有关历史名人命名,如"陆羽茶叶店",以古代茶圣命名,反映出经营者熟知茶叶之道,具有丰富的茶叶经营经验,从而使消费者产生敬慕心理和浓厚兴趣。二是以经营者本人的名字命名,即以自己的人格来保证其质量,充满了敢于经受任何考验的自信心理,从而获得顾客的信任。

(6) 利用谐音,幽默风趣的命名方法。

据载,浙江宁波有一家汤圆店,招牌竟是三幅画:一只水缸、一只鸭子和一条狗。原来这家汤圆店主人的名字叫江阿狗,招牌上的三幅画就是根据店主人名字的谐音而画的。由于阿狗手艺高超,招牌又新颖形象,引来众多好奇的顾客,使该店远近闻名,经久不衰。"168"市场,祝您一路发财的市场;"发新社"理发店,借用"法新社"谐音,告诉顾客能让您的头发焕然一新,就颇为风趣幽默。

综上可见,出色的招牌,总能针对消费者的心理,用高度概括、语意相关和富于形象性的命名,既能引人思考,又能激发人的丰富想象和联想,从而在人的头脑里留下美好的较长时间的记忆。消费者在好的招牌吸引下,往往不由自主地想进去看一看,假若碰上合心意的商品就买下来,以至成为常客,这就是商品招牌在经营中发生促销作用了。因此,为了不落俗套,吸引顾客,在商品招牌命名上,我们怎能不注意招牌命名的心理方法去刻意求新呢?

知识链接

招牌命名六法

1. 以店主姓名来命名。如:杭州的"张小泉"(剪刀)、长沙的杨裕兴(面馆)、天津的"盛锡福"(帽店)等。
2. 以经营特色或主营商品属性来命名。如:"万里"(鞋店)、"花果山"(水果店)、"北极圈"(冷饮店)、"蛇王满"(蛇餐馆)、健力宝(饮料厂)等。
3. 以美好愿望或意境事命名,如:"万家乐"(热水器)、"顺风"(汽车站)、"鸿运"(电风扇厂)、"陶醉楼"(茶楼)、"又一村"(餐馆)等。
4. 以商品上乘、竞争必胜的心态来命名的,如:"新大新"、"皇上皇"等。
5. 以有关的历史名人或典故事命名。如:"陆羽茶叶店"以我国第一部茶叶专著《茶经》作者陆羽命名,"太白酒家"以"斗酒诗百篇"的一代诗仙李白命名。
6. 取文字名句的寓意来命名,如:"鹿鸣"(酒家)取自曹操《短歌行》中的"呦呦鹿鸣,食野之苹,我有嘉宾,鼓瑟吹笙"的著名诗句,用鹿鸣(鹿觅得美食时鸣叫以邀友共赏)寓意要热情周到,待客如宾。

课堂讨论

假如你要开一家水果店,请运用招牌命名的方法给其命名。

9.1.3 橱窗设计与消费心理

美观得体的橱窗设计能提高顾客的购买欲望,是影响零售业业绩的主要因素之一。戴尔比斯进行的调查结果显示,80%成功出售的钻戒都是顾客直接从橱窗中挑选出来的,这足以证明橱窗的促销作用不容忽视。

一个设计巧妙的橱窗,可以在短短几秒钟内吸引行人的脚步,说服消费者进店光顾。由于橱窗的直观展示效果,使它比电视媒体和平面媒体具有更强的说服力和真实感。其无声的导购语言、含蓄的导购方式,也是店铺中的其他营销手段无法替代的。

消费心理应用

(一) 橱窗的结构与种类

1. 橱窗的结构

橱窗的构成一般分为顶部、底部、背板、侧板及灯光。五个部分都具备的橱窗称为"密封式橱窗"。但并非所有的橱窗都具备五个不同部分,不少橱窗只有其中的某些部分,例如只有底部,这类橱窗称为"开放式橱窗"。

不同店铺会采取不同种类的橱窗,但总体来说,橱窗的性质一般取决于所陈列货品的种类。以钻饰为例,橱窗陈设的高度必须以顾客平均视平线为标准,陈设的位置尽量避免过低,令顾客难以接近细看货品。

2. 橱窗的种类

按店铺中橱窗的位置来划分,可分为:

前向式橱窗——橱窗面向街外,与铺面方向一致;

对向式橱窗——橱窗平排相对伸展至店铺入口或设与同向店铺入口通道一边或两边体积较小的橱窗;

多面式橱窗——设与店铺入口通道中央,顾客能从三个不同的入口看到货品。

(二) 橱窗的心理功能

1. 唤起消费者注意

在商品日益丰富的今天,随着新产品不断推向市场,商品品种越来越多,人们面对琳琅满目的商品,不免要眼花缭乱,视野被淹没在商品的海洋中。橱窗既是装饰商场店面的重要手段,也是商场直接向顾客推介商品的不可或缺的广告宣传形式。当一个人漫无目的地走在商业街上时,一个醒目的、色彩绚丽的橱窗很容易吸引他的视线,引起他的注意。

2. 引起消费者兴趣

精选经营的重要商品进行陈列,并根据消费者的兴趣和季节有所变化,把热门货或新推广的商品摆在橱窗显眼的位置上,不但能给消费者一个经营项目的整体形象,还能给消费者以新鲜感和亲切感,引起消费者对商店的注意和需求的兴趣。

3. 激发消费者的购买动机

橱窗的装饰美术、民族风格和时代气息,不但使消费者对商品有一个良好的直观印象,还会引起他们对事物的美好联想,获得精神上的满足,从而促进购买的心理欲望。

橱窗用实在的商品组成货样群,如实地介绍商品的效能、用途、使用和保管方法,直接或间接地反映商品的质量可靠、价格合理等特点,不但可以提高消费者选购商品的积极性，还可以带给他们货真价实的感觉，激发顾客的购买动机，增强购买商品的信心。

（三）橱窗设计的心理方法

橱窗设计要遵守三个原则：一是以别出心裁的设计吸引顾客，切忌平面化，努力追求动感和文化艺术色彩；二是可通过一些生活化场景使顾客感到亲切自然，进而产生共鸣；三是努力给顾客留下深刻的印象，通过本店所经营的橱窗巧妙的展示，使顾客过目不忘，印入脑海。遵循这三个原则，橱窗设计的心理方法有以下几种。

1. 精选商品，突出主题

在商店里，商品是消费者最关心的视觉对象。大多数消费者看橱窗的目的，往往就是为了观赏、了解和评价橱窗的陈列商品，为选购商品收集有关资料，以便作出决定。因此，商店橱窗设计最重要的心理方法，就是要充分显示商品，突出商品，把商品的主要优良品质或个性特征，清晰地显示给消费者，给选购以方便感。

2. 塑造优美的整体形象

在橱窗陈列中，商品是第一位的，但仅是孤立的商品及随意的堆砌罗列，也是难以吸引消费者的。因此要适应消费者的审美趋势，运用各种艺术处理手段，生动巧妙地布置橱窗。艺术构图与色彩的设计运用，是橱窗设计中举足轻重的环节。橱窗的艺术构思要努力体现一个单纯凝练、新颖独特的构图，橱窗的色彩要清新悦目、统一和谐。具有强烈艺术感染力的商店橱窗不仅可以装点市容、美化商店，而且可以使消费者从中得到美的享受。

3. 启发消费者的联想

用以景抒情的艺术手法去体现主题，对陈列内容进行间接的描绘和渲染，使橱窗陈列具有耐人寻味的形象象征，能使观赏者从寓意含蓄的艺术构思中，联想到美好愉快的意境，满足感情上的需要。

一般可从商品的名称、性能、产地、原料、用途、使用对象和使用季节等有关方面，挖掘其内在的联系，抓住最能描绘、渲染商品的某个方面进行丰富的想象，创造出诱人的意境。此外，为方便选购，吸引顾客，可布置儿童游乐场等设施，创造更佳的购物环境。

任务导入 2

意外的惊喜

一位女高中生在 7-11 便利店打工，由于粗心大意，在进行酸奶订货时多写了一个零，使

消费心理应用

原来每天只需要 3 瓶酸奶变成了 30 瓶，按规定应由这位高中生自己承担损失——意味着她一周的打工收入将付之东流。这逼着她想方设法把这些酸奶赶快卖出去，冥思苦想中她灵机一动，把销售酸奶的冷柜移到盒饭销售柜旁，并制作了一张 POP，写上"喝酸奶有益健康"。令她喜出望外的是，第二天早晨，30 瓶酸奶不仅销售一空，而且出现断货。谁也没有想到这位高中生对冷柜位置的小改动带来了 7-11 新的销售增长。从此，在 7-11 便利店中酸奶的冷藏柜同饭盒销售柜摆在一起。

通过以上案例可以看出商品摆放的重要性。如果我们能时刻注意思考货品的陈列助销问题，那么销售便会常常给我们带来意外的惊喜。

【问题】1. 商品陈列的有什么重要意义？
2. 怎样进行商品陈列满足消费者心理需求？

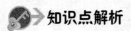
知识点解析

子任务 9.2　营销内部环境与消费心理

对消费者来说，商场内部环境在整体购物环境中起主导性作用。

9.2.1　商品陈列与消费心理

1. 方便顾客观看

消费者走进商店后，一般都会无意识地环视陈列商品，对货架上的商品获得一个初步的印象。因此，商品的摆放，首先就应注意在高度方面与消费者进店后无意识的环视高度相适应。据瑞士塔乃尔教授研究发现，消费者进店后无意识地展望高度为 0.7 米至 1.7 米，上下幅度为 1 米左右，同视线轴大约形成 30 度角上的物品是最容易被人们感受的。因此，按照不同的视角、视线和距离，确定其合适的位置，尽量提高商品的能见度，使消费者对商品一览无遗，易于感受商品形象。

2. 方便顾客行动

布置营业柜台时，要避免出现"死胡同"现象，即顾客沿一个方向观看了一组柜台的商品后，必须折回来再观看一遍商品才能走到另一组商业柜台里去。这样会造成柜台内顾客人数增加，给来往的顾客都带来拥挤忙乱等不方便的现象，减少购物兴趣和动机。

任务 9　营销环境与消费心理

为方便顾客行动，对品种繁多的商品实行分组摆布时，应按照消费者的购买习惯，并相对固定下来，以便他们寻找、选购。一般可将商品分成三大类进行摆放。

（1）方便商品。如香烟、糖果、肥皂、调味品等，顾客对这类商品的购买要求主要是方便、快速成交，而不愿花较长时间进行比较研究。因此对这类商品摆放位置要明显，便于速购。如商店的底层、主要通道两旁、出入口附近、临街的窗口等最易速购的位置上，最能满足购买者的求速心理。有条件的话，这类商品的摆布应占有较大的陈列面积，把商品的花色品种应有尽有地摆放在方便的位置上。

（2）选购商品。如时装、家具、自行车等这类商品，大多数人在购买时不仅注意研究商品的物理效用，还更多地权衡商品的心理效用，往往把商品的属性和自身的欲望综合加以反复考虑后，才能做出购买决定。因此应将这类商品摆放在店里较宽敞、光线较充足的位置，有些还可以敞开式或半敞开式售货，让消费者自由接近或触摸，甚至调试商品，并可以停留较长时间进行选购。

（3）特殊商品。如空调、电冰箱、彩电、工艺精品、照相机、古董文物之类的高档商品，选购的时间长，有些需要售后服务。消费者一般在购买前经反复思考，对商品、商标、商店都有选择，有明确目标后方才行动，购买中愿意花费较多的时间评价、比较。这类商品可摆放在商店的里部或顶层较僻静之处，设立专门的销售地点，环境布置应结合商品特征，显示出高雅、名贵或独特，更能满足消费者的某些心理需要。

3. 方便顾客挑选

好的商品摆放，应为消费者观察、触摸以及选购提供最大便利。多数商品应采取裸露陈列，应允许消费者自由接触、选择、试穿试用、亲口品尝，以便减少心理疑虑，降低购买风险，坚定购买信心。同时还要有价格、货号、产地、性能、规格、质量等级等的说明，便于消费者观看、触摸和比较，以增强商品的感性认识。季节与节日陈列法季节性强的商品，应随季节的变化不断调整陈列方式和色调，尽量减少店内环境与自然环境的反差。这样不仅可以促进季节商品的销售，而且使消费者产生与自然环境和谐一致、愉悦顺畅的心理感受。这在时装、烹调产品上体现的尤为明显。

4. 要清洁整齐、疏密有致

商品的陈列除了要井然有序，便于顾客挑选购买外，还必须清洁整齐。货物上如有灰尘必须随时清除，否则会使人"倒胃口"，影响顾客的购买情绪。另外也要注意商品陈列与货架的疏密得体、错落有致。货架上商品的陈列必须丰满，随时填补货物销售后留出的空间，给人以丰富、充实的感觉，但也不能塞得严严实实，以免使人觉得沉闷、压抑。货架之间的通道应畅通，宽窄要合适。据分析，自由市场中 2/3 的购买决定是在通道里做出的。

消费心理应用

如果商品陈列合理，可以增加10%的冲动型购买。

为此，应根据消费者的心理特征，讲求商品陈列艺术，使商品陈列做到醒目、便利、美观、实用。具体可采用以下方法。

（1）艺术陈列法

这是通过商品组合的艺术造型进行陈列的方法。各种商品都有其独特的审美特征，如有的款式新颖，有的造型独特，有的格调高雅，有的色泽鲜艳，有的包装精美，有的气味芬芳。在陈列中，应在保持商品独立美感的前提下，通过艺术造型，使各种商品巧妙布局，相映生辉，达到整体美的艺术效果。可以采用直线式、形象式、艺术字式、单双层式、多层式、均衡式、斜坡式等多种方式进行组合摆放，赋予商品陈列以高雅的艺术品位和强烈的艺术魅力，从而对消费者产生强大吸引力。

（2）连带陈列法

许多商品在使用上具有连带性，如牙膏和牙刷、剃须刀和刀片及剃须泡沫等。为引起消费者潜在的购买欲望，方便其购买相关商品，可采用连带陈列方式，把具有连带关系的商品相邻摆放，达到促进销售的目的。现在很多大型超市均采用了连带陈列法，促销效果较好。

（3）重点陈列法

现代商店经营商品种类繁多，少则几千种，多则上万种，尤其是大型零售超市，品类多，每个品类又有许多单品。要使全部商品都引人注目是不可能的，可以选择消费者大量需要的商品为陈列重点，同时附带陈列一些次要的、周转缓慢的商品，使消费者在先对重点商品产生注意后，附带关注到大批次要产品。

（4）背景陈列法

将待销售的商品布置在主题环境或背景中。这在卖点很强的节日中体现的尤为明显。如情人节将巧克力、玫瑰花、水晶制品等陈列在一起；中秋节时设立月饼专柜；圣诞节将圣诞树、圣诞老人、各种小摆件营造在同一卖场，效果都不错。

 知识链接

商品陈列与销售额的关系

1. 商品陈列面积大小变化引起的销售额的变化

对于相同的商品来说，店铺改变顾客能见到的商品陈列面，会使商品销售额发生变化。陈列的商品越少，顾客见到的商品的可能性就越小，购买概率就低，即使见到了，如果没有形成聚焦点，也不会形成购买冲动。实践证明：

货位由4减少到2货位，销售额减少48%，3货位减少到1货位，销售额减少68%。

货位由2增加到4货位,销售额增加40%,并且某种商品的陈列面积与其市场占有率成正比。

2. 商品陈列高低变化引起销售额变化

商品陈列高低不同,会有不同的销售额。

依陈列的高度可将货架分为三段,中段为手最容易拿到的高度,男性为70～160CM,女性为60～150CM,有人称这个高度为"黄金位置",一般的用于陈列主力商品或有意推广的商品。

次上下端为手可以拿到的高度,次上端男性为160～180CM,女性为150～170CM,次下端男性为40～70CM,女性为30～60CM,一般用于陈列次主力商品,其中次下端顾客屈膝弯腰才能拿到的高度。

上端男性为180CM以上,女性为170CM以上,下端男性为40CM以下,女性为30CM以下,一般用于陈列低毛利,补充性和体现量感的商品,上端还可以有一些色彩调节和装饰陈列。

根据实践经验证明:

在平视及伸手可及的高度商品售出概率约为50%;

在头上及腰间高度,售出概率为30%;

高或低于视线之外,售出可能性仅为15%。

3. 陈列时间变化引起的销售额变化

陈列时间的变化,也会引起销售额的变化。

一项调查结果显示:店铺陈列的促销效果第一天为100%,第二天90%,第三天降为80%,第四天为60%,第五天为35%,第六天仅为30%。可见,保持陈列新鲜感很有必要。

9.2.2 音响与消费心理

音响是零售店创造氛围来吸引购物者的工具之一。音乐当然是最为常用的。但音响也包括花店或园艺商店里的风铃声或汩汩流淌的水声,电子品商店里的电视伴音或立体声,以及体育用品商店里的体育竞赛广播声等。

音响包含三种形式:一是吸引顾客对商品的注意,如电视、音响、磁带的播放;二是指导顾客选购商品,商场向顾客播放商品展销,优惠出售信息,可引导顾客选购;三是营造特殊氛围,促进商品销售。

在商场中,适度的背景音乐可以调节消费者的情绪,活跃购物气氛,给购物环境增加生机,还可以缓解消费者紧张的心理。随着时间的不同,商场定时播放不同的背景音乐,不仅给顾客以轻松、愉快的感受,还会刺激顾客的购物兴趣。如刚开始营业的早晨播放欢

消费心理应用

快的迎宾乐曲,临打烊时,播放轻缓的送别曲;在气候变化时,播送音乐提示,为顾客提供服务。商场内有各种声音,并不是都会对营业环境产生积极影响,也会有一些噪音,如柜台前的嘈杂声、机械的声响,都可能使顾客感到厌烦,有些虽然可以采用消音、隔音设备,但也不能保证消除所有干扰声响。因此,可以采用背景音乐缓解噪声。背景音乐要选择旋律轻柔舒缓的,以营造温馨的气氛,不要播放节奏强烈的打击乐、迪斯科等,以免影响顾客情绪,打乱售货员工作节奏。

知识链接

背景音乐对餐馆顾客的影响

变量	慢节奏音乐	快节奏音乐
服务时间	29 分钟	27 分钟
消费者用餐时间	56 分钟	45 分钟
没落座就离开的顾客	10.5%	12%
购买的食品数量	55.81 美元	55.12 美元
在酒吧购买的数量	30.47 美元	21.62 美元
估计毛利	55.82 美元	48.62 美元

9.2.3 照明与消费心理

照明对购物环境影响极大,合理而巧妙地运用照明设备营造购物环境是有效的手段之一。鲜明夺目、五光十色的明亮气氛,能调动起顾客的购买欲望。光线暗淡,商场会显得沉闷压抑,而光线过强,又会使顾客感到晕眩,售货员视力精神紧张,易出差错。店堂照明可分为自然照明、基本照明、特殊照明等。

1. 自然照明与消费心理

自然照明是商场中的自然采光,通过天窗、侧窗接受户外光线获得,能够使顾客准确地识别商品的色泽,方便顾客挑选比较商品。从而使顾客在心理上产生真切感与安全感,不至于因灯光的影响,使商品的色泽产生差异而购买到不如意的商品。因此,在采光方面,要尽可能地利用自然光源,如增加玻璃顶面、玻璃墙面的面积等。但自然光要受到季节、营业时间和气候的影响,不能满足商场内部照明的需要,因此要以人工制作的其他照明作为补充。

任务 9 营销环境与消费心理

2. 基本照明与消费心理

由于售货现场规模、建筑结构形式不同，自然采光所占比例不大，而随着照明技术的进步，人工采光灯光设计在售货现场设计中的地位日益重要。先进的灯光设计能够增加店容店貌的美观度，能够突出商品显示效果，从而吸引顾客参观选购，刺激顾客的购买欲望。

因此，在研究售货现场的灯光设计时，要以方便顾客选购、突显商品为主，灯具装置和灯光光源均要符合这一要求。可灵活采用不同的人工采光方式，如镶装暗射灯光，能使整个售货现场光线柔和；采用聚射灯光，可突出显示陈列的商品，从而使消费者在一个柔和、愉悦的氛围中挑选商品。

3. 特殊照明与消费心理

特殊照明是为了突出部分商品的特性而布置的照明，目的是为了凸显商品的个性，更好地吸引顾客的注意力，激发起顾客的购买兴趣。常用于金银首饰、珠宝玉器、手表挂件等贵重精密而又细巧的商品，不仅有助于顾客仔细挑选、甄别质地，而且可以显示商品的珠光宝气，给人以高贵稀有的心理感受。另外，在橘子、哈密瓜、电烤鸡等水果、食品的上方采用橙色灯光近距离照射时，可使被照食品色彩更加红艳，凸现新鲜感，激起顾客购买食用的心理欲望。

课堂讨论

谈谈你熟悉的超市的商品布局、音响、照明和色彩设置，说明合理和不合理之处。

9.2.4 色彩与消费心理

心理学实验证明，在感知事物、认识形象上，色彩起着重要的识别作用，并使人产生不同的心理感觉。为此，商场应该选择一种有代表性的颜色，用于营业场所内主色调、商场标识、建筑物装饰、包装袋、员工服饰等多方面，形成商场特有的色彩形象。

例如，北京王府井百货大楼选用的标准色是红色，体现着"一团火"，热情为顾客服务的企业精神。北京燕莎友谊商城则选用暗红色，寓示企业庄重典雅高贵的企业形象。北京蓝岛大厦识别色选用了与店名相联系的浅蓝色，体现温馨耐心的企业服务质量。上海第一百货商店选用绿色，寓示着希望和成长的企业形象。

在色彩选择中，每一种色彩都使人产生一定的心理感觉，从而产生联想，树立商场形象。一般而言，黄色、橙色能使人产生食欲，作为食品商场标准色效果较佳，绿色适用于蔬菜、水果类商品经营；紫色、黑色突出贵重高档的形象。对于儿童用品经营来说橙色、粉色、蓝色、红色为主色调，能特别引起儿童的注意和兴趣。在炎热的夏季，商场以蓝、棕、紫等冷色调为主，顾客心理上有凉爽、舒适的心理感受。采用这个时期的流行色布置

消费心理应用

销售女士用品场所，能够刺激顾客的购买欲望，增加销售额。

使用色彩还可以改变顾客的视觉形象，弥补营业场所缺陷。如将天花板涂成浅蓝色，会给人一种高大的感觉，将商场营业场所墙壁两端的颜色涂得渐渐浅下去，给人一种辽阔的感觉。一段时间变换一次商场的色彩，会使顾客感到有新奇感。

知识链接

色彩的妙用

不同的色彩及其色调组合会使人们产生不同的心理感受。例如，以红色为基调，会给人一种热烈，温暖的心理感受，使人产生一种强烈的心理刺激。

红色一般用于传统节日、庆典布置，创造一种吉祥、欢乐的气氛。但是，如果红色过于突出，也会使人产生紧张的心理感觉，一般避免大面积、单一采用。

以绿色为基调，会给人一种充满活力的感觉。绿色又被称为生命色，表现生机勃勃的大自然。在购物环境设计时，采用绿色，象征着树木、花草。

以黄色为基调布置，给人以柔和明快之感，使人充满希望。食品中有很多种黄色的，如面包、糕点等，故黄色常作为食品销售部位的主色调。但是，如果黄色面积比例过大，会给人一种病态的食品变脏的心理感受，使用时应注意以明黄、浅黄为主，同时避免大面积、单一使用。

以紫色为基调，会给以庄严、高贵、典雅的心理感觉，使人产生一种敬畏感。紫色调常用于销售高档、贵重商品，如珠宝首饰、钟表玉器等场所。

黑色是一种消极性色彩，给人一种沉重、压抑的心理感受，一般在商场不单独使用，但与其他颜色适当搭配，也会产生一定的视觉冲击力。

蓝色会使人联想到辽阔的海洋、广阔的天空，给人一种深邃、开阔的心理感受，销售旅游商品时采用效果。

任务9 小结

商场环境通常包括营销外部环境和营销内部环境，它对消费者购买心理有直接的影响。商店选址要注意商场集聚心理、购买便捷心理、最佳地段心理；商品种类与选址的关系，商店性质与选址的关系。橱窗设计心理方法有：精选商品，突出主题；塑造优美的整体形象；启发消费者联想。商场内部商品陈列的心理要求有：方便顾客观看，方便顾客行动，方便顾客挑选,要清洁整齐、疏密有致。店堂内背景音乐是音响设计的重点,在播放背景音乐时切忌音量过大和过于强劲。背景音乐的选择一定要结合商场的特点和顾客特征。基本照明光度一般应较强,以让顾客有兴奋的心情,特殊照明是为了凸现商品的个性,应视具体的商品而定。一般而言,商场内部装饰的色彩以淡雅为宜。

心理测试 9-1 形象效应

你给客户留下的第一印象中高达 95%取决于衣装。这是因为,在大多数情况下,你的衣装遮掩了身体的 95%。当你穿着得体,修饰恰当,皮鞋锃亮,并且看起来职业,客户就会无意识中认定你是在为一家优秀的公司工作,你在销售非凡的产品或服务。并且,当你守时、礼貌、准备充分,你就给人留下积极的印象。这个印象像光圈一样扩展到你做的每件事情上,也扩展到你销售的产品或服务上。相反,如果销售人员迟到、草率、零乱,客户就会马上认定"所看即所得"。

虽然人们经常说:"看人不要光看外表,本质的东西很重要",但是人们大多数情况下还是依靠表面现象做判断的。

如果你穿着随便地去一家客户的公司,你不可能获得成功——你只会失败。着装对你的销售工作会有很大的影响,原因如下:

1. 如果着装很随意,你就为自己的身份传达出错误的信息。
2. 如果着装很随意,你就会传达出这样的信息:这并不是什么重要的事。而事实上,你的出现应当表明重要的事情正在发生。
3. 如果着装很随意,你就降低了自己的洽谈等级。

适当的工作装的标准因地而异,而你在出席宴会和商业展示会时的着装也不会一样。尽管如此,穿着随意会让你付出代价。着装得体被普遍认为是"你应该把我所说的话当回事"的另一种表达方式。记住,在与潜在客户会面时,着装永远不要太随意。为成功穿着;购买并阅读一本关于得体商务衣着的图书,并随后按要求去穿着,使自己在拜访客户时,看起来像一个地道的职业人士。

注重外表要牢记以下几点:

1. 避免佩戴过于艳丽的首饰;
2. 头发和指甲修剪整洁、干净;
3. 勤刷牙,保持牙齿一整天的清洁。尤其对于饮酒或吸烟的人,更需要保持口气清新;
4. 衣服一定要合体;

消费心理应用

5. 买双好鞋,并保持其光亮;
6. 不要穿破旧的衣服。

尽管这些建议人们早已烂熟于心,可仍有许多销售人员都忽视了。优秀销售人员的经验做法是:你销售的产品越昂贵,你越应该打扮得职业化。

【实训操作九】

实训名称	假如你想开一家以大学生为主要目标的餐馆,根据本任务所学内容,你怎样就选址、招牌设计、店内装饰装修(包括背景音乐、颜色、照明)等方面作一份可行性报告?
实训目的	1. 掌握营销外部环境对消费者的影响。 2. 掌握营销内部环境对消费者的影响。
实训组织	1. 教师介绍本次实训目的及需要提交的成果。 2. 上网搜集相关案例作为参考。 3. 到当地大学城周围进行餐馆情况调研。 4. 学生以小组为单位,讨论制订出方案。
实训环境	1. 网络资源 2. 大学城周围市场调研
实训成果	1. 写出分析报告。 2. 做出PPT,各组课堂汇报。 3. 教师评比考核,计入实训成绩。

【本任务过程考核】

一、名词解释

1. 营销环境
2. 选址
3. 招牌

二、不定项选择题

1. 营销环境又称( )。
    A. 营销外部环境　　B. 营销内部环境　　C. 购物环境　　D. 微观环境
2. 商场选择区域要综合考虑所在区域的( )。
    A. 人口因素　　B. 地理环境因素　　C. 地段因素　　D. 顾客心理
3. 橱窗的种类有( )。
    A. 前向式橱窗　　B. 对向式橱窗　　C. 多面式橱窗　　D. 后向式橱窗

任务 9 营销环境与消费心理

4．商品陈列时要注意（　　　）。
　A．方便顾客观看　　　　　　　　B．方便顾客行动
　C．方便顾客挑选　　　　　　　　D．清洁整齐、疏密有致
5．店堂照明可分为（　　　）。
　A．基本照明　　　B．自然照明　　　C．特殊照明　　　D．彩色照明

三、判断题

1．销售物理环境比销售心理环境重要。（　　　）
2．商店橱窗设计的心理功能是激发消费者的兴趣。（　　　）
3．商品陈列的心理功能主要包括美观功能和方便功能。（　　　）
4．商店内部除自然光源外，还应采用人工照明。（　　　）
5．商品陈列、照明、音乐、色彩属于营销外部环境。（　　　）

四、思考题

1．商场选择区域有哪些选址心理？
2．招牌命名的心理方法有哪些？
3．橱窗设计的心理方法有哪些？
4．商品陈列的心理要求有哪些？
5．店堂照明的类型及其对顾客消费心理的影响。

五、案例分析

星巴克成功入驻日本

美国人在家里喝了上百年咖啡，星巴克在市场卖了 10 多年咖啡豆。星巴克弄明白一个道理，放松的环境、空间、心情转换才是咖啡店真正吸引顾客一来再来的精髓。大家要的不是一杯咖啡，而是渴望享受咖啡的时刻。星巴克不仅懂得这个道理，而且尽心地去经营。它不只是在卖一杯咖啡，而是在卖喝咖啡的体验，致力于占领人们在家庭与办公室之外的第三个滞留空间——The Third Space。

走进星巴克，钢琴演奏、欧美音乐背景、流行时尚杂志、精美欧式饰品等配套服务，柔和的灯光、软软的大沙发与木制桌椅，找一张随便就可以坐下，就可静静地放松在音乐混着纯净咖啡香的气氛中。

消费心理应用

除在美国获得巨大成功外，星巴克还针对亚洲的传统和特点，成功打入了亚洲市场。为迎合亚洲人的口味，星巴克推出了绿茶口味的咖啡。亚洲的夏天气温很高，不适合喝热咖啡，星巴克又推出了冰咖啡，使问题迎刃而解。星巴克在日本登陆之前，日本已经有了几家大型的连锁咖啡店，但主要是供那些有年纪的顾客在下午消闲。这些日式咖啡店里大多光线昏暗、烟雾缭绕。星巴克曾被咨询公司告知，如果禁止在室内吸烟，就会失败。而且，日本人没有在路上边吃边走的习惯，外带咖啡与日本的传统格格不入。

可是，星巴克在日本坚持了自己的做法，并且获得了成功。除了咖啡好、服务佳，星巴克店内装饰优雅大方，不卖酒精饮料，禁止顾客吞云吐雾。很多日本女性因为讨厌烟味而止步咖啡店门外，却成为星巴克的忠实顾客。他们结伴而来，人数日增，渐渐发展为"星巴克一族"，形成一种新的时尚。此外，外带咖啡方便卫生，也很受欢迎。这样，日本已成为星巴克最成功的海外市场。

【问题】1. 星巴克能够在日本取得巨大成功的原因是什么？
　　　　2. 星巴克成功入驻日本对你有何启发？

任务 10　广告与消费心理

 **能力目标**

通过本任务的学习，使学生具备以下基本能力：
1. 掌握广告对消费者心理的作用和心理功能；
2. 掌握广告诉求心理对消费者的影响；
3. 掌握广告媒体对消费者的影响。

 知识目标

1. 了解广告心理效应模式；
2. 掌握广告设计和实施心理策略；
3. 掌握报纸、杂志、广播、电视、网络等媒体的广告心理效应。

 任务分解

子任务 10.1 广告及心理效应模式
子任务 10.2 广告诉求与消费心理
子任务 10.3 广告媒体与实施心理

消费心理应用

广告如影随形

王先生是一位工程师，在一家颇具规模的计算机公司上班。每天早晨，他被闹钟叫醒后，就去刷牙、刮胡子。他所购买的闹钟、电动剃须刀都是通过广告的介绍、吸引而选购的。

吃早餐时，收音机里播放的节目，几乎不断被插播的广告所中止，而打开报纸，映入眼帘的也是巨幅的商业广告图案。

出门后，王先生上了公共汽车，抬头一望，车厢内也贴满了琳琅满目的广告海报。刚下车，一位迎面而来的陌生人立即将产品传单塞在他的手中。

王先生上班前的这一段小插曲说明了一点：我们已完全生活在广告的世界之中。

但是，王先生对于这些目不暇接的广告丝毫不觉厌倦，他认为今天能拥有舒适的电器化生活，几乎都是通过广告购买的。所以，他还打算购买昨天在电视广告上见到的DV，来增加家庭生活的乐趣。

王先生是一位热心"上帝"，对广告有一种特殊的感情。

与王先生相比，李先生对广告的态度似乎有点冷淡。

李先生在一家不太景气的工厂上班，成天在机床前汗流浃背，而收入却很少，有时连奖金都没有。每天看到电视、报纸上的广告就愤而不看，因为广告的刺激加深了他对现实的不满。

由此可见，消费者是一个庞大的群体，不同的消费者有着不同的消费心理。那么，广告怎样才能打动消费者，与他们进行心灵的沟通，并使消费者对产品感兴趣并最终购买呢？

（资料来源：陈峥嵘. 消费心理学[M]. 冶金工业出版社，2009.）

【问题】1. 广告的心理作用过程？
2. 广告对不同群体作用的差异？

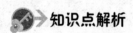

子任务 10.1　广告及心理效应模式

10.1.1　广告的概念及构成要素

1. 广告

广告的英文 Advertise，原意是"一个人注意到某件事"，以后又进一步延伸为"引起别人的注意,通知别人某件事"。广告一词从字面的解释就是"广而告之", 即告知广大公众某种事物。它与现代信息社会相联系,已经成为维持、促进现代社会生存与发展的大众信息传播工具和手段。

广告有广义和狭义之分。广义的广告概念解释很多。1980 年,我国出版的《辞海》给广告的注解是:"向公众介绍商品,报道服务内容和文艺节目等一种宣传方式,一般通过报刊、电台、电视台、招贴、电影、幻灯、橱窗布置、商品陈列等形式来进行。"

狭义的广告即指商业广告。所谓商业广告是指特定的广告主(企业)有计划地以付费的方式通过大众传播媒体向潜在顾客传递商品或劳务信息,以促进销售的公开宣传方式。

 知识链接

公益广告是指为社会公众利益服务的,旨在以倡导或警示等方式传播某种公益观念,促进社会精神文明建设的一种非商业性广告。

2. 广告的构成要素

(1)广告主。广告主是指发布广告的主体。一般是企业、团体。在特定情况下,也包括个人。广告主从事市场经营活动,需要向目标顾客传递商品或服务信息。

(2)广告媒体。广告媒体是信息传播的中介。它的具体形式有报纸、杂志、信函、路牌等文字媒体,广播、电视、网络等电子媒体。

(3)广告信息。信息是广告的具体内容,包括商品、服务、观念等。商品信息主要是指出售商品的质量、性能、价格、地点等信息。服务信息主要是提供服务活动,如交通、住宿、旅游、娱乐等信息。观念信息主要倡导某种消费观念或消费意识,引导消费潮流的信息,如宣传健康营养、绿色消费、休闲度假等,以引导人们的消费欲望。

(4)广告费用。从事广告活动要支付必要的费用,包括:制作费、播出(或刊登)费、代理费等。

(5)广告受众。广告受众是广告信息的接收者,包括目标顾客和一般受众。广告要选择好目标顾客作为主要受众才有价值,才能收到实际效果。

10.1.2 广告的心理效应模式

广告活动的最终目的是把产品推销出去,然而广告能否达到这一目的,则取决于广告能否对消费者产生深刻影响。当消费者接受广告信息后,会产生一系列的心理效应,最终付诸购买行动。广告研究人员从 20 世纪初就开始了广泛的研究,形成形形色色的广告心理效应模式。影响较大,广告界认可的有以下几种模式。

消费心理应用

1. AIDA 模式（埃达模型）

这一模型是由路易斯在 1898 年提出的。AIDA 说是广告理论中较为经典的观点。既可认为是广告创作原则，也可认为是消费者接受广告的心理过程。

AIDA 由英文 Attention（注意），Interest（兴趣），Desire（欲望），Action（行为）的头一个字母组成，表示广告作用于消费者的一般心理过程。

首先引起注意，即从周围对象中指向和集中于某个特定广告，这是心理过程的起点，是一则成功广告的第一步（A）；接着使消费者对引起注意的广告发生兴趣，产生一种肯定的情感体验（I）；而后感到需求，产生购买消费广告产品、服务的愿望（D）；最后采取行动，购买广告产品，享受广告宣传的服务（A）。

AIDA 模式是广告人最常用的反应模式，简单明了，清晰易懂。例如："咦，那是什么？"——Attention（注意广告信息）；"嗯，还不错。"——Interest（产生进一步了解商品的兴趣）；"真想把它买下来。"——Desire（产生拥有商品的欲望）；"好吧，买。"——Action（采取行动）。

并非所有的广告都立竿见影，后来，人们注意到广告效果的累积性，特别是迟效性和延续性的特点。也就是说，有些消费者只会把广告信息存在于潜意识之中，以便适当的时候购买。于是，在 AIDA 的基础上，有人加入了记忆（Memory）因素，变成 AIDMA。

2. DAGMAR 模式（达格玛模型）

DAGMAR 是美国学者 P·H·科利（R·H·Colley）于 1961 年发表的著名文章《为测试广告效果而确定广告目标》（DAGMAR）中，将广告作用的心理历程描述成如下四个层次：从未觉察到觉察（指的是首先觉察该商标或公司）→理解（理解该产品是什么，它可以为他们做什么）→信任（引起购买该商品的心理意向或愿望）→行动（掏钱买它）。

DAGMAR 模型认为，广告纯粹是对限定的受众传播信息并刺激其行动，广告的成败应视其是否有效地把要传达的信息与态度在正确的时候，花费正确的成本，传达给正确的人。他认为，没有一种广告做一次就能打动一位潜在的顾客，促使他从对品牌名称一无所知一下子走到采取购买行为。

AIDMA 把广告视为作用者，受众为的作用对象，受众受到广告影响，被动地产生一系列心理活动。而 DAGMAR 则把受众视为作用者，广告为作用对象，消费者主动地对广告做一系列的信息加工。DAGMAR 模型持"以买方为中心"的市场观。

3. 六阶梯说（L&S）

美国著名心理学家勒韦兹和斯坦纳认为，消费者对广告的反应由三部分组成，即认知反应、情感反应、意向反应。

认知反应包括觉察和认知。所谓察觉，是指消费者发觉产品的存在，它发生于消费者与广告接触之际；认知是消费者对产品性能、效用、品质等各方面特点的认识。

情感反应包括喜欢和偏好。喜欢是消费者对产品的良好态度；偏好是消费者对产品的良好态度扩大到其他方面。

意向反应包括信念和购买。由于偏好，消费者产生了购买欲望，而且认为购买该产品是明智的，这就是信念；购买是由态度转变为实际的行为反应。

察觉→认知→喜欢→偏好→信念→购买，在六阶梯中，前两个阶梯即察觉与认知为相联系的信息和智能状态。中间两个阶梯涉及到对广告商品的积极态度和感受，即喜欢和偏好。最后两个阶梯即信念与购买联系到行动，即购买广告商品。在这些阶梯之间并不一定是等距离的。对于某些商品来说，可能存在明显的风险因素，另外一些商品也许凭借对品牌的忠诚性或其他因素，无须作自觉的决策就去购买了。

10.1.3 广告心理过程的重要环节

广告要达到预期的效果，就必须在计划、设计、制作和播出的全过程重视对消费者心理活动规律与特点的研究，巧妙地运用心理学原理，增强广告的表现力、吸引力、感染力和诱导力。

1. 引起注意

广告要对消费者起作用，首先要引起消费者的注意。只有广告引起消费者的注意，特别是目标顾客的注意，才有可能引起消费者一连串心理反应过程，形成购买欲望，最终采取购买行为。引起人们注意的广告因素有以下几点。

（1）增大信息的刺激性，如采用鲜明的色彩、醒目突出的图案和文字、富有动感的画面、特殊的音响等。例如，德国的拜耳公司为了做阿司匹林的广告，把一座高达122m的大楼整个用布包了起来，为此还动用了直升机和登山运动员。

（2）增强信息的趣味性，人们倾向于注意有趣的、自身感兴趣的信息。在广告中设计应采用新奇独特的构思、生动活泼的形式和诱人关心的题材等引起消费者的注意。

神奇的胶水广告

香港一个经营强力胶水的商人有奇招,他请人制作一枚价值4500美元的金币,用强力胶水粘在墙壁上,并宣布谁能把金币揭下来,金币就归谁所有。这一事件一时轰动了市场,令人垂涎的金币吸引了许多尝试者,但都没有成功。一位自称"力拔千斤"的气功大师也跃跃欲试。那天,闻讯而至的顾客把小小的店堂挤得水泄不通,新闻记者也赶来报道。只见气功大师双手紧抓金币两边,运气发功,"嘿"地一声,金币四周的墙粉落下,金币却纹丝不动。气功师失败了,但强力胶因此名声大振,人们对它的优良质量心服口服。

(资料来源:徐萍. 消费心理学[M]. 上海财经大学出版社,2005.)

【问题】广告如何引起消费者注意?

(3)增加信息的有用性,消费者往往有自己特定的需要。广告可以提供给消费者相应的产品信息,如果这些信息是消费者需要的,那他们自然非常关注。

2. 增强记忆

消费者获得广告信息后,一般要经过一段时间,才能采取购买行动。因此,使消费者记住广告内容,十分重要。广告能否在受众心目中留下深刻的记忆,受以下因素的影响。

(1)提高重复程度,心理学家研究证明,人的感觉记忆时间很短暂。要增强记忆效果,克服遗忘,多次的重复可以使人们对所接触的信息在头脑中留下深刻的印象。在广告传播中,不断地重复广告,在一定程度上说明该产品仍有竞争力,能够给消费者信心,同时,能够帮助消费者识记广告的信息,并且保持对这些信息的记忆。

(2)提高形象化程度,一般来说,直观的、形象的、具体的事物容易给人留下印象,加深记忆。广告创作中,采取简练、易懂、易记广告词、广告标题,来加深消费者对商品的印象。例如,"牙好,胃口就好,吃嘛嘛香。"让很多中国的消费者记住了"蓝天六必治"牙膏。

3. 产生联想

联想是指从一种事物想到另一种事物的心理活动。广告常常利用联想原理使消费者在接收到广告的表面信息的同时,对信息进行加工,从而加深了消费者对产品或企业的印象,并自然而然地想到相关的美好事物上,诱发出积极的情绪反应。

4. 诱发情感

消费者的情感状态直接影响他们的购买行为导向。积极的情感体验,如满意、愉快、喜爱等,能够增进消费者的购买欲望,促进购买行为;而厌烦、冷漠、恐惧等消极的情感体验则会抑制消费者的购买行为。一则好的广告,有助于促进消费者形成信任感、安全感、亲切感、美感、幽默感等。

任务 10　广告与消费心理

"娃哈哈非常系列茶饮料"广告

广告片借用周星驰在《大话西游》中的经典台词"曾经有一段真挚的爱情放在我的面前，我没有珍惜，人生最痛苦的事莫过于此……"。只不过这一次周星驰深情独白面对的不再是紫霞仙子，而是一罐饮料。当周星驰说"我爱你"时，娃哈哈茶饮料像倾盆大雨般从天而降，覆盖了周星驰全身，过了一会，周星驰从饮料堆里艰难爬出来，贪婪地喝着娃哈哈茶饮料。

【问题】广告怎样激发消费者积极的情感？

10.1.4　广告的心理功能

1. 诱导功能

良好的商业广告或以理服人，或以情动人，注重艺术感染力，讲究人情味，能诱发人们积极的情感，抑制消极的情感。一般来说，积极的情感有利于强化购买欲望，坚定购买信心。

2. 认知功能

广告向消费者传递商品的商标、品牌、性能、质量、用途、使用和维护方法、价格、购买时间、地点以及服务等内容，使消费者对其有所认识，并在头脑形成记忆，留下印象。

3. 教育功能

好的广告用文明、健康、生动活泼的表现形式传递有效的信息，不仅可以增加消费者的产品知识，还可以给消费者以美育教育，提高其文化艺术修养。

4. 促销功能

促销功能是广告的基本功能。广告的效果越好，越能促使消费者下决心做出购买行为。广告的魅力就在于能使消费者克服各种困难和不便，达到购买目的。

5. 便利功能

现代社会，人们的生活节奏越来越快，面对无数的新产品，如果没有广告的介绍和指引，消费者将无所适从。广告能及时、反复地传播产品信息，为消费者购买决策提供依据，从而节约消费者搜集和购买产品的时间和精力。

消费心理应用

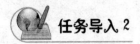

用电话传递你的爱吧

一天晚上，一对老夫妻正在进餐，电话铃响了，老妇去另一个房间接电话。回来后，老先生问："谁的电话？"老妇回答："是女儿打来的？"又问："有什么事？"回答："没有。"老先生惊奇地问："没事？几千里打来电话？"老妇呜咽到："她说她爱我们。"两人顿时相对无言，激动不已。这里出现旁白："用电话传递您的爱吧！——贝尔电话。"

【问题】1. 这则广告运用什么广告诉求心理？
2. 贝尔公司的成功之处在哪里？

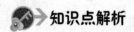

子任务 10.2 广告诉求与消费心理

10.2.1 广告创意与消费心理

广告创意是在一定的广告主题范围内，进行广告整体构思的活动。在广告创意的基础框架内，运用艺术性的手法，实施广告的具体创作。广告创意的心理方法主要如下几种。

1. 广告创意心理素材

广告作品的构思是建立在众多具体素材的基础上，这些素材有两个方面：一是客观事物中的实物和图片；二是来自创作者已经储存的客观事物的形象。

2. 广告信息的再造想象

再造想象是根据词语的描述或图示，在头脑形成与之相符合或相仿的新形象的过程。一个富有创意的广告形象设计，可以使广告的接受者在未接触事物前，通过广告作品的描述而在头脑中形成相应的形象。

3. 广告构思中的创造想象

不依据现成的描述，独立创造新形象的过程，称作创造想象。创造想象具有首创性、独立性、新颖性的特点。

10.2.2 广告诉求与消费心理

广告诉求使指在广告的策划和设计中，通过对人的知觉、情感的刺激和调动，对人们观念、生活方式的影响，以及对厂商、商品特点的宣传，来迎合和诱导消费者，以最终激发顾客购买动机的过程。广告诉求的两大基本方式为理性诉求和情感诉求，尤其以情感诉求更为重要，更受到人们的重视。

1. 广告的理性诉求

广告的理性诉求是以商品的功能利益或相关属性为主要诉求点。在广告中突出自己商品的特性及优越性，提出事实进行特性比较，通过展示商品的固有特性、用途和使用方法等，提供关于商品的事实性信息而使消费者形成一定的品牌态度。

从定性来看，广告的理性诉求只向消费者提供购买此商品的优点和功能，让消费者自己去权衡利弊、做出判断、听从劝告并采取购买行为。从定量来看，美国的 Resnik 和 Stern，他们于 1977 年提出一个分类标准，若一个广告中包含以下 14 条关于产品的事实性信息线索中的一个或一个以上，即使含有情感诉求的内容，该广告也被认为是理性广告，否则就是情感广告。这些特性包括：（1）价格；（2）质量；（3）性能；（4）成分；（5）购买时间与地点；（6）特价销售；（7）品尝商品；（8）营养；（9）包装；（10）对用户的保证；（11）产品安全特点；（12）独立研究（即由独立研究机构进行的研究）；（13）公司研究（即由广告主进行的研究）；（14）新产品概念。

 知识链接

常见的广告诉求

利益	让消费者知道产品是否能使他们省钱、赚钱或不浪费钱
健康	吸引那些注意身体或期望健康的人
爱与浪漫	通常用于化妆品广告中
害怕	集中在社交尴尬、变老或失去健康方面，这种作用要求广告商在表述中运用关心的情感
羡慕钦佩	这就是为什么名人经常作为代言人被用于广告之中的原因
方便	通常用于言传快餐店或超市
趣味与愉快	做度假啤酒、公园、游乐场等广告的关键
虚荣与自我	常用于言传昂贵或引人注目的商品
对环境的关注和觉悟	围绕环境保护和为社区着想

注：（美）查尔斯 W 小兰姆. 营销学精要. 大连. 东北财经大学出版社，2000.

2. 广告的情感诉求

（1）广告的情感诉求的概念

广告的情感诉求从消费者的心理着手，抓住消费者的情感需要，诉求产品能满足其需要，从而影响消费者对该产品的印象，产生巨大的感染力与影响力。因此，广告情感诉求应采用一些策略，以达到激发消费者的心理，实现购买行为。

Pelsmacker 和 Geuens 于 1997 年提出了一个分类标准，认为若一个广告包含以下情感诉求手段中的一个或一个以上时，该广告就是情感广告，不管广告中是否含有产品特性的信息。这些情感诉求手段有幽默、热情、怀旧、性、愤怒和恐惧。若没有这些情感诉求手段，就是理性广告。

情感诉求广告分为愉悦诉求广告和恐惧诉求广告。愉悦诉求广告运用愉悦的感情或创造愉悦的情景来打动消费者，从而试图使消费者产生购买行为。恐惧诉求广告利用消费者的恐惧心理来进行诱导劝服，使消费者为避免这些恐惧而趋于购买。

（2）情感诉求的方法

① 幽默

幽默化广告创意策略，是科学和艺术的智慧结晶。现代心理学认为，幽默是对人们心理的一种特殊适应，它是对心理理性的一种特殊反叛，是以突破心理定势为基础的。当今社会商品经济高度发达，大量的信息符号通过广告向社会传播，使受众目不暇接，在一定程度上已显现饱和状态，受众在精神上产生了保护性抑制情绪。在这种情形下，广告创意采用幽默化策略，可有效缓解受众精神上的压抑情绪，排除其对广告所持的逆反心理。在一种轻松、快乐、谐趣的氛围中自然而然地接受广告所传递的商业信息，并完成对商品的认识、记忆、选择和决策的思维过程，幽默化广告创意策略，可以克服众多广告商业味太浓、艺术情趣匮乏、严肃刻板有余、生动活泼不足的弊病，有趣、有效地达成广告目的。

但幽默广告本身具有风险。如果幽默广告与产品特点结合不恰当的话，受众会因为幽默的无趣而对产品产生厌恶感。与其没有不同凡响的创意，不如退而安之，用一种更保险的方法来制作广告。换言之，幽默广告需要广告人有更高的想象力、知识经验和道德感。同时，不是所有的产品都适合做幽默广告。一般而言，感情需求性产品（如快餐、甜点、软饮料）多用幽默广告促销；与生命、资产有关的产品、服务则不宜用幽默诉求。

② 恐惧

优秀的广告能打动消费者的心灵，在心理层面上造成震撼力和影响力。这种"打动"、"震撼"、"影响"，不仅来自正面诉求，也来自反面诉求，利用人们普遍存在的害怕、担忧、担心的心理，在广告创意中运用和发展恐惧诉求，这正是国内外不少广告大师的创作手法。"恐惧"诉求就是指通过特定的广告引起消费者害怕、恐惧及其有关的情感体验，从而使消费者渴望追求一种解救,自然就引向广告推荐的产品。广告主通过它来说服消费者,改变其态度与行为。

恐惧诱导广告要达到预期效果,还得取决于诉求的适宜强度,施以不同强度的威胁,其说服效果很不相同,有时威胁太强烈,反而效果不明显。害怕、威胁的诉求过于强烈,可能激发受众的防御心理作用,导致对面临的问题作出回避反应。极端的例子使人们不情愿目睹各种惨状的照片,如有的人寿保险的广告诉求过度,令人反感。但威胁太弱也同样不能引起受众的注意与重视。

③ 比喻

比喻是借助事物的某一与广告意旨有一定契合相似关系的特征,使人获得生动活泼的形象感。它给人的美感很深沉很绵长,其意味令人回味无穷,收到较好的传播效果。在众多的药品广告直接地宣传产品"疗效好",而显得平庸、自夸时,也有不随俗流的优秀药品广告脱颖而出。如"达克宁"借用"野火烧不尽,春风吹又生"的概念诉求,并用"斩草除根"——双手连根拔起脚底的野草这个形象的比喻传达"达克宁"对付真菌具有治标治本的突出疗效,同样使刻板的药品广告形象化、生动化,帮助消费者快速、清晰地理解广告信息。

④ 夸张

在广告中,把广告要着力推荐介绍的商品的某种特性,通过极度夸张的手法表现出来。一则强化了特定的诉求点,二则因夸张带来的良好传递性而增加了广告效果。夸张不外乎两种情形。一种是尽量将事情向快、高、大、好、强、重等方面伸张扩大,或者尽量向慢、低、小、坏、弱、轻等方面收敛缩小,这是"一般夸张"方法。另一种是把后出现的事情提到事前来说,这是"超前夸张"方法。 如:"车到山前必有路,有路必有丰田车"。

⑤ 谐趣

谐趣性表达的广告是指运用理性倒错,寓庄于谐的表现手法,造成风趣幽默效果,引起受众乐趣,并在此心态中认知广告意向的广告形式。这类广告在国外比较普遍。我国近年来也越来越多地被人们所重视。谐趣表达是现代广告表达中十分重要的一种,许多不同类型表达手段中都有谐趣的成分。它之所以广泛引起受众注意和青睐,是因为它符合现代人快节奏压力下寻求心理轻松和平衡的精神追求。谐趣性表达广告的美学价值在于它给受众带来了轻松愉快和令人玩味的心理情绪,这种情绪是一种生动而积极的美感效应。

⑥ 悬念

悬念广告是利用语言刺激来达到注意目的的一种广告形式,又称为猜谜式广告。悬念广告的广告信息不是一次性的,而是通过系列广告,由粗至细、由部分到整体,或者说是通过广告系列的不断发展,得以逐渐完善和充实。它的始发信息常以提问的方式,或者直接突出其带有特色的信息。

在报刊广告中，此类悬念广告经常大片留空，引起的一个直接心理效果是受众的好奇心。在好奇心的驱使下，受众可能更加注意去寻找信息或信息的线索，这无疑有利于无意注意向有意注意的转化，并加深对已有信息的记忆。鉴于始发的悬念广告信息十分有限，根本不足以满足好奇心和求知欲，因而，就形成一种动机，不断关注该系列的下一次广告。由此发展，受众会对该系列的广告信息表现出努力地、精细地加工，可见，悬念广告是有利于受众对广告信息的认知活动的。

课堂讨论

列举成功和失败的广告案例，同学们讨论这些广告失败的原因。

广告媒体选择

生产玩具的企业若将学龄前儿童作为目标对象，则不能在杂志上做广告，更不能选择报纸，而应该选择电视媒介。若广告信息的传播对象是青年，那么《中国青年报》、《读者》就是理想的媒介。

【问题】1. 广告媒介有哪些？
2. 不同广告媒介的心理特性？

知识点解析

子任务 10.3　广告媒体与实施心理

广告经过策划、设计、制作后，在实施中要使之符合广告受众的心理需求，还必须选择合适的广告媒体。现代社会中，最为重要的广告媒体包括报纸、杂志、广播、电视和网络。此外，还包括直接函件广告、户外广告、交通广告、包装物广告和POP广告等。

10.3.1　报纸媒体

报纸在我国有着悠久的历史，它不仅是新闻宣传工作的重要工具，也是广告宣传中举足轻重的媒体。报纸是一种静态媒体，报纸广告的主要心理特性有以下几种。

任务 10 广告与消费心理

1. 阅读主动性

报纸把许多信息同时呈现在读者眼前，增加了读者的认知主动性。读者可以自由地选择阅读或放弃哪些部分；哪些地方先读，哪些地方后读；阅读一遍，还是阅读多遍；采用浏览、快速阅读或详细阅读；读者也可以决定自己的认知程度，如仅有一点印象即可，还是将信息记住、记牢；记住某些内容，还是记住全部内容。此外，读者还可以在必要时将所需要的内容记录下来。

2. 保存性

报纸本身是一种读者的脑外记忆存储器。读者不一定要把所需要的信息牢记在头脑中或摘录下来，而只要把有关信息部分剪下保存起来以备以后查阅即可。

3. 可信性

消息准确可靠，是报纸获得信誉的重要条件。读者在长期对报纸的阅读过程中，都已有了对各种报纸的评价，这种评价往往会直接影响到读者对报纸上所登载的广告的可信性评价。例如，在一些发行量较大的报纸（如人民日报、光明日报等）上刊登的广告，就比较容易为读者所信任。而在一些地方小报上刊登的广告，其可信性就相对较低。

4. 高认知卷入

报纸广告多数以文字符号为主，要了解广告内容，要求读者在阅读时集中精力，排除其他干扰。一般而言，除非广告信息与读者有密切的关系，否则读者在主观上是不会为阅读广告花费很多精力的。读者的这种惰性心理往往会减少他们详细阅读广告文案内容的可能性。换句话说，报纸读者的广告阅读程度一般是比较低的。不过当读者愿意阅读时，他们对广告内容的了解就会比较全面、彻底。

报纸广告的局限性：由于报纸的时效性高，伴随的弊端就是广告的有效时间短，通常是一天到数天的时间，容易被人忽视或遗忘；报纸广告的版面、位置受到限制，无法达到突出表现的要求；报纸的纸质和印刷技术限制报纸广告的艺术效果，通常缺乏动态感、立体感和色泽感。

10.3.2 杂志媒体

杂志与报纸一样，同属印刷媒体。这就决定了它们之间存在着一些共同的心理特性，包括阅读主动性、高卷入、保存性和可信性。但是杂志与报纸也存在着很大的差别。在内容上，杂志不像报纸以新闻报道为主，而是以各种专业和科普性文化知识来满足各种类型读者的需要。在印刷质量上，杂志一般也优于报纸。因此杂志具有一些不同于报纸的心理特性。

消费心理应用

1. 读者针对性强

杂志内容有较大的倾向性、专业性。大多数杂志都是针对一定范围的读者，即每一种杂志都可能有其独特的读者群。例如《时装杂志》以女青年和服装行业人员为主要读者对象；《大众医学》的主要读者则是家庭妇女和医学工作者。

2. 重复性强

杂志的内容丰富多彩，长篇文章较多，读者不仅要仔细阅读，而且常常要分多次阅读，甚至保存下来日后再读。读者的多次翻阅增加了他们与杂志广告接触的机会，有利于广告在读者的记忆中留下较深的印象。

3. 吸引力强，宣传效果好

杂志广告能印上色彩精美的照片和图案，艺术表现手段较为多样，视觉诉求力强，容易引起读者的兴趣、注意力以及情感联想。此外，杂志广告能将产品的外观形象比较直接地表现出来，让读者对产品有直观的了解，这有利于直接刺激读者的购买欲。

杂志广告也有不足之处，其制作复杂，成本高，价格较高；发行周期长，时效性差；篇幅小，广告数量有限等。

10.3.3 广播媒体

由于广播具有超越时空的传播功能，因而逐渐在各种广告媒体中占有一席之位。广播广告的特性包括以下几个方面。

1. 传播速度。与报纸、杂志及电视广告相比，广播广告不需要复杂的编排制作过程，可以在很短的时间内把信息传递出去，而且修改方便，可以灵活地适应市场环境。

2. 覆盖率高。广播电台遍及城乡，收音机可以随身携带、随时收听。所以，广播广告几乎无时、无处不在，是传播范围最广、覆盖率最高的媒体。

3. 针对性强。广播在特定的时间播出专题节目，届时都有特定的听众，广播广告可以针对收听专题节目的听众的特点进行宣传。例如，坚持收听《体育节目》的听众大多是体育运动的爱好者，他们对运动类产品的广告会感兴趣。

4. 表现力强。作为声媒广告，广播广告以声音来传递信息，配以音乐，穿插对话、情节等独特的广播艺术，很有表现力，可以引发听众的美好联想。

5. 费用低廉。与报纸、杂志及电视广告相比，广播广告制作便捷，费用最低。

广播广告的不足之处在于：听众非常分散，数量在减少，效果难以测定；声音转瞬即逝，难以记忆，有声无形的形式限制了一些产品的宣传效果。故需反复播放。

10.3.4 电视媒体

电视与广播一样，都是运用无线电波来传递信号的电子媒体，所以它与广播也具有一些相似的特点，如收看被动性、感染力强等。但是电视的呈现方式远比广播复杂，因而形成它自身的一些独特特点。

1. 刺激性强

人的心理活动的紧张程度跟外界刺激有着密切的关系。刺激量大，心理活动的紧张程度也大，反之亦然。人们接受外界信息主要通过视觉器官和听觉器官。运用何种感官去感知外界事物则取决于外界刺激。声音形式的刺激用耳朵来接受；视觉形式的刺激则用眼睛来感知。电视同时地呈现听觉和视觉信息，调动了两种感官的活动，这比起单一的刺激形式，更能吸引和维持人的注意力。

2. 刺激多变性

外界刺激捕捉人的注意力的另一种重要特点是刺激的变化，包括强度变化、色彩变化和物体的运动等。电视以其丰富的视听刺激变化（如瞬息万变的画面，抑扬顿挫的语音变化）显著地区别于其他媒体，有时它不需要观众的主观意志努力，也能有效地把观众的注意力吸引到电视屏幕上。

3. 表现充分性

在电视上，物体、事件可以用生动的画面和语言来充分地描述，这是其他任何媒体无法媲美的。例如在介绍产品的使用方法时，单纯的语言描述或用语言描述加静态画面都不如动态的画面加语言描述那么清楚明了。

4. 情景塑造的逼真性

人们赖以传递信息、表达思想情感的工具，一种是语言符号（包括文字语言和声音语言），另一种是非言语符号，如姿态、动作、目光、手势、表情、语调、节奏等。非言语表达能为语言表达塑造出一种真实的情境或气氛。而在各种媒体中，只有电视才能将某种情境、气氛表现得淋漓尽致。例如消费者购买使用产品后的满意心情，如果没有非言语符号（表情），就是很难生动地表现出来。

10.3.5 网络媒体

互联网是 20 世纪 90 年代以后发展起来的与传统媒体存在强烈竞争的大众媒体。互联网兼具报纸、杂志、广播、电视等大众传媒的许多特点，如报纸的阅读主动性、杂志的重

消费心理应用

复性和视觉表现力强、广播的传播面广和方便性、电视的刺激多变性和娱乐性等特点。但是其最突出的心理特性包括以下几点。

1. 主动性

在网络上，受众要不要阅读广告、想不想了解品牌或产品的信息，在很大程度上取决于自己。当他或她对网站主页或栏目上的某一广告产品发生兴趣时，可以通过点击该广告链接到企业或产品的主页，详细了解产品的信息。有时，受众想要了解某个品牌某种具体产品的情况，也通过搜索网站如百度、google 等或一些大型的门户网站如搜狐、新浪等，搜索发布该品牌或产品信息发布的网站或网页，然后进入这些网站或网页去了解产品的属性。

2. 强迫性

登陆门户网站的网民，不管他们愿意不愿意，他们都会看到一些广告，有些广告甚至会跟随着网页的移动而动，使之一直处于受众的视野之中，让受众不得不一直看着它。在这点上，网络广告有点类似于电视广告。通过门户网站发布的网络广告的效果，往往就是这样产生的。没有这种强迫性，网站媒体的生存将会变得困难。不过，网民并不认为网络广告特别烦人，与有价值的广告相比，信息略有余、有趣嫌不足。

3. 信息丰富

从传播形式来说，网络广告以图、文、声、像的形式，传送多感官的信息。既可以使消费者像广播一样倾听播音员对产品的介绍，也可以使消费者像报刊读者一样，详细地阅读产品信息；还可以使消费者像看电视广告介绍一样，观看产品功能演示，了解产品的外观形态。从传播内容来说，广告主提供的信息容量是不受限制的。广告主或广告代理商可以提供相当于数千页计的广告信息和说明，而不必顾虑传统媒体上每分每秒增加的昂贵的广告费用。在一则小小的网络广告条后面，广告主可以把自己的公司以及公司的所有产品和服务，包括产品的性能、价格、型号、外观形态等看来有必要向自己的受众说明的一切详尽的信息，制作成网页放在自己的网站中。这样的信息量在传统媒体上是无法想象的。

4. 刺激变化多端

网络广告的刺激变化特点表现在两个方面。第一是在不断开发出来的新技术（Flash、浏览器插件或其他脚本语言、Java 语言、RealVideo，和 RealAudio 等多媒体技术）的支持下，网络广告的视觉表现变化越来越丰富。这跟霓虹灯的发展过程相类似，最早的霓虹灯虽然五颜六色，但是是静止不动的。后来的霓虹灯不仅五颜六色，而且会闪烁变化，从而大大地提高吸引公众注意力的能力。第二，一则广告发布一段时间之后，广告主可以及时更换新的设计，以避免受众熟视无睹，增加受众的广告意识和品牌意识。这是因为网络广告是在电脑上设计，完成后即可发送到网站进行发布，免却排版排印或拍摄剪接的麻烦。广告主可以每天 24 小时、每周 7 天、每年 365 天操作自己的网络广告，使其不断更新以迎接网站浏览者。

5. 信息不可靠性

互联网是一种互动媒体，人们不仅可以从互联网上接受信息，也可以直接在互联网上发布信息。不管是谁，也不管信息的真实可靠性，只要他或她愿意，就可以在互联网上将一定的信息发布出去。由于信息发布的随意性，以及信息来源不确定性，因此，要让受众相信信息真实性有一定的难度。

10.3.6 其他媒体

1. POP 广告

POP 广告是许多广告形式中的一种，它是英文 Point Of Purchase Advertising 的缩写广告，又叫售点广告。POP 广告的概念有广义的和狭义的两种：广义的 POP 广告的概念，指凡是在商业空间、购买场所、零售商店的周围、内部以及在商品陈设的地方所设置的广告物，都属于 POP 广告。如商店的牌匾、店面的装潢和橱窗，店外悬挂的充气广告、条幅，商店内部的装饰、陈设、招贴广告、服务指示，店内发放的广告刊物，进行的广告表演，以及广播、录像电子广告牌广告等。狭义的 POP 广告概念，仅指在购买场所和零售店内部设置的展销专柜以及在商品周围悬挂、摆放与陈设的可以促进商品销售的广告媒体。POP 广告的心理效应主要表现以下方面：

① POP 广告能加深顾客对商品的认知程度，更快地帮助顾客了解商品的性质、用途、价格及使用方法；

② POP 广告能增强销售现场的装饰效果，美化购物环境，制造气氛，增进情趣，对消费者起诱导作用；

③ POP 广告比其他媒体的表现性强，更重视实物的展示，把抽象的商品变成活生生的实物。

2. 路牌广告

路牌是一种户外广告媒体，我国的路牌广告早在 20 世纪 20 年代已经很盛行，当时的广告内容以香烟、电影居多。在战争年代和新中国成立后的 30 年中，路牌广告没有大的发展。1979 年广告业恢复以后，路牌广告获得了迅速的发展。特别是 1983 年以后，全国路牌广告以惊人的速度增长。研究表明，路牌广告不仅在吸引驾驶员注意广告主的名字上有效，而且在暴露位置合适的条件下，它所产生的销售反应也是立即的。

消费心理应用

路牌广告的突出心理特性有以下两个方面。

① 简洁性

据国外统计资料表明，路牌广告的接触时间大约为 8 秒钟。为了在这短短的时间之内给观看者留下较深刻的印象，路牌广告画面往往比较简洁，集中表现商标图案或商标名称，使观众过目不忘。

② 欣赏性

随着人类对环境美化要求的逐步提高，路牌广告也成为美化环境、美化市容的一个重要组成部分。因而在广告制作时，比较追求画面的艺术效果和欣赏价值。

3. 霓虹灯广告

霓虹灯是运用较为广泛的户外广告媒体之一。霓虹灯一般被安装在城市里的闹市区或高大建筑物之上，是都市夜景的重要点缀物，能满足人们的视觉刺激需要。其心理特性表现为以下几点。

① 简单易记

霓虹灯广告的构造材料是玻璃管，要制作复杂的图案难度相当大。由于制作上的局限，霓虹灯广告中的文字和图案都简化到不能再简化的程度，一般以显示商品的简单形象、商标名称、图案或企业的名称、标志为主，所以比较简单易记。

② 引人注目

霓虹灯以耀眼的光亮、鲜艳的色彩、闪烁的灯光，与夜幕形成鲜明的对比，能有效地吸引人们的注意。

③ 观赏性

在现代化城市中，霓虹灯与城市的自然环境融为一体，成为城市景观不可缺少的组成部分。因此广告霓虹灯常常被人们看做是城镇经济发展和现代化水平的标志之一。

4. 邮件广告

广告主把商品或服务的情况介绍、订货要求印制成说明书、订货单、商品目录、定期或不定期的业务通讯，然后通过邮递网络将它们有选择地寄给用户和消费者，或者附在刊物内赠送，这类印刷物就叫邮件广告或直邮广告。国外的研究发现，大多数被试报告喜欢收到某些广告邮件。随着家庭收入的增加，广告邮件阅读比例下降；富裕家庭收到的最多，阅读最少。

邮件是所有广告媒体中最有选择性和灵活性的一种。其主要特性包括以下几点。

① 针对性强

广告主在寄出邮件广告之前，都要对用户进行选择。实质上，只有那些有可能需要他们的产品或服务的客户名单,才会填在邮件上。对于潜在的客户或消费者,广告主可能事先了解他们或已了解他们,因而能够选择比较有说服力的材料来说服客户或消费者使用他们的产品。

② 有亲近感

邮件广告跟私人信函有相似之处,通常都是寄给个人的,而不是像其他媒体广告面向广大受众。这样接受者容易产生亲近感,而不是厌恶感。

③ 接触率高

邮件广告内容是封闭的,接受者在拆开信封之前,不知道里面是何物、何事,这种神秘感或不确定性,就足以使接受者拆开观看其内容。所以,邮件广告的接触率比较高。

值得一提的是,随着互联网的发展,邮件广告不仅包含传统的印刷邮件,还包含通过互联网发送的电子邮件广告。由于电子邮件常常带有病毒,人们并不欢迎来自陌生人的电子邮件,所以,电子邮件广告虽然具有制作和发送的方便性,但是没有传统印刷邮件的亲近感,甚至会让人产生反感,接触率也不高,很容易被当作垃圾邮件处理掉。

5. 包装广告

包装是直接附在商品之上的容器或包裹物,一般连同商品陈列在商店的柜台之上,并连同商品一起卖给消费者。包装具有广告的作用,所以说它是与产品联系最密切的广告。包装的主要心理特性有以下几点。

① 标志性

各种商品的品质和包装都有差别,经过一段时间的产品使用和比较,消费者就会自觉不自觉地把包装与产品品质联系起来,并根据包装来区别产品的品质。这就是包装的标志性。正是由于包装具有这种标志作用,一些信誉好的老品牌产品不愿意轻易地改变包装装潢。而一些正在走下坡路或企图打开销路的产品则不惜在包装上花本钱。

购买原装泰国香米认清三大标志

根据泰国政府2002年5月实施的最新香米标准,香米纯度应不低于92%。同时提醒消费者要购买正宗的原装泰国香米,一定要认清三大标志。

第一个标志,是由泰国商业部外贸厅所注册的绿色圆形标志。这是一个绿色的圆形图标,图标内有三条金黄色的稻穗,印着茉莉香米的英文"Thai Hom Mali Rice"字样。

消费心理应用

第二是看条码,原装进口的泰国香米商标条形码开头标注为885,开头为69的则是国内分装。

第三,正宗香米包装上都注明有"Product or Thailand"(泰国生产)的字样。

由于国内分装无法掌控在分装过程中出现混装的情况,所以重新包装后不能使用此三个标志。

【问题】分析包装广告的特性和作用。

② 与商品调和

正如人的衣着打扮不同给人的印象不同一样,商品的包装也能起到塑造产品形象的作用。例如国外有人曾经给顾客看同样新鲜的两块面包,但包装不同,一块用玻璃纸包装,另一块用石蜡纸包装。结果大多数人认为用玻璃纸包装的面包比用石蜡纸包装的面包新鲜。

③ 视觉冲击力强

走进商店的顾客是借助于眼睛来搜寻他们所需要的物品。在琳琅满目的商品中,一种商品要成为顾客目光聚焦的中心,那么只有依赖于独特的包装。当你的商品包装强于竞争商品时,你的商品就可能获得消费者的喜爱。在许多情况下,消费者的商品购买并不是事先计划好的,他们的购买欲是由商品精美的包装激发出来的。

6. 手机广告

手机作为一种新型的广告媒体,是近几年随着手机的逐渐普及而发展起来的。手机广告有两种方式,一种是声音信号广告,一种是视觉的短信广告。但是手机广告通常所指的是短信广告。

短信是人们之间相互沟通的一种信息传递方式,具有沟通快捷、方便、费用廉价等优点,广受消费者的欢迎。手机短信广告正是基于人们广泛采用这一沟通手段而发展起来的。从受众的角度来看,手机短信具有这样一些特点。

① 接收信息的方便性。在电讯发达的国家和地区,受众随时随地都能够接收到手机短信。这使得广告主可以在短时间之内就将信息送达消费者,而其他任何媒体都不能像手机短信这么快捷。

② 被迫性。手机用户除了关机,否则不能拒绝接收它不愿意接收的信息,至少目前是这样。这有效地保证了广告信息能够被受众注意到,但同时也可能引起手机用户的反感,特别是当短信广告远远多于有用的短信数量时。受众是否阅读广告信息还取决于广告信息的内容以及受众收到短信广告时的信息需求和心情。

③ 可靠性差。手机短信的来源可能是不知名的某一个人,也可能是某一商业机构。短信接收者无法判断其信息的真伪,因此即使阅读了广告信息,也不敢轻易相信。这在很大

程度上限制了广告短信的影响力。

手机是一种新兴的媒体,也是一种发展充满变数的媒体。

任务 10 小结

广告是广告主有计划地通过媒体传递商品和劳务信息,以促进销售的公开宣传形式。它是一种面向目标顾客和社会公众的支付费用的传播行为,具有诱导、教育、促销等心理功能。国内外广告界研究出较典型的广告心理效应模式有:AIDA模式、DAGMAR模型和L&S模型等。

广告创意是形成关于广告表现的基本概念的过程,是广告制作的依据。广告诉求的基础是消费者的心理需要,广告诉求有两大基本形式为理性诉求和感性诉求。

广告实施中,各种广告媒体对广告受众心理的影响力各有长处和短处。为了达到广告的最佳宣传效果,必须深入了解和比较各种广告媒体心理效应的特点和差异。

心理测试10-1 美女广告能改善观众的自我感觉

在美国成年人平均每天要接受 3000 条广告信息,和 20 年前相比,数量要高出 5 倍。18 个月大的孩子就开始学会辨认商品标志;10 岁的孩子就能记得 300 个到 400 个商品品牌。为什么有的广告能给消费者留下深刻的印象?广告究竟是如何对消费者的行为产生影响的?

研究人员发现,名人广告和普通广告激活的大脑模式不同。

两名来自美国加利福尼亚理工学院的研究人员对广告宣传如何作用于人的大脑并产生劝服效应进行了研究。

研究人员在消费者观看广告的时候,对他们的大脑进行扫描发现,当如时尚太阳镜一类的商品广告第一次出现的时候,消费者的大脑没有出现对于不同品牌广告的不同反应,但是当商品广告不断重复出现,对消费者产生刺激,大脑对这些商品进行再次辨认的时候,大脑的反应模式开始发生改变。当出现的是包装时尚或者有名人代言的商品时,大脑的布罗卡氏区第 10 区出现特异性激活。当出现的是那些包装没有吸引力或没有名人代言的产品的时候,这个区域则没有出现特异性激活现象。研究人员推测,某种类型的、不断重复出现的广告刺激可能会影响大脑中涉及做出决定的某个区域,促使消费者的行为发生改变。

消费心理应用

名人广告利用了消费者记忆混淆的规律,假借名人的光环。

对于广告与消费心理的研究,国外已有很长的研究历史了,中国科学院心理研究所马谋超研究员所领导的课题组一直在从事这方面的研究。最近几年,国际学术界开始尝试从脑与行为的不同层次上探索人类的消费与经济行为。中国科学院心理研究所的樊春雷博士非常关注这方面的研究进展,他向记者介绍说,"这是一个新兴的研究领域,叫做神经营销学,是神经科学、认知心理学和营销学等学科的交叉。"樊春雷博士说,"但由于是新兴学科,大多数研究也只是零散的、探索性的。美国加利福尼亚理工学院这两名研究人员在实验中发现,名人广告相对于普通广告能够引起消费者大脑的不同反应,这一结果实际上并不是太令人惊讶,因为名人广告的独特作用在以前的实验研究中已得到很多的揭示。"

在20世纪80年代,美国科学家曾经做过这样一个实验,把诸如克林顿之类的名人的姓名和一些虚构的姓名放在一起,让受试者学习。学习完毕后,进行记忆测试。测试分即时测试和延时测试两种方式。在即时测试条件下(学习完毕后马上进行记忆测试),受试者对名人姓名的记忆显著好于对虚构姓名的记忆;同时,受试者对于正确回忆出的姓名,也能很好地分辨出谁是名人,谁不是。

在延时测试条件下,受试者隔了一个星期之后再回到实验室进行记忆测试。科学家发现,在真假名人判断测试中,那些虚构的姓名竟然以很高的比例被误认为是名人,出现了由于记忆遗忘导致的记忆混淆现象。这项实验研究表明,名人很容易被人们记住,同时,由于记忆衰退导致的记忆混淆,人们常常将与名人同时出现但实际上无关的信息也误认为与名人有关。人类认知的这一特点,使得运用名人广告提升产品和品牌形象成为可能。

但名人广告并不总是有效的。比如,许多广告主不敢用刘德华做广告,视其为品牌杀手。这是因为人们看了刘德华的广告后,只记住了刘德华,其他信息全没有记住。这从另外一个角度证明了名人广告与普通广告的不同。

广告要想进入消费者的大脑,必须与其自我相关联。

樊春雷博士提到,广告对消费者的大脑的不同影响是存在的,不过影响性质和影响程度取决于广告内容和消费者自我的关联性质。这也能解释为何有的品牌广告能深入人心,影响到消费者的购买行为;而有的广告则毫无作用,或者起到的是负作用。

任何人对于和自我相关程度高的事物总是能给予更多的注意。樊春雷博士做过这样一个实验,让消费者看一组用于描述人格特质的形容词(比如,勇敢的),并判断这些形容词是否适合用来描述某个品牌。随后,对消费者进行记忆测试,发现消费者对刚刚用过的形容词的正确分辨率很低;但是如果让消费者用同样的形容词来描述自己,消费者对这些形容词的正确分辨率则显著提高。人们对与自己相关的材料记忆得好,这被称为记忆的自我参照效应。美国曾经有过这样一个实验,让人看自己的两张照片,一张是镜面照,也就

任务10 广告与消费心理

是每天大家从镜子里面看到的自己的形象;一张是标准照,就是普通相片呈现的形象。每个人自己都会觉得镜面照比标准照好看,而旁人则会觉得标准照好看。这是因为我们每天看到的自己都是镜面照的形象,对于这个形象很熟悉,而标准照是自己不熟悉的,所以大家都会有这种感觉,总认为自己的照片不好看。每天看到同样的东西,从而产生一种知觉上的熟悉性,由此影响到自己的情感偏好,对熟悉的东西产生好感。

广告刺激也是如此,每天受到某个品牌广告的刺激,也会影响自己的情感偏好。平时消费者在做出某种选择的时候,似乎没有更多的理性分析,只是根据喜欢、不喜欢、高兴、不高兴来进行选择,其实这种选择标准的形成来源于以往的经验和习惯,来源于与自我意识、个人好恶的认同。

大脑两半球的功能具有不对称性,广告对它们的影响也不一样。

人类大脑分为左右两个半球,外部信息在开始阶段主要以交叉投射的方式进入大脑。以视觉信息的输入为例,位于右视野的事物首先投射到大脑左半球,而位于左视野的事物首先投射到大脑右半球。利用这一性质,科学家运用交叉投射技术来研究大脑两半球的不同功能特性,并发现了两半球功能的不对称性。

樊春雷博士解释说,一般而言,大脑左半球的功能优势主要体现在计算、语言、推理等认知任务上;大脑右半球的功能优势则主要体现在音乐、图像和情感等认知任务上。基于此,我们可以假设,如果消费者对某特定品牌已经有了感情,那么,他们对该品牌名称的检测就应该具有右脑优势。

但人类大脑是高度复杂的,大脑两半球的功能区分不是绝对的。许多研究表明,大脑左半球也参与情感加工,而且是积极性的情感加工。樊春雷博士在其近期的一项研究中还发现,消费决策的大脑机制可能存在着性别上的不同。

广告能够提高人的成就动机。

现在是广告时代,广告文化实际上就是消费文化。广告的作用不仅是帮助商家推销自己的品牌,樊春雷博士还向我们解释了广告的一个并未被普通人所了解的作用,那就是可以提高人的成就动机,让人获得更大的成就感。

美国芝加哥大学的心理学家做过这样一个实验,让年龄在18~36岁之间男性受试者分别观看以年轻女性为模特和以老年女性为模特的两组图片,看完后对他们进行相关问题的测试。图片是从杂志广告中选取出来的,结果发现,在观看年轻女性图片的男性受试者中有36%的人认为自己是一个外向的人,而在观看老年女性图片的男性受试者中认为自己外向的只有16%,差别显著。同时,相对于后一组,前一组中的男性受试者报告出的野心更大,对个人的权威性和声誉状况也给出更高的自我评价,报告出的收入水平也高于另一组。

人格问卷调查的结果表明,观看年轻女模特图片的男性受试者,在得分较高的人格特

消费心理应用

质中有 80%是与睾丸激素水平成正相关的；而在观看老年女模特图片的男性受试者，这一比例只有 18%，差别更明显。

在商业社会中，人们的工作压力、成就动机和抱负水平往往是受某种消费愿望的驱使。人们之所以如此渴望成功，渴望完美，在各种影响因素中，美女广告是功不可没的。

（资料来源：北京科技报，http://www.psych.org.cn/Article_Show.asp?Arti）

【实训操作十】

实训名称	通过对当地报纸、电视台等进行调研，了解企业做广告相关情况。
实训目的	1. 掌握广告对企业的作用。 2. 了解广告宣传词、广告设计方案。 3. 广告效果调查。
实训组织	1. 教师介绍本次实训目的及需要提交的成果。 2. 学生利用课余时间做市场调研。 3. 以小组为单位进行。
实训环境	当地报社、市电视台
实训成果	1. 写出分析报告。 2. 课堂汇报。 3. 教师评比考核，计入实训成绩。

【本任务过程考核】

一、名词解释

1. 商业广告
2. DAGMAR 模型
3. 理性诉求

二、不定项选择

1. 商业广告心理功能的主要表现有（　　）。
   A．传播功能　　B．诱导功能　　C．教育功能
   D．批判功能　　E．促销功能
2. 使用费用最昂贵的广告媒体是（　　）。
   A．网络　　B．电视　　C．杂志　　D．户外
3. 对于服装，一般选择的广告媒体是（　　）。
   A．报纸　　B．杂志　　C．广播　　D．电视

4. 在设计售点广告时,广告主题应对准消费者的（　　）。
   A. 现实需要　　B. 潜在需要　　C. 优势需要　　D. 一般需要

三、判断题

1. 因为公益广告是免费的,所以公益广告没有付出任何代价的信息。（　　）
2. 传统的四大广告媒体是报纸、电视、杂志和网络。（　　）
3. 广告带有一定的劝说性和诱导性。（　　）

四、思考题

1. 选择你熟悉的一则电视广告,应用 AIDA 模式分析该广告如何作用于消费者。
2. 广告的情感诉求有哪些方面,如何进行?
3. 怎样促使 POP 广告引人注目?
4. 你认为以下商品广告适应哪些媒体?为什么?这些商品是:高级化妆品、高档服装、家用电器、商品房。

五、案例分析

某国一出版公司有一批滞销书久久不能售出。推销人员想出一个主意,于是给总统送去一本书并征求意见。总统忙于政务便回了一句:"这本书不错",销售人员便大做广告:"现有总统喜爱的书出售"。书即被抢购一空。不久,又有书卖不出去,销售人员又送给总统一本,上过当的总统便"回敬"一句:"这本书糟透了",转天该公司发出广告,"现有总统讨厌的书出售"。结果,书又售罄。第三次,该公司又如法炮制,总统接受教训,不予答复。于是该公司再发出广告,"现有总统难下结论的书出售,欲购从速。"书仍被抢购一空。

【问题】1. 请分析该出版公司运用了什么广告诉求心理?
　　　　2. 该案例对营销有何启示?

任务 11 绿色消费与消费心理

 能力目标

通过完成此项目,使学生具备以下基本能力:
1. 能够了解绿色消费的产生与发展;
2. 能够分析绿色消费的心理特征与行为过程;
3. 灵活运用绿色消费营销策略。

 知识目标

1. 了解绿色消费基本理论;
2. 掌握绿色消费的心理特征与行为过程;
3. 掌握促成绿色消费的心理策略。

 任务分解

子任务 11.1 绿色消费的兴起与发展
子任务 11.2 绿色消费心理分析
子任务 11.3 促成绿色消费的策略

任务11　绿色消费与消费心理

绿色消费≠消费绿色

随着人们环境保护意识的提高，再加上环保先觉者的倡导，绿色观念正潜移默化地影响着人们的行为模式，绿色消费也在我们的生活中悄然兴起。走进商店，可以见到有绿色食品标志的蔬菜、肉食；购买家电有无氟冰箱、超静音空调、低辐射电视机；装修家居，有对身体无害的绿色涂料、绿色地板。追求绿色，崇尚自然，反对挥霍浪费，避免破坏环境，可谓人心所向，大势所趋。

绿色生活是新世纪的时尚，它体现着一个人的文明与素养。每个人都应当选择有利于环境保护的生活方式——绿色消费来实现这种绿色生活。但是，究竟什么是绿色消费呢？这个问题并非每个人都是清楚的。最大的误区就在于很多人认为绿色消费就是"消费绿色"，这使得我们的绿色消费正在走向一个相反的方向。

很多消费者一听到绿色消费这个名词，很容易把它与"天然"联系起来，以为绿色消费就是吃天然食品、穿天然原料的服装、用天然材料装饰房间、到原始森林旅游，等等。这样就形成了一个误区，即所谓的"绿色消费"变成了"消费绿色"。有的人非绿色食品不吃，但珍稀动物也照吃不误；非绿色产品不用，但是塑料袋却随手乱丢；家居装修时非绿色建材不用，装修起来却热衷于相互攀比，追求奢侈豪华。他们所谓的绿色消费行为只是从自身的利益和健康出发，而并不去考虑对环境的保护，违背了绿色消费的初衷。

真正意义上的绿色消费，是指在消费活动中，不仅要保证我们这一代人的消费需求和安全、健康，还要满足以后的人的消费需求和安全、健康。其基本要求是在消费过程中注重对垃圾的处置，不造成环境污染；消费者要转变消费观念，在追求舒适生活的同时，注重环保，节约资源，实现可持续消费。

"绿色"不是天然的意思，"绿色"是给人民身体健康提供更大更好的保护，舒适度有更大的提高，对环境影响有更多的改善。绿色消费也不是消费绿色，而是保护绿色，即消费行为中要考虑到对环境影响并且尽量减少这种负面影响。如果沿着天然就是绿色的路走下去的话是非常可怕的，比如羊绒衫的流行造成了山羊养殖给生态带来的破坏。绿色消费必须是以保护绿色为出发点。

（资料来源：李剑．北京青年报．2002-10-29．）

【问题】消费，你"绿色"了吗？

消费心理应用

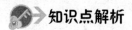
知识点解析

子任务 11.1 绿色消费的兴起与发展

20世纪后半叶以来，一种全新的消费观——绿色消费在全球范围内迅速兴起，这种消费观主要倡导人们转变消费观念、崇尚绿色、崇尚自然、追求健康、注重环保节能，是一种可持续消费观念和消费行为。随着人类社会经济可持续发展战略的推进，绿色消费作为一种全新的消费理念，已经成为21世纪全球消费模式的呼声和消费者的共同追求。

11.1.1 绿色消费的内涵

绿色消费是一个广义的概念，是指消费者意识到环境恶化已经影响其生活质量及生活方式，要求企业生产并销售有利于环保的绿色产品或提供绿色服务，以减少对环境伤害的总体消费活动和方式。这是以"绿色、自然、和谐、健康"为宗旨，有益于人类健康和社会环境的新型消费方式。它包括三层含义：一是倡导消费者在消费时选择未被污染或有助于公众健康的绿色产品；二是在消费过程中注重对垃圾的处置，不造成环境污染；三是引导消费者转变消费观念，崇尚自然、追求健康，在追求生活舒适的同时，注重环保、节约资源和能源，实现可持续消费。

11.1.2 绿色消费的兴起与发展

1. 绿色消费在国外的兴起和发展

环境不断恶性化的今天，人们对环境和资源的忧虑逐渐转化为消费过程中的一种自律行为，更加倾向于适度、无污染、保护环境的消费，绿色需求在世界范围内已经或正被逐渐唤起。这一点在经济发达国家表现得尤为突出，并且已形成了绿色需求——绿色设计——绿色生产——绿色产品——绿色价格——绿色市场开发——绿色消费这种以"绿色"为主线的消费链条。因此，从根本上讲，是绿色需求决定了绿色营销的产生、规模、运作模式和发展趋势。同时，由于经济发展程度不同而导致的绿色需求和绿色技术水平的差异，正越来越多地被发达国家利用，用来作为遏制他国对外贸易的壁垒，从而形成了一种新型的非关税壁垒——绿色贸易壁垒（Green Trade Barrier）。乌拉圭回合的《技术贸易壁垒协议》中规定："不得阻止任何国家采取措施来保护人类、动物或植物的生命健康、保护环境。"这样，环境保护就成为不承诺相关的国际贸易规范的一种借口，而实际上确有一些发达国家借保护环境为名,行限制国外产品进口之实。西方国家设置绿色壁垒的主要目标,很大程度上是针对发展中国家出口创汇所主要依赖的劳动密集型、资源密集型产品而设置的,其结果将会使发展中国家的一部分产品逐渐退出国际市场。所以它将严重制约发展中国家对外贸易的发展,进一步恶化其在国际贸易中的困难处境及国际收支状况。随着1999年1月1日欧元的启动,欧盟将更注重扶助区内较落后的国家,这势必也会导致绿色壁垒等贸易保护主义的加强,对此中国政府和企业应及早准备应对措施。绿色壁垒主要包括课征环境进口附加税、限制或禁止进口、绿色贸易制裁、绿色标志制度、绿色卫生检疫制度等。由于其隐蔽性强、技术要求高、灵活多变的特点,在今后相当长一段时期内将会被越来越多的发达国家利用。由此可见,我国企业要想冲破绿色壁垒,进行绿色突围必须加强绿色营销,舍此别无他途。

随着人类进入环保时代,人们的消费观念也发生了重大变化,更加注重保健、环保、崇尚回归自然、追求健康的绿色消费之风蔚然兴起。带有绿色标志的产品日益博得消费者的青睐。据统计,77%的美国人表示,企业的绿色形象会影响他们的购买欲,94%的意大利人表示在选购商品时会考虑绿色因素。在欧洲市场上40%的人更喜欢购买绿色商品,那些贴有绿色标志的商品在市场上更受青睐。欧共体的一项调查显示,德国82%的消费者和荷兰67%的消费者在超级市场购物时,会考虑环保问题。在亚洲,挑剔成癖的日本消费者更胜一筹,对普通的饮用水和空气都以"绿色"为选择标准,罐装水和纯净的氧气成为市场的抢手货;韩国和香港的消费者,急先购买那些几乎绝迹的茶籽,作为天然的洗发剂。

在国际上,绿色消费也成为一种世界性的潮流。从1997年开始,国际消费者联合会连续开展了以"可持续发展和绿色消费"为主题的活动。举办伊始,活动就受到了联合国的高度重视,并引起了各国政府和环保组织的极大关注,一些国家也在此主题下结合本国实际相继开展了形式多样的行动。这些行动的开展在全世界开始掀起一股绿色消费世界潮流。

2. 绿色消费在中国的兴起和发展

在这绿色消费的大潮之下,绿色营销随着国际社会对环保的日益关注不断发展完善起来。绿色营销诞生于工业发达国家,几年前才传入中国,起初大多数企业只是认为这是一种宣传术。近来,中国企业对绿色营销的兴趣和实践的欲望强烈起来。例如,发生在比利时加工厂生产的可口可乐饮料罐被污染事件,使许多企业营销界人士更加感到绿色营销的迫切性和重要性。现在,人们普遍认识到企业的环保形象影响着产品销路。因此对企业来说,面对日益兴起的绿色消费,了解、重视和实施绿色营销已成为今后企业发展中值得特别关注的重大问题。

绿色消费进入中国,经历了一个较长的过程。1999年,国家环境保护总局等6个部门

消费心理应用

启动了以开辟绿色通道、培育绿色市场、提倡绿色消费为主要内容的"三绿工程"；"十五"计划也提出"重视生态建设和环境保护，实现可持续发展"的战略目标，实际上这个目标也正是我国新世纪的发展目标；2001年，中国消费者协会适时地将"绿色消费"确定为该年的消费主题，有力地促进了绿色消费观念的普及。而按照设计者的初衷，这个主题将贯穿于整个21世纪。

随着绿色消费文化的不断得到推广，以及社会经济的发展和人们生活水平的提高，绿色消费的理念也在逐步得到广大消费者的认同。中国消费者协会于2001年3月至6月在全国进行的"千万个绿色消费志愿者在行动"的大型调查活动结果显示：95%以上消费者认可和支持绿色消费。对全国36个副省级以上的城市的调查也表明：98.9%的消费者愿意为推动绿色消费而尽力；97%以上的消费者愿意将垃圾分类投入，并进行节约用水；97.4%的受调查者愿意选择绿色家居和环保装修，支持发展公共交通，拒绝野生动物制品；有95%的人赞同尽量不用塑料袋、一次性筷子和餐具。绿色消费的氛围在中国也开始形成。

2005年，中国消费者协会又将"健康·维权"确定为消费主题。根据规划，进行消费科学知识教育和先进消费文化教育，提升生活消费质量，成为活动的主要内容之一。此举对于进一步推动绿色消费观念的普及和提高消费者的绿色消费意识将起到积极的作用。

 知识链接

中国绿色消费的观念和行动纲领

在2003年4月22日世界地球日之际，中华环保基金会向全国发出了"绿色志愿者行动"倡议书，提出了如下中国绿色消费的观念和行动纲领。

（1）节约资源，减少污染。如节水、节纸、节能、节电、多用节能灯，外出时尽量骑自行车或乘公共汽车，减少尾气排放等。

（2）绿色消费，环保选购。选择那些低污染低消耗的绿色产品，如无磷洗衣粉、生态洗涤剂、环保电池、绿色食品，以扶植绿色市场，支持发展绿色技术。

（3）重复使用，多次利用。尽量自备购物包，自备餐具，尽量少用一次性制品。

（4）垃圾分类，循环回收。在生活中尽量地分类回收，像废纸、废塑料、废电池等，使他们重新变成资源。

（5）救助物种，保护自然，拒绝食用野生动物和使用野生动物制品，并且制止偷猎和买卖野生动物的行为。

任务 11　绿色消费与消费心理

"绿"色月饼

王明是北京某一个大学的在校学生，2006 年的中秋之际，他在某著名网站上看到了一则销售月饼的信息，其中介绍的月饼包装精美，是绿色有机食品等内容，虽然价格比市场高许多，但是王明考虑到食品安全的特点，以及为了使远在外地的父母在中秋节收到一份惊喜，他当即在网上签订合同，购买此品牌和包装的月饼，并用银行卡向对方账户打入款项，约定在 2006 年 10 月 6 日中秋节之前将月饼送到王明父母家。

这则案例说明随着经济发展，连月饼这类传统食品都可以在网上购买。消费者对食品等日用品的消费也更青睐于绿色、安全，消费者的消费心理和行为发生着剧烈的变化。

（资料来源：藏良运. 消费心理学[M]. 电子工业出版社，2007.）

【问题】1. 消费者绿色消费心理特征？
　　　　2. 消费者绿色消费行为表现？

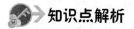

子任务 11.2　绿色消费心理分析

我们知道，一般消费者的心理活动的过程，指的是消费者在购买行为中的心理活动的全过程，大致可分为认知过程、情绪过程和意志过程三个部分，在这些不同过程中消费者的心理行为直接地反映出消费者个体的心理特征。

绿色消费是指消费者从保护健康和个体利益的角度出发对绿色产品的消费；或者是消费者旨在保护生态环境，在消费过程中从减少资源浪费和防止污染，承担社会责任的角度考虑而采用的一种理性消费方式。所以，与其他普通商品相比，在消费内容和消费心理上又有明显的特征。

近年来，随着工业化的进程和社会经济的发展，人们的生活水平日益提高，但同时对人类的生存环境带来的污染、破坏，也日益备受关注，于是"绿色消费"、"绿色营销"以及"可持续发展"的概念渐入人心，保护生态环境，减少污染，节约能源，防止公害的呼声也越来越高。在这种情况下，营销者针对消费者的绿色消费行为进行深入的心理分析，

消费心理应用

及时采取相应的策略进行引导就显得非常重要。

11.2.1 绿色消费的心理过程分析

1. 消费者的认知过程

消费者购买行为的心理活动，是以商品的认知过程开始的，这一过程构成了消费者对所购买商品的认识阶段和知觉阶段，是消费者购买行为的重要基础。在认识的开始阶段，消费者从广泛的途径获取有关绿色商品的知识和信息，在心理上产生刺激，从而形成绿色商品的片面的、孤立的和表面的心理印象；接着，随着绿色商品和绿色知识的不断传播，从而形成记忆、思维、想象等一系列复杂的心理过程。在此基础上，对绿色产品产生信任情感，在购买中消费者借助于记忆，对过去曾经的生活实践中感知的商品，体验过的情感或有关的知识经验，作出决定。所以在这个阶段消费者需要大量的绿色商品知识和绿色消费有关的信息；在消费者头脑中形成一定量的信息储备，以便在以后的购买决定中产生深刻的影响。

2. 消费者的情绪过程

消费者对绿色商品和绿色消费的认知过程，是采取购买行为的前提，但并不是就等于他必然采取购买行为。因为消费者是生活在复杂的社会环境中的，具有思维能力的人，是容易受影响的个体，因此，他们在购买时将必然受到生理需求和社会需求的支配，两者构成了其物质欲求的强度，由于生理欲求和社会欲求会引起消费者产生不同的内心变化，可以造成消费者对商品的各种情绪反应，如果情绪反应符合或满足了其消费需求，就会产生愉快、喜欢等积极态度，从而导致购买行为，反之，如果违反或不能满足其消费需要，则会产生厌恶情绪，就不会产生购买欲望。一般，人们的消费需求可以分为生理需求和社会需求。在这里，生理需求无须多作解释，需要引起重视的是消费者的社会需求及其所引起的情感，是人类的高级的社会性情感，这种情感具有稳定的社会内容，往往以鲜明的突发性的情绪表现形式表达出来，这种情感对消费者的购买行为也是具有很明显的影响的，因为它代表了人的社会欲求，这种社会性情感可分为三类：道德感、理智感和美感等。

绿色产品或绿色消费恰恰能够极大地满足人们的生理需求和社会需求。如"绿色蔬菜"是指不用化肥、农药、不受其他化学污染的蔬菜；"绿色食品"是不用防腐剂及其他人工色素和化学品的食品，这些不仅满足了人们的基本生理需求，而且最大限度地保护了身体健康。"绿色冰箱"制冷剂采用非氟利昂制品，节能、高效，保护地球大气层不受破坏并节约了能源，注入了生态理念，满足了社会需求。另外，随着社会的进步，科学文化知识的普及，生态环境意识的增强，绿色消费渐成时尚，再生资源的利用，节约能源，反对浪费,保护生态环境,主动承担社会责任等逐渐成为个人素质、修养、身份和地位高低的重要标志,推崇理智消费成了文明人的追求。在这种社会环境下,消费者追求这种社会需求引发的人类共同的情感的积极性提高。所有这些都会在消费者心理产生良性刺激,促使其产生愉快、欢喜和积极的态度。同时,再辅以良好的消费环境,优质温馨的服务,使消费者产生愉悦的心理情绪,从而刺激消费者的购买欲望。

3. 消费者的意志过程

在购买活动中,消费者表现出有目的地和自觉地支配、调节自己的行为,努力克服自己的心理障碍和情绪障碍,实现其既定目的的过程,这就是消费者的心理活动的意志过程。它具有两个基本特征:一是有明确的购买目的;二是排除干扰和困难,实现既定目的。

所以当消费者作出了绿色消费的购买决定后,营销者可以帮助他克服内在的和外在的种种障碍,创造温馨的、绿色的销售氛围以及良好的购买环境,促使其购买行为的实现。

总而言之,消费者的心理活动的认知过程、情绪过程和意志过程,是消费者决定购买的心理活动过程的统一,是密不可分的三个环节。所以,营销实践者只有充分认识各环节的内在特征,才能与消费者进行有效的沟通,从而实现二者利益的统一。

知识链接

百姓绿色消费理念催生"虫网"蔬菜走俏阿荣市场

近来,在阿荣旗的菜市场上凡是布满虫眼的各式蔬菜刚刚摆上柜台,便会马上被镇上的居民抢购一空。据悉,此类蔬菜在较长的一段时间还经常处于脱销状态。

在旗综合市场上,笔者遇到了一位刚刚买完菜的刘女士,询问是否经常留意买最近走俏市场的"虫眼"菜时。刘女士笑道:"当然了!有虫眼的菜,套用时下的讲法,那是没有农药的绿色环保菜,虫子都喜欢吃,人吃了就更放心吗!"刘女士还讲:"现在大伙的生活水平提高了,饮食上都开始注重追求绿色环保了。"前来买菜的许多居民都表达了这种"环保共识"。一股"返璞归真"的绿色饮食风尚开始在阿荣大地悄然兴起。

据悉,"虫眼"蔬菜走红阿荣旗市场的热象已引起当地政府的注意,该镇已在那吉新村建设了的占地近200亩,可容建120幢蔬菜大棚的无公害蔬菜基地。该镇政府表示今后将根据市场的需求,在现有基地规模的基础上适时进行整合扩建,不仅要做大旗内市场,还要向周边旗县输出具有绿色环保意义的"虫网"蔬菜,去抢占域外市场。(吴志凌)

(资料来源:财经网. 2008-7-15)

11.2.2 影响绿色消费心理与行为的因素

1. 个人因素

（1）收入水平

由于绿色产品在定价时要把保护环境所支出的成本纳入其中，或者采用新工艺、新材料，所以价格相对较高。许多消费者并非不关心环境问题，但由于收入的有限，在实际作出购买决策时，实用主义就会占上风。根据美国芝加哥大学哈里斯学院的 Don Coursey 的一项研究成果表明，在影响人们绿色消费的诸因素中，收入是最重要的因素。一旦人均月收入达到 5000 美元以上，人们就会花钱在改善环境方面，进行绿色消费（Polonsky，2001）。我国学者的研究也有同样的结论。在北京的一项调查显示，家庭月收入在 1000 元以下的人对 5% 的绿色产品溢价一般不接受（Guoqin，2001）；而月家庭收入在 8000 元以上的人 100%购买过绿色产品，其购买行为明显表现出绿色消费者的特征（程红，2001）。

（2）教育水平

一般来说，受过良好教育的人更能正确认识人类与环境的关系，更具有社会责任感，更能接受绿色消费的观念。国外学者的研究成果也表明，年轻、受过良好教育、政治上比较自由的人群比其他人群更关心环境。我国的研究也表明，教育水平最高的一组消费者对绿色产品溢价接受能力最强，对以往购买绿色产品的价格满意度最高（Guoqin，2001）。

（3）个性素质

一个人的个性可以划分成内在控制型和外在控制型。外在控制型的人相信命运或运气，而内在控制型的人相信自己可以掌握更大的控制权。在关心生态问题上，内在控制型的消费者可能会积极看待绿色生活方式，从而更可能购买绿色产品。相反，外在控制型的消费者面对污染问题会有无助的感觉，认为自己买不买绿色产品对整个环境的改善于事无补。

2. 心理因素

（1）需求与动机

绿色消费行为源于消费者追求生活品质的动机。当消费者基本的生理需求满足以后，他们开始追求超越"物质"的生活，向往美好的生活品质，关注我们赖以生存的地球，关心人类与自然的可持续的、协调的发展。

任务11 绿色消费与消费心理

（2）学习

学习对绿色消费行为的产生、强化有极大的影响。人们绿色消费意识的产生和绿色消费的实践行动，主要来源于以下三个方面：一是日益严重的环境问题损害了人们的正常生活，引起了人们的密切关注；二是环保知识的普及推广，全社会对环保运动的推动，提高了消费者在环保方面的素质；三是消费者的个人绿色消费经验的积累，从中感受到绿色消费对自身和社会的好处。比如一个消费者开始尝试了绿色食品，出现了好的效果会产生强化作用，增强他对绿色产品的好感和信心，然后也许会扩大绿色消费的范围，如购买节能家电、绿色家具等。

（3）态度与认知

人们的态度与绿色消费行为之间存在着复杂的关系。态度是一个人对某些事物或观念长期持有的好与坏的认识上的评价、情感上的感受和行动倾向。德国学者巴得加的研究认为，一个消费者对污染问题的认识程度会影响他对环保的态度，对环保的态度又会影响他对绿色生活方式的态度，对绿色生活方式持积极态度的人会参与绿色产品的购买和消费活动（Balderjahn，1988）。简单地表示，即对污染的认识环保的态度——对绿色生活方式的态度——绿色消费行动。

但是我们常常发现积极的态度并不等于积极的行动。从心理学上说，这与态度的形成过程有关。在态度的形成过程中有两种情形，一种是消费者对宣传的一般性观点接受了，引起对环境态度的改变；另一种是消费者对宣传的问题的相关细节进行了更深层次的思考，然后形成新的态度。这两种方式形成的态度中，后一种更强有力，更可能引导行为选择。所以，企业在宣传、沟通中就需要提供详细的生产过程和绿色产品的信息，促使消费行为的产生。

课堂讨论

你在消费中受到损害了吗？同学们维权采取哪些方法？

任务导入 3

五谷道场

目前方便面创新越来越难，中旺推出的"五谷道场"利用水磨和非油炸工艺，抓住人

消费心理应用

们对绿色健康食品的需求的不断增长,在方便面的营养上大做文章,倡导"五谷为养,修身之道"的健康理念,欲引领中国方便面行业进行一场"非油炸"革命,成为业内争论的焦点。五谷道场于 2005 年 11 月在中央电视台一套打出"拒绝油炸,留住健康"广告,在硝烟四起的方便面市场中演绎了一场标新立异的争夺战——五谷道场的非油炸方便面在短短的几个月时间内在消费者心中留下美好的印象。而这样的成果取决于五谷道场为消费者树立的旗帜:健康型方便面。

(资料来源:江林. 消费者心理与行为[M]. 中国人民大学出版社,2007.)

【问题】1. 企业绿色营销的措施有哪些?
2. 促进绿色消费的策略有哪些?

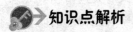**知识点解析**

子任务 11.3　促进绿色消费的策略

11.3.1　政府的宏观管理

1. 严格监管绿色产品品质和打击伪劣产品,加强消费者对绿色产品的信心

制定相应法律法规,保护绿色营销。企业营销策略的成功有赖于企业产品及企业活动的合法性,同时有一个健全的法律体系保护其正当的经营活动也是必要的。国家要进一步完善市场法规、环境保护法,发挥绿色法令的作用,以规范和约束企业的行为。把环境保护贯彻到企业的生产经营活动中去,加大对企业法律意识的宣传工作,促使企业自觉实施绿色营销。

2. 采取相关政策,鼓励企业进行绿色生产,刺激消费者进行绿色消费

国家要从宏观政策上支持绿色营销。适应绿色经济发展的宏观政策是发展绿色营销的基本前提和保障,有助于从整体上协调资源利用、环境保护、经济发展。绿色营销战略的实施有利于环境、生态保护和经济的持续发展,是利国利民的事情,应该得到国家政策的支持。

课堂讨论

"绿色奥运"是 2008 年北京奥运会的三大理念之一,也是城市发展的方向。推行绿色

奥运，要采用环保技术和手段，推进环境治理、城市绿化美化和环保产业发展，增强全社会的环保意识，鼓励公众自觉选择绿色消费，建设生态城市。

结合材料分析：为什么绿色奥运鼓励公众自觉选择绿色消费？

11.3.2 企业的绿色营销管理

1．积极利用绿色技术，大力开发绿色产品

（1）树立整体绿色产品意识。通常将产品看作是由核心产品、形式产品和延伸产品所构成的一个价值整体。整体绿色产品就是以产品的这一价值整体为出发点，以诱导和满足消费者绿色消费需求为目的，推行整体绿色产品的设计、开发、生产和营销。重点提供满足消费者绿色消费心理与行为需要的产品，同时设计出特定的品牌名称、标志或外观式样，使消费者易于识别，产生绿色联想，并向消费者提供绿色购买方式，提供绿色服务等。

（2）优化绿色产品组合。绿色产品组合策略以引导与满足绿色需求为导向，构造既适应市场环境和环保要求，又适合企业能力与发展要求的良好绿色产品组合。要求企业在满足社会的物质与文化生活需要的同时，还必须满足社会日益增长的绿色消费需要，在满足社会绿色消费过程中寻求长远发展。经常根据环境变化与企业发展需要调整企业绿色产品线与产品项目的构成，促进企业技术进步以不断加入新的绿色产品，淘汰老产品。

（3）选择绿色包装。绿色包装指无害少污染的符合环保要求的各类包装，包括环保和资源再生两方面的含义。绿色包装是现代商品包装的新策略，它给企业带来了诸如增强产品吸引力，提升企业绿色形象等多方面的益处。易回收、无污染是绿色包装材料的基本要求。

（4）绿色标志。绿色标志是指依据有关绿色产品认证标准规定，由政府部门或某个具有权威性的认证机构确认并颁发的一种标志。企业产品被确认为绿色产品，贴上绿色标志后，就取得了进入绿色市场的"通行证"，其身价大增。但需要注意的是，绿色产品必须货真价实，否则就会有损企业的形象，影响企业的可持续发展。

2．增强绿色营销观念，树立企业绿色形象

制定战略规划，树立企业绿色形象是企业综合素质的象征和反映，也是影响消费者对企业产品价值衡量的重要因素。企业实施可持续发展，实现绿色营销的战略目标，不仅要从策略层次上考虑营销组合各因素的"绿色"问题，更要从战略层次上综合考虑企业的整体"绿色"，通过CIS战略的实施，推动企业绿色营销制度化，进一步构架绿色企业文化、树立绿色企业形象。

3. 培育消费者的责任意识，制定合理的绿色价格

在绿色市场未成熟期，绿色产品的市场投入期，生产成本会高于同类传统产品，因为绿色产品成本中计入了产品环保成本，主要包括以下几方面：

（1）在产品开发中，因增加或改善环保功能而支付的研制经费；

（2）在产品制造中，因研制对环境和人体无污染、无伤害而增加的工艺成本；

（3）使用新的绿色原料、辅料而可能增加的资源成本；

（4）由于实施绿色营销而可能增加的管理成本、销售费用。

绿色成本的提高，必然要反映到绿色产品的价格上，造成绿色产品价格较高。但是，在绿色市场尚不成熟时期，绿色产品就要实行高价策略，以与非绿色产品相区别。因为，价格的高低，影响到消费者对产品品质的评判。随着绿色市场的成熟，科学技术的发展和绿色社会分工的完善，绿色产品的成本会逐步下降，绿色产品价格趋向稳定。

企业制定绿色产品价格时，一方面要考虑成本因素，另一方面也要注意到，随着人们绿色消费意识的增强，经济收入的增加，消费观念也发生了变化，从对产品价格的过高关注转变为对自身健康和环境保护的关注。所以，较高绿色价格也能被相当多的消费者接受，弥补过高的绿色成本，获得绿色利润。

4. 重视对绿色生活方式和绿色产品的宣传是当前实施绿色营销的首要任务

对绿色生活方式的宣传可以在全社会形成一种崇尚绿色消费的社会气氛，使越来越多的消费者相信绿色消费是理智的、时尚的、高品位的行为，使保护生态环境、主动承担社会责任逐渐成为个人素质、文明修养、身份地位的重要标志。

由于绿色产品大多采用较为先进的生产工艺、技术和材料，成本相对较高，因此必须通过通俗易懂的宣传方式，使消费者深入了解绿色产品为什么是绿色的，对自己和全社会有什么好处，使消费者在获得充分的信息和科学知识的基础上进行深层次的理解，形成绿色消费态度，进而采取行动。

5. 应当抓住旗帜消费者，通过他们影响其他消费者对绿色消费态度的改变

深绿色消费者，他们已经具备坚定的绿色消费意识，对绿色产品持积极认可态度，能够承受的绿色产品溢价较高，企业应当把他们培育为旗帜消费者，通过他们的示范作用影响和改变其他消费者对绿色消费的态度。从绿色消费的好处和社会仰慕人群（如成功的科学家、企业家、明星）的影响力两个方面，促使浅绿色和中绿色消费者把对绿色消费的积极态度转化为实际行动。同时，深绿色消费者也是企业绿色产品开发的重要创意来源，企业应重视他们的意见，重点满足他们的绿色消费要求。

任务11 绿色消费与消费心理

任务11 小结

环保意识和可持续发展观念的形成与不断深入,在全球范围促生了绿色消费的产生与发展。绿色消费的心理过程可分为认知、情感和意志的过程;影响绿色消费心理与行为的主要因素包消费者自身素质及心理因素;促进绿色消费主要从两方面着手,即政府和企业自身。

心理测试

心理测试11-1 大学生环境意识与绿色消费意识调查问卷

性别:□男   □女
学校:□UIC   □北师
年级:□一   □二   □三   □四

1. 您主要从哪些途径了解环境状况?
   □报纸 □广播 □电视 □课堂教育
   □社会宣传活动 □听说

2. 您认为您的环境意识强吗?
   □不强   □还可以,偶尔会谈到,但做的不多
   □很强,坚持以身作则

3. 您认为绿色消费包括下列哪些内容?
   □无污染消费 □健康消费 □安全消费 □经济消费

4. 您一个月的零用钱是多少?
   □1000以下 □1000~2000 □2000~5000 □5000以上

5. 您选购商品时会注重以下哪些条件?
   □价格 □质量 □方便 □环保 □服务 □品牌

6. 您购物的时候,会自己携带购物袋吗?
   □会   □不会   □偶尔

7. 目前全国各大超市施行塑料袋收费政策,您对此的看法是?
   □非常赞成 □支持,但觉得有时不方便 □觉得收费并不合理

8. 日常生活中的垃圾是否会分类投放?
   □会   □不会   □偶尔

9. 您认为日常生活中对环境影响最大的是?
□噪音　□工业废水　□工业废气　□汽车尾气
□生活污水　□生活垃圾　□其它_____

10. 您一个星期会叫几次外卖?
□1~2　□3~5　□6次以上　□从不叫外卖
□叫过很少的几次

11. 在室内开空调,您一般会把温度调节为?
□26度以上　□23~25度　□20~22度　□22度以下

12. 到学校饭堂或出外就餐,您会使用一次性用具吗?
□不会　□偶尔几次　□经常会　□一定会

13. 您对所在的周围环境满意吗?
□满意　□一般　□不满意

14. 您认为对提高绿色消费意识最有效的方法是?
□调整市场产品结构　□建立健全相关的政策法规
□媒体加强宣传力度　□加强绿色消费知识的教育
□提高企业绿色生产意识　□其它_____

15. 对于环境意识与绿色消费意识,您有什么意见或建议?
_____

(资料来源:http://www.docin.com/p-9523650.html)

【实训操作十一】

实训名称	绿色产品与消费行为分析。
实训目的	1. 掌握绿色产品开发与消费者购买的心理。 2. 掌握绿色商品命名、商标、包装与消费者消费心理。
实训组织	1. 教师介绍本次实训目的及需要提交的成果。 2. 学生上网搜集相关案例作为参考。 3. 到当地超市、商场进行调研。 4. 学生以小组为单位,讨论制订出方案。
实训环境	1. 网络资源。 2. 市场调研。
实训成果	1. 学生独立完成收集资料、分析整理、制订相关策划方案。 2. 各组汇报,教师讲评。

任务 11 绿色消费与消费心理

【本任务过程考核】

一、名词解释

1．绿色消费

2．绿色产品

二、不定项选择

1．在影响人们绿色消费的诸多因素中，（　　）是最重要的因素。
   A．个性心理　　　B．社会环境　　　C．收入　　　D．家庭

2．所谓创造产品的绿色价值，实质上是提高绿色产品的（　　）。
   A．性价比　　　B．耐用性　　　C．质量　　　D．实用性

3．目前，市场上对顾客有偿提供塑料袋，以减少塑料袋的使用量和丢弃量。购物不使用或少使用塑料袋（　　）。
   ① 反映了绿色消费的要求　　　　　　② 符合可持续消费的要求
   ③ 符合商家的利益，但不符合消费者的利益　　④ 是建设资源节约型社会的要求
   A．①②③　　　B．①③④　　　C．①②④　　　D．②③④

三、判断题

1．绿色消费需要是一种同时满足消费自我和社会利益的高层次消费需要。（　　）

2．绿色消费，不论对个人还是社会及自然环境都是渐进的，不会形成突显效果。（　　）

3．绿色需要大致可以分为三种存在状态：已经满足的绿色需要、尚未满足的绿色需要及未满足的绿色需要。（　　）

4．绿色消费首先在西方国家兴起。（　　）

5．绿色消费不追求时尚。（　　）

四、思考题

1．为什么绿色消费会成为全球消费新热点？

2．简述绿色消费者的心理特点及绿色消费的心理过程。

3．影响绿色消费行为的因素有哪些？

4．绿色消费者可分为哪几类？各有什么特点？

5．试述企业促进绿色消费、开展绿色营销的策略。

消费心理应用

五、案例分析

格兰仕的"绿色回收废旧家电"

2006年7月5日,格兰仕在北京推出"绿色回收废旧家电——光波升级 以旧换新"活动,消费者手中任何品牌的废旧家电,均可折换 30~100 元,用于购买格兰仕部分型号微波炉和小家电的优惠,同时格兰仕联合专业环保公司对回收的废旧小家电进行环保处理,为绿色奥运作出自己的贡献。活动推出后,北京市场连续3日单日销售突破1000台,高端光波炉的销售同比增长69.6%。北京电视台、北京晚报、北京青年报、中国青年报、京华时报、北京娱乐信报、中国经营报等都对活动进行了追踪报道。随后活动向山东、福建、辽宁、云南、吉林、重庆等10多个城市蔓延。格兰仕"绿色回收废旧家电"的活动成为2006年淡季小家电市场一道靓丽的风景。红海家电上演"绿色营销"。作为一名市场策划方面刚入门的新手,如何将一个普通的企业小策划运作成为行业关注的大事件,在这里将一些粗浅经验与大家分享,同时希望得到业内专家的指导。

一、创意由来

由于目前家电行业中彩电、冰箱等企业在部分城市开展了"以旧换新"活动,如果我司单纯在京开展"以旧换新"大型促销活动渐缺乏新意,部分消费者会产生抵制情绪。考虑到中国相关行业机构因欧盟出台并已付诸实施的《关于报废电子电气设备指令》(简称WEEE指令)而悄然酝酿的行业联合回收行动进入关键时刻,北京也已逐步进入电子电器产品报废的高峰期,这不失为一个将单纯的商业活动提高到"环境保护和企业社会责任"高度绝佳的营销天时。一般家庭都有一些废旧生活电器或勉强运转或废置不用,对消费者来说,这些东西可能只是鸡肋,食之无味,弃之可惜,但实际上,它们更大的麻烦却在于给家庭和社会所带来的资源浪费和安全隐患:废旧家电中含有可再利用资源和更有部分有毒物体,如果处理不当,会造成环境污染;而勉强使用则既过度耗电又存在严重的安全隐患。北京市现阶段回收处理行为虽在酝酿之中,但还处于无序状态,废旧家电规范化回收处理已成为社会的燃眉之急。由格兰仕率先将回收处理落实行动起来,对电器生产行业来说无疑是"具有划时代意义的一步",不仅为保护环境找到了一个更为实际有效的解决方案,同时也督促其他电器制造商尽快自行承担起他们应尽的义务,进一步彰显格兰仕作为行业领跑者的社会责任感。而配合各种强势媒体的整合传播,在强势塑造格兰仕品牌形象的同时,达到举办本次活动的直接动机——"以旧换新",主推我司的换代光波-V8、V9系列,让扩大销量也顺利实现。此外,因为本次活动分阶段执行和新闻传播,因此强势的传播声音可以持续到国庆促销活动的预热阶段,与"十一"活动衔接起来,不致出现传播信息真

任务 11 绿色消费与消费心理

空；更密切了格兰仕和北京、中央新闻媒体关系。

二、活动背景

1. 随着欧盟环保指令与 7 月 1 日开始实施，中国相关机构对废旧家电的联合回收行动正在酝酿之中。据《北京日报》，北京市有望出台废旧家用电器回收处理管理办法，届时废旧家电建立以销售商、社区回收站和集散市场为主体的回收体系，将回收的废旧家电集中到技术先进、经济合理的处理厂处理。中国家电协会也于前不久成立了废旧电子电器再利用分会，信息产业部也因欧盟绿色环保指令采取中国市场与之对应的措施。

2. 北京家电市场经过十多年的发展，废旧电子电器已经进入报废的高峰期。

3. 我司最近平板光波 V9 等新品上市，加之我司的 V8 等，可以在北京地区强力推荐"换代光波"的概念。

4. 家电行业目前虽然有部分厂商等在部分地区开展了以旧换新的活动，但主要产品都集中在冰箱、彩电上，废旧小家电的回收是盲区，市场却非常大。

三、市场大环境分析

1. 消费者的烦恼

通过调研，仔细分析消费者和市场情况之后，我们发现活动可以得到消费者认同，首先直接从价值上让消费者得到实惠，同时参与活动使消费者产生一种社会认同感。根据马斯洛需求层次理论，人们都有被尊重、渴望被认同的愿望。只要我们通过媒体营造出一种"绿色回收废旧家电"是一项环保公益大行动，而环境保护人人有责，从社会意义上可以吸引有社会责任感的消费者。

2. 家电业相关协会及环保组织的烦恼

通过与中国家电协会相关领导、部门沟通及侧面了解，发现欧盟出台环保双指令之后，商务部、信息产业部、中国家电协会及环保部门相对被动。我们总是被别人的标准牵着鼻子走。中国也需要有自己的绿色标准，对外资企业及本土企业进行制约和规范，切实将"绿色中国工程"、"环境保护"落到实处。但相关管理办法及回收方式正在酝酿，还未出台。同时，中国家电市场经过十多年的竞争与发展，出现大量"孤儿家电"，急需有企业出来承担社会责任。格兰仕活动出台之后，国务院经济研究中心市场研究所陆刃波、中国家电协会副秘书长陈钢，民间环保组织"自然之友"核心领导成员、环保专家胡勘平给予活动极大的支持与指导。胡勘平还力促格兰仕加入"环境友好型企业"，以"环境友好型企业"标准要求自己。活动所到之地得到各地家电协会及环保局大力支持与协助。辽宁环保局宣教中心高原主任了解格兰仕活动之后，义务为格兰仕宣传代言，力促格兰仕活动在辽宁顺

消费心理应用

利开展。

3. 媒体记者的烦恼

2006年整个家电行业并不景气，很重要的一个表现就是在媒体运作上没有大的动作。通过与媒体记者沟通及侧面了解，往年在市场淡季时的很多新闻发布会今年已经不见踪影，媒体面临无料下锅的窘境，可谓巧妇难为无米之炊。此时，格兰仕在家电淡中之淡之时，适时地给媒体端上精心准备丰富原料。经过媒体朋友关注与用心烹制，色、香、味俱全的一道大餐呈现在消费者面前。新闻发布会召开之后，北京电视台一套"北京您早"栏目第二天播出关于格兰仕绿色回收活动的4分钟左右新闻，据栏目组介绍，当天北京电视台接到消费者咨询热线1000多个，于是栏目组与格兰仕协商对此次活动进行跟踪报道。北京晚报、北京青年报、经济日报、中国青年报、中国经营报等北京地区几乎所有核心媒体都对活动进行大幅新闻报道，人民网、中国家电网也邀请格兰仕新闻发言人赵为民、环保专家胡勘平先生在线聊天，畅谈废旧家电的回收与环保利用。整个北京形成了一股强烈的绿色回收氛围。

（资料来源：中国营销传播网，2006-09-09）

【问题】1. 在环境不断恶化的今天，如何认识消费心理及行为对环境的影响？

2. 你如何评价我国消费者的环保意识和环保行为？

3. 如何提高我国企业的绿色"意识"？

参 考 文 献

[1] 申纲领. 消费心理学[M]. 北京：电子工业出版社，2007.
[2] 杨海莹. 消费心理学[M]. 北京：高等教育出版社，2006.
[3] 藏良运. 消费心理学[M]. 北京：电子工业出版社，2007.
[4] （美）博恩. 崔西著，王有天，彭伟译. 消费心理学[M]. 北京：中国人民大学出版社，2007.
[5] 黄希庭. 消费心理学[M]. 上海：华东师范大学出版社，2007.
[6] 李凤燕. 新编消费心理学[M]. 北京：清华大学出版社，2007.
[7] 江林. 消费者心理与行为[M]. 北京：中国人民大学出版社，2007.
[8] 刘佩华. 营销心理学[M]. 北京：机械工业出版社，2006.
[9] 刘志友，聂旭日. 消费心理学[M]. 大连：大连理工大学出版社，2007.
[10] 陈峥嵘. 消费心理学[M]. 北京：冶金工业出版社，2009.
[11] 王咏，管益杰. 广告心理学[M]. 北京：首都经济贸易大学出版社，2005.
[12] 戴维. 迈尔斯. 社会心理学（第8版）[M]. 北京：人民邮电出版社，2006.
[13] 李晓霞. 消费心理学[M]. 北京：清华大学出版社，2007.
[14] 杨大蓉，陈福明. 消费心理学[M]. 北京：北京大学出版社，2009.
[15] 石淼. 消费心理学[M]. 北京：机械工业出版社，2008.